DIRIGER ET MOTIVER

ART ET PRATIQUE
DU MANAGEMENT

Éditions d'Organisation
1, rue Thénard
75240 Paris Cedex 05

Consultez notre site :
www.editions-organisation.com

ISBN : 2-7081-2623-7

Collection Manuels EO/FP
dirigée par Armand Dayan

SOUS LA DIRECTION DE
NICOLE AUBERT

Avec la collaboration de Guy AMOUREUX,
Christian LUJAN, Mickaël HOFFMANN-HERVÉ,
Chantal LEBOUIN-GELABERT, Jean TAILLARDAT.

DIRIGER ET MOTIVER

ART ET PRATIQUE DU MANAGEMENT

Deuxième édition

Éditions
d'Organisation

AUTRES OUVRAGES de Nicole AUBERT

LE POUVOIR USURPE – FEMMES ET HOMMES DANS L'ENTREPRISE
Éditions Robert Laffont, Paris, 1982.

LE SEXE DU POUVOIR (en collaboration avec E. Enriquez)
Éditions Epi, Paris, 1986.

LE STRESS PROFESSIONNEL (en collaboration avec M. Pagès)
Éditions Klincksieck, Paris, 1989.

FEMMES AU SINGULIER ou LA PARENTALITÉ SOLITAIRE
(en collaboration avec V. de Gaulejac) Editions Klincksieck, Paris, 1990.

LE COÛT DE L'EXCELLENCE (en collaboration avec V. de Gaulejac)
Éditions du Seuil, Paris, 1991. Prix du Livre d'Entreprise, 1992.

MANAGEMENT – Aspects humains et organisationnels
(en collaboration avec J.P. Gruère, J. Jabès, H. Laroche, S. Michel)
Éditions P.U.F., Collection « Fondamental », Paris, 4e édition, 1995.

L'AVENTURE PSYCHOSOCIOLOGIQUE (avec V. de Gaulejac et K. Navridis),
Editions Desclée de Brouwer, Paris, 1997, 354 p.

PARTICIPATION À DES OUVRAGES COLLECTIFS

L'INDIVIDU DANS L'ORGANISATION (sous la direction de J.F. Chanlat)
Presse de l'Université Laval, Editions ESKA, Paris, Montréal, 1990.

SOCIOLOGIES CLINIQUES (coordonné par V. de Gaulejac et S. Roy)
Éd. Hommes et perspectives – EPI, septembre 1993.

STRESS ET TRAVAIL : ORIGINES ET APPROCHES
(coordonné par S. Moors), Institut National de Recherche sur les conditions de travail, Bruxelles, mai 1994, p. 49/71.

TRAITÉ DE SOCIOLOGIE DU TRAVAIL (sous la direction de M. de Coster, F. Pichault)
Éd. de Boeck, Bruxelles, 1994, p. 421/452.

IN SEARCH OF MEANING (coordonné par T. Pauchant)
Jossey Bass Publishers, novembre 1994, p. 151/172.

L'INVENTION DE LA GESTION (coordonné par J.P. Bouilloud, B.P. Lecuyer)
Éditions l'Harmattan, mai 1994.

FEMMES ET HOMMES : DES ORIGINES AUX RELATIONS D'AUJOURD'HUI
(coordonné par A. Touati)
Éd. Hommes et perspectives, mai 1995.

LES PERFORMANCES DES ENTREPRISES FRANÇAISES AU XXe SIÈCLE
(coordonné par J. Marseille)
Le Monde Éditions, mai 1995.

LA QUÊTE DU SENS, (sous la direction de T. Pauchant), Editions d'Organisation, 1997, 359 p.

INTÉGRATION ÉCONOMIQUE ET MANAGEMENT : ANALYSE COMPARÉE UNION EUROPÉENNE-MERCOSUR (sous la direction de Florence Pinot de Villechenon), Publication ESCP, 1re édition, janvier 1997.

TRAITÉ DE SOCIOLOGIE DU TRAVAIL, Éditions de Boeck, (sous la direction de Pichault et de Coster) 2e éd., Bruxelles, 1998, p. 443-474.

IDENTITÉS, CONSTRUCTION PSYCHOSOCIALE (sous la direction de K. Navridis) Éditions Papazissis, mai 1998, p. 419-439.

L'HOMME À L'ÉCHINE PLIÉE, (sous la direction de I. Brunstein), Desclée de Brouwer, Paris,1999, pp. 87 à 99.

PENSER LA MUTATION (sous la direction de A. Touati), Editions Cultures en mouvement, janvier 2001.

La direction Scientifique de cet ouvrage, l'écriture de cinq chapitres et l'harmonisation de l'écriture d'ensemble ont été assurées par :

Nicole AUBERT (chapitres 1, 2, 3, 6, 7)

Docteur en Sciences des Organisations, diplômée de l'Institut d'Études Politiques de Paris et titulaire d'une maîtrise en psychologie clinique, Nicole Aubert est professeur de Sciences Humaines à l'École Supérieure de Commerce de Paris (ESCP-EAP). Elle est également chercheur et consultante auprès de diverses organisations.

Les chapitres 3, 4, 5, 6, 7, 8 et 9 ont nécessité les contributions de :

Guy AMOUREUX (chapitre 4)

Titulaire d'une maîtrise de philosophie et psychosociologue, Guy Amoureux est professeur affilié à l'École Supérieure de Commerce de Paris (ESCP-EAP) et consultant spécialisé dans l'accompagnement individuel et d'équipes (coaching et team building).

Mickaël HOFFMANN-HERVÉ (chapitres 6, 7)

Psychologue praticien, Professeur affilié à l'ESCP-EAP, Mickaël Hoffmann-Hervé est Directeur Associé de International MOSAÏK et consultant (M2H Consult). Après huit ans de conseil en recrutement et Assessment Center, il a exercé des fonctions de Directeur des Ressources Humaines dans les secteurs de la chimie, la pharmacie et les services financiers.

Chantal LEBOUIN-GELABERT (chapitre 7)

Après un 3e cycle de psychosociologie, Chantal Lebouin-Gelabert a exercé des activités de consultante et de formatrice dans le domaine de la conduite de projets et de la gestion des Ressources Humaines. Elle est particulièrement spécialisée dans le domaine de l'évaluation de la formation.

Christian LUJAN (chapitre 5)

Directeur Associé d'ICS-Interconsultants, Psychanalyste et Docteur en psychosociologie clinique, Christian Lujan développe ses activités essentiellement dans trois domaines : celui des ressources humaines, des relations et de la santé au travail, celui du conseil stratégique personnalisé et de l'analyse des pratiques professionnelles et celui de la conduite du changement. Il est également chargé de cours à l'École Supérieure de Commerce de Paris (ESCP-EAP).

Jean TAILLARDAT (chapitres 8, 9)

Après une activité opérationnelle dans un groupe multinational, Jean Taillardat, ingénieur de l'École Navale, a exercé ses activités au sein de grands cabinets en France et à l'étranger avant de fonder le cabinet Thema Consultants, spécialisé dans l'accompagnement organisationnel et humain des mutations technico-économiques. Il est chargé de cours à l'École Supérieure de Commerce de Paris (ESCP-EAP).

SOMMAIRE

AVANT-PROPOS à la deuxième édition

Paru pour la première fois en 1996, *Diriger et Motiver, Secrets et Pratiques* est devenu un classique pour tous ceux qui veulent s'initier ou se perfectionner dans l'art du management.

Dans cette deuxième édition, *Diriger et Motiver* fait peau neuve pour mieux rendre compte d'une pratique – celle du management – qui évolue aussi vite que la conjoncture l'exige : sans cesse de nouvelles méthodes, de nouvelles pratiques apparaissent, qui tentent d'apporter des réponses aux nombreux problèmes que rencontrent les managers dans leur gestion au quotidien. C'est la raison pour laquelle, outre la réactualisation de nombreuses questions déjà présentées dans l'édition précédente, cette nouvelle édition s'enrichit de 80 pages nouvelles, avec de nombreux croquis, pour présenter les dernières réflexions dans le domaine du Management, ainsi que les grilles d'analyse, les méthodes et les outils les plus récents pour mieux motiver, communiquer, négocier, gérer les compétences et conduire le changement, toutes missions qui sont plus que jamais celles, au quotidien, des dirigeants et des managers.

Nous souhaitons au lecteur de trouver, dans cette nouvelle édition, toutes les réflexions et les outils nécessaires pour une pratique efficace et réfléchie de cet art du management.

Nicole AUBERT

INTRODUCTION

C'est vers la fin des années 60 que le mot « management » est devenu un concept-clé aux États-Unis et qu'il a peu à peu « envahi » tout le champ de l'entreprise. Défini dès le début du siècle comme un art – l'art d'obtenir des gens que les choses soient faites, par exemple, ou tout simplement l'art du possible –, il requiert un subtil mélange de connaissances et de savoir-faire que l'on retrouve peu ou prou à travers toutes les définitions ultérieures. Si le management consiste en effet dans le fait de planifier, d'organiser et de contrôler, toutes activités nécessaires à la gestion, il ne se réduit pas à cette seule dimension. Tout l'art, précisément, du manager, consiste d'une part à savoir adapter les méthodes et outils de gestion à l'organisation qu'il dirige et d'autre part à savoir prendre en compte la spécificité des hommes et des femmes qu'il doit mobiliser, entraîner et contrôler. C'est dans la prise en compte de cette double spécificité – celle de l'organisation et celle de chacun des individus qui la composent – que repose l'art du management. C'est la condition à laquelle « la main visible du management », selon l'expression de Chandler, doit remplacer la main invisible du marché pour influencer l'évolution de l'entreprise et participer à la construction permanente de notre environnement.

Mais, dans le contexte particulièrement « turbulent » qui est le nôtre, le manager actuel est plus que jamais celui qui, selon les termes de Gelinier, « organise la manœuvre, qui, touchant de ses mains la réalité, se débrouille pour que ça marche et réussit en s'adaptant à des conditions changeantes ». Pour ce faire, il doit pouvoir s'appuyer tout à la fois sur des méthodes de gestion scientifiquement fondées, sur une imagination créatrice indispensable pour affronter le changement, et sur un savoir-faire « humain » soigneusement élaboré au fil des jours.

C'est l'art de ce mécanisme subtil que ce livre a tenté de cerner : il l'a fait en reliant systématiquement toutes les démarches présentées tant à leur fondement scientifique qu'à l'art de leur mise en application. Il « puise » donc dans de très nombreuses disciplines et approches – les divers courants de la psychologie et de la sociologie, l'analyse systémique, l'ethnologie, le management, la gestion et bien d'autres... – pour, à chaque fois, justifier le fondement des démarches présentées. Mais, simultanément, il s'enrichit de toute l'expérience de ses auteurs.

Ce livre est en effet le fruit d'un long travail, élaboré par des professionnels et des pédagogues qui ont pu, dans leur pratique « opérationnelle » comme dans leur confrontation permanente avec de très nombreuses entreprises et leurs différents responsables, mettre au point, tester et valider les démarches et les outils qu'ils détaillent dans ce livre : ils ont accompagné des actions de changement, ils ont agi pour dynamiser des équipes, ils ont mis en place et animé des systèmes de ressources humaines, ils ont analysé et expérimenté les conditions d'une bonne communication interne et celles d'une négociation réussie.

C'est sur la dimension « humaine » du management que ce livre met l'accent. **Dans une première partie, il explore les principaux ressorts du comportement et de la relation humaine.** C'est ainsi qu'après avoir étudié les **« secrets » de cette exigence complexe que constitue la motivation humaine, tant dans son fondement que dans sa mise en pratique par l'exercice du leadership**, il étudie **« l'art de communiquer »** : en comparant le système de communication d'une entreprise à un immense réseau routier, avec des voies de communication, principales et « secondaires », à entretenir et des moyens de transport à gérer, il sensibilise le lecteur à la prise en compte des aspects les plus informels et les plus « invisibles » de la communication humaine. Puis, c'est toute la subtilité de **la négociation** qui est dévoilée comme **l'art de gérer positivement un conflit potentiel.**

La deuxième partie est consacrée à l'art de « conduire l'action », en intégrant cette dimension humaine. C'est là que les techniques de management sont les plus présentes, à travers la description de la mise en place et de la mise en action d'un **système global de management des ressources humaines**, dans lequel les finalités et les conditions de réussite d'un **système d'appréciation et de gestion des compétences** s'intègrent étroitement. Les deux derniers chapitres, consacrés à **la préparation et à la mise en œuvre de l'action**, fournissent au lecteur les grilles d'analyse les plus pertinentes pour comprendre la situation dans laquelle il est plongé, ainsi que de nombreux outils, riches et variés, pour **mettre en place et accompagner les opérations de changement** auxquelles toute entreprise est en permanence confrontée.

Tout au long de ce livre, de très nombreux schémas illustrent et concrétisent en permanence les démarches présentées et rappellent que le management est avant tout une science « vivante », qui se juge « en action ».

Nicole AUBERT

PARTIE 1

COMPRENDRE LES PRINCIPAUX RESSORTS DU COMPORTEMENT ET DE LA RELATION HUMAINE

Chapitre 1

COMPRENDRE LE MÉCANISME DE LA MOTIVATION

QU'EST-CE QUE LA MOTIVATION ?

Peu de termes ont été autant employés, ces dernières années, que celui de **motivation.** Et peu l'ont été de façon aussi diversifiée : sous une apparente unité, le sens conféré au terme est loin d'être unique et le contenu même de la notion paraît assez flou.

Si l'on se place du point de vue des disciplines qui ont étudié ce phénomène, leur multiplicité et leur diversité – histoire, psychologie, psychanalyse, management, sociologie, gestion des ressources humaines etc. – est sans doute à l'origine de l'extension du concept et du **flou** que revêt sa définition. On peut néanmoins tenter d'en circonscrire le champ et considérer que la motivation concerne **l'aspect dynamique de l'entrée en relation d'un sujet avec lui-même et avec le monde** : la motivation concerne la façon dont nous nous situons par rapport à nous-mêmes et par rapport au monde qui nous entoure : personnes, situations, projets, etc.

Si l'on se place maintenant du seul point de vue de l'entreprise qui est celui que nous adopterons dans ce livre, on s'aperçoit que le terme motivation se confond en réalité souvent avec d'autres termes et que ce que l'entreprise appelle « motivation » a souvent trait en réalité à la stimulation, ou à la satisfaction ou encore à la performance. Comme le fait observer Sandra Michel (1), lorsque l'entreprise déclare vouloir développer la motivation, en fait, c'est plus d'implication et de performance qu'elle souhaite. Par contre quand les salariés parlent de motivation, c'est en fait plus de satisfaction qu'ils veulent.

Il importe donc de définir précisément ce que nous entendons approfondir en parlant de motivation et, pour cela, il nous faut repartir de l'étymologie du terme : motivation vient du mot **motif,** lui-même emprunté au latin **motivus** : mobile et **movere** : mouvoir, et qui signifiait en ancien français « qui met en mouvement ». **La motivation concerne donc l'approfondissement des motifs qui nous « poussent à agir » et l'étude du processus qui nous « met en mouvement ».** Dans cet esprit, le dirigeant d'une grande entreprise française disait récemment qu'à la notion un peu dévoyée de « motivation », il préférait le concept de « motifs d'action ». Cette expression nous paraît renvoyer très précisément au sens initial du terme motivation. S'interroger sur la motivation de ses employés revient à s'interroger sur les motifs de leurs actions.

Or, dans ce déclenchement de notre activité, il peut y avoir des motifs intérieurs à nous-mêmes et des causes extérieures à nous-mêmes : on peut agir de telle ou telle façon parce que l'on est convaincu, de l'intérieur, du bien-fondé de cette action ; mais on peut également agir ainsi parce que l'on est, de l'extérieur, incité à le faire, stimulé pour avoir tel ou tel type de comportement. On voit ici apparaître l'un des termes avec lesquels la motivation est souvent confondue : **la stimulation**. Ce concept fait référence au **stimulus** externe qui nous pousse à agir et s'inscrit d'emblée dans une perspective behavioriste stimulus-réponse, le comportement étant analysé comme la réponse apportée par un individu soumis à un certain stimulus. On peut donc considérer la stimulation soit comme une sous-catégorie de la motivation, faisant référence à des processus d'action externes, plutôt qu'à des motifs d'action internes, soit comme une catégorie à part entière désignant un processus visant à agir, de l'extérieur, sur le comportement de la personne afin de le modifier. Dans cette seconde perspective, le terme motivation s'opposerait à celui de stimulation en faisant référence à un processus d'action enclenché « de l'intérieur ». Mais nous reviendrons sur cette distinction.

Il nous faut également distinguer la motivation de la **performance** : la performance fait référence au résultat de l'action engagée et notamment au succès de cette action. Elle se situe donc en aval de la motivation qui concerne, elle, l'ensemble du processus engagé pouvant conduire à la performance. Une personne « motivée » peut très bien ne pas être « performante », c'est-à-dire ne pas réussir dans son action en raison de toute une série d'aléas. Il est plus rare par contre qu'une personne « performante » n'ait pas été un minimum « motivée », ou au moins « stimulée » pour entreprendre l'action en question. De cette distinction entre motivation et performance, il faut donc bien retenir l'absence de cause à effet direct entre les deux et donc détruire le mythe selon lequel les entreprises performantes (japonaises notamment !) seraient celles dont les salariés sont très « motivés », même si, effectivement, on a plus de chance d'accéder à la performance avec des salariés motivés qu'avec des salariés non motivés ! Disons, pour résumer, que si la motivation semble constituer une condition générale assez nécessaire de la performance, elle ne constitue pas une condition suffisante et que beaucoup d'autres facteurs entrent en jeu pour aboutir au succès des actions entreprises.

La **satisfaction** constitue le dernier terme que nous devons différencier de la motivation et celui avec lequel elle a été le plus souvent confondue. La satisfaction fait référence aux sentiments éprouvés par l'individu dans une situation concrète de travail, elle est un indicateur de motivation et ne constitue en aucun cas une cause de la motivation. Le sentiment de satisfaction au travail tient à la présence, dans la situation de travail, d'un certain nombre de facteurs sources de satisfaction. Certains de ces facteurs sont communs avec ceux qui président à la motivation, d'où la confusion fréquente entre les deux termes. Mais, là encore, il n'y a pas de corrélation directe entre les deux termes, la satisfaction constituant d'ailleurs plutôt un **sentiment**, tandis que la motivation constitue, elle, plutôt un **processus**. Pour résumer les choses, disons que l'on peut être satisfait sans être pour autant extrêmement motivé mais que, en revanche, il est plus rare que l'on soit motivé sans éprouver, corrélativement, un certain sentiment de satisfaction : d'où cette idée que la satisfaction constitue surtout un **indicateur** de la motivation.

Après avoir introduit un peu d'ordre dans notre domaine, nous allons à présent tenter d'aborder, de façon pragmatique, ce qui constitue l'objet de notre étude : comment motiver et conduire une équipe ? Annonçons d'emblée qu'il ne s'agira pas pour nous ici de **donner des recettes** : la motivation est en effet un processus bien trop complexe pour donner lieu à l'élaboration de recettes. Elle met en jeu trop d'éléments répondant à des logiques différentes – **soi-même, l'autre** (le collaborateur « à motiver »), **l'équipe** dans laquelle il est inséré, **l'organisation**, c'est-à-dire le cadre structurel et culturel dans lequel se déroulent les actions à entreprendre – pour que l'on puisse appréhender la gestion de la motivation d'une façon simple. Il ne s'agit donc pas d'élaborer des recettes mais bien au contraire d'expliciter aussi clairement que possible un processus afin de donner au lecteur de ce livre les moyens de comprendre les tenants et les aboutissants des comportements de ses collaborateurs et de déterminer le sens de son action et la portée de ce qu'il entreprend.

Pour cela nous essayerons :

- De connaître quels peuvent être les différents motifs de nos actions c'est-à-dire d'approfondir le **contenu** de la motivation : nous parlerons ici de **besoins** et de **désirs**. Ce sera notre première partie.

- De comprendre le processus au sens presque mécanique du terme : il s'agit de comprendre en quoi consiste un comportement motivé, depuis le déclenchement de l'effort jusqu'à l'accomplissement de la performance, et éventuellement jusqu'au sentiment de satisfaction. Nous nous situerons là dans une perspective **comportementale** et nous analyserons l'engrenage des différents rouages qui composent **le mécanisme de la motivation.** Ce sera notre deuxième partie.

DU BESOIN AU DÉSIR

Nous disions tout à l'heure que la motivation était un processus particulièrement complexe et délicat qui mettait en jeu :

- **Vous-même** en tant que personne, dans le cadre d'une certaine mission et investi d'un certain rôle hiérarchique.
- **L'autre** (votre subordonné) avec ses objectifs, ses besoins, ses désirs, ses attentes et ses appréhensions face à vous.
- **L'équipe** dont il fait partie, animée d'une certaine dynamique en fonction des diverses personnalités qui la composent, de leurs besoins, de leurs désirs, de leurs problèmes, et qui doit mener à bien les objectifs qui lui sont impartis.
- **L'entreprise** dans laquelle s'inscrivent ces échanges, c'est-à-dire le cadre organisationnel avec sa culture, ses valeurs, ses normes, ses procédures et le contexte qui est le sien.

Les trois premiers niveaux renvoient au registre psychologique du fonctionnement individuel (l'individu avec ses besoins et ses désirs) et de la relation interpersonnelle. Le dernier niveau renvoie à un registre plus sociologique et constitue la toile de fond dans laquelle s'inscrit la dynamique de la motivation.

Quels sont donc les besoins et les désirs qui animent chaque individu et sous-tendent la motivation ?

1. Les différents types de besoin

L'inventaire des besoins que l'être humain cherche à satisfaire et qui, par conséquent, le poussent à agir a été mené par un certain nombre d'auteurs parmi lesquels, bien évidemment, Maslow. Selon cet auteur, chaque individu chercherait, au cours de sa vie, à satisfaire différents types de besoin répartis en cinq grandes catégories, chaque nouvelle catégorie n'apparaissant qu'après que la précédente ait été satisfaite (cf. figure 1.1.a) : ainsi après avoir satisfait ses besoins **physiologiques** (boire, manger, etc.), il chercherait à satisfaire des besoins de **sécurité** (stabilité dans son cadre d'existence ou son travail par exemple) puis des besoins **d'appartenance** (affection, identification, solidarité, etc.) qui, une fois satisfaits, laisseraient la place à des besoins **d'estime** (prestige social, amour-propre individuel...) et enfin à des besoins **d'actualisation** c'est-à-dire de réalisation de soi-même (développer son potentiel de façon efficace et la plus complète possible).

Cette pyramide bien connue a été souvent discutée et l'ordre précis d'apparition des différents types de besoin a été souvent remis en cause dans sa prétention d'universalité : ainsi, chez certains individus, les besoins de prestige passent avant les besoins de sécurité ; de même, selon les cultures, les besoins mentionnés sont pondérés différemment. Mais on peut néanmoins retenir de cette approche trois enseignements concernant la motivation.

1. **Le comportement humain est guidé par le besoin** ressenti par l'individu comme **le plus intense** dans la situation présente. Quel que soit l'ordre d'apparition des différents besoins, l'important est que, à un certain moment, l'un de ces besoins prime sur les autres et c'est lui qui, alors, constitue le déterminant essentiel de l'action. Ainsi, un employé dont le souci essentiel est de se voir promu au statut de cadre et qui est donc mu par un besoin **d'estime** (prestige social) sera fort peu sensible à une promotion ne se traduisant pour lui qu'en termes financiers. C'est donc le besoin **prédominant à l'instant T** qui constitue le besoin **motivant.**

2. **Un besoin déjà satisfait ne motive plus** de la même façon. Autrement dit, tout dirigeant doit être conscient du caractère dynamique de l'évolution des besoins de ses collaborateurs et rester à l'écoute de leur évolution. Il doit par ailleurs être conscient de la diversité de ces besoins au sein d'une même équipe : tandis que l'un sera mu par des besoins d'estime, l'autre cherchera à satisfaire avant tout un meilleur développement de ses capacités et aptitudes (réalisation de soi)

tandis qu'un troisième ne sera « motivé » – au même moment – que par la pérennisation de son engagement contractuel (sécurité).

3. Si l'on examine la progression des besoins du bas vers le haut de la pyramide, on voit que **l'on passe du registre de l'« Avoir » au registre de l'« Être »** : tandis que les besoins physiologiques se déclinent en termes d'« avoir » (on a faim, on a soif ou on a sommeil et on cherche à satisfaire ce besoin), on passe avec les besoins sociaux d'appartenance au niveau de l'épanouissement de l'être : on désire être accepté, être aimé, être reconnu... Quant aux besoins d'accomplissement, ils se situent également sur le registre du développement de l'être, mais dans une dimension plus collective qu'individuelle : on désire organiser, servir, créer, inventer, exister. On regardera avec profit la synthèse effectuée sur ce point par C. Delafosse (figure 1.2).

Cette notion de pyramide des besoins a été reprise par certains auteurs qui ont plus particulièrement travaillé sur les besoins que l'individu cherche à satisfaire en milieu professionnel, ce qui les a amenés à s'intéresser essentiellement aux besoins du haut de la hiérarchie et à mentionner certains besoins non étudiés par Maslow : ainsi Porter (2) mentionne-t-il, entre le besoin d'estime et le besoin de réalisation de soi, **le besoin d'autonomie.** Mac Clelland (3), quant à lui, met en évidence le **besoin de pouvoir** (cf. figure 1.1. b et c).

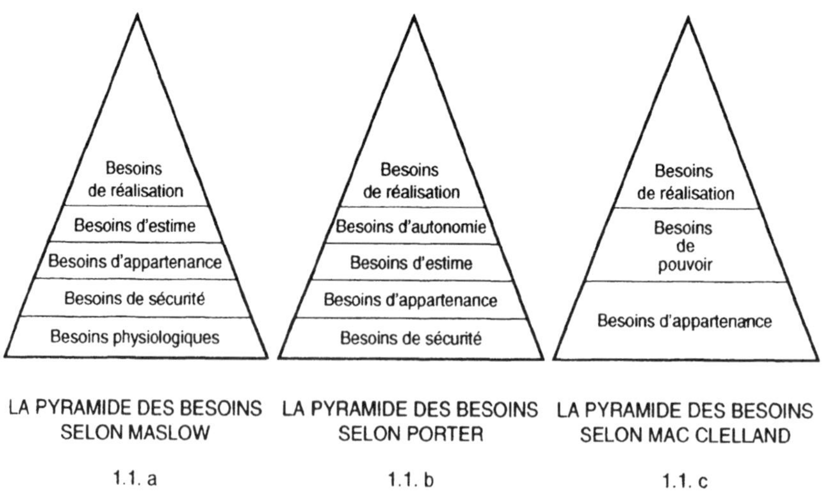

Figure 1.1 : Les différentes pyramides de besoins

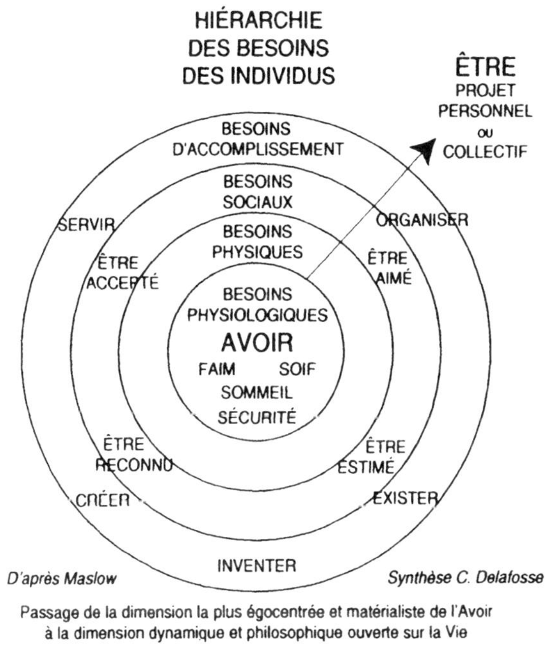

Figure 1.2 : De l'avoir à l'être :
la hiérarchie des besoins (d'après C. Delafosse)

L'accent mis par Porter et Mac Clelland sur les besoins « du haut de la pyramide » souligne d'emblée que la satisfaction de ces besoins-là joue un rôle plus important et plus moteur que les autres, en termes de motivation. C'est en tout cas la thèse soutenue par F. Herzberg (4) qui distingue ce qu'il appelle les facteurs **extrinsèques** (ou facteurs « d'hygiène ») et les facteurs **intrinsèques** (ou facteurs « moteurs »).

2. Les différents facteurs de motivation

Selon Herzberg, qui s'appuie sur les grands mythes qui imprègnent la vision de l'homme dans notre culture judéo-chrétienne, chaque homme peut être symbolisé par une double figure : il est à la fois « Adam » et « Abraham ». Le mythe de l'homme « Adam », c'est celui d'un individu créé avec tous les attributs de la perfection et qui, ayant désobéi, s'est vu chassé du paradis terrestre. Dès lors, tout le problème d'Adam sera d'échapper à la vie de souffrance à laquelle il a été condamné (« tu gagneras ton pain à la sueur de ton front »), bref d'échapper aux maux dus au milieu. Le mythe d'Abraham, au contraire, à qui Dieu a promis une descendance « aussi nombreuse que les étoiles dans le ciel » et qu'il a choisi, malgré son grand âge, pour conduire son peuple, symbolise l'homme en tant qu'être pourvu d'un désir d'accomplissement et de potentialités de développement infinies.

Chaque être humain, selon Herzberg, est à la fois Adam et Abraham, c'est-à-dire qu'il cherche à réaliser simultanément deux aspirations très différentes dans son travail : d'une part échapper aux désagréments de son environnement de travail, d'autre part trouver, dans le contenu même de son travail, la possibilité de développer et de réaliser au mieux toutes ses capacités.

ADAM = échapper aux maux du milieu :
(concerne l'environnement du travail)

ABRAHAM = se développer par ses accomplissements :
(concerne le contenu du travail)

C'est ce double aspect qu'a retrouvé Herzberg dans ses études célèbres sur les facteurs de motivation. Herzberg avait demandé aux salariés qu'il interrogeait de lui indiquer ce qui avait été pour eux cause d'une grande satisfaction et, a contrario, d'un profond mécontentement durant les mois précédant l'interview. Il avait alors pu constater que les facteurs à l'origine de la satisfaction ne se retrouvaient pas – ou très peu – à l'origine du mécontentement. Autrement dit, il existerait deux ordres de facteurs :

a) Les facteurs porteurs de mécontentement et d'insatisfaction qui concernent essentiellement l'environnement du travail. Il s'agit de tout ce qui concerne :

- la politique et l'administration de l'entreprise (par exemple son mode d'organisation du travail, son mode de communication, son mode de contrôle, etc.),
- les relations avec le supérieur hiérarchique,
- la rémunération,
- les relations entre les personnes (collaborateurs et subordonnés),
- les conditions de travail.

b) Les facteurs porteurs de satisfaction qui concernent essentiellement le contenu du travail ou les satisfactions qu'il procure, indépendamment des gratifications matérielles. Ainsi, Herzberg mentionne :

- le sentiment de « s'accomplir » dans son travail,
- la reconnaissance accordée par le supérieur ou par l'entreprise,
- l'intérêt du travail proprement dit,
- la possibilité d'avoir des responsabilités,
- la possibilité d'obtenir de l'avancement dans sa carrière, au travers du travail accompli.

Herzberg avait intitulé « facteurs d'hygiène » (ou « extrinsèques ») le premier groupe de facteurs et « facteurs moteurs » (ou « intrinsèques ») le deuxième groupe (cf. figure 1.3).

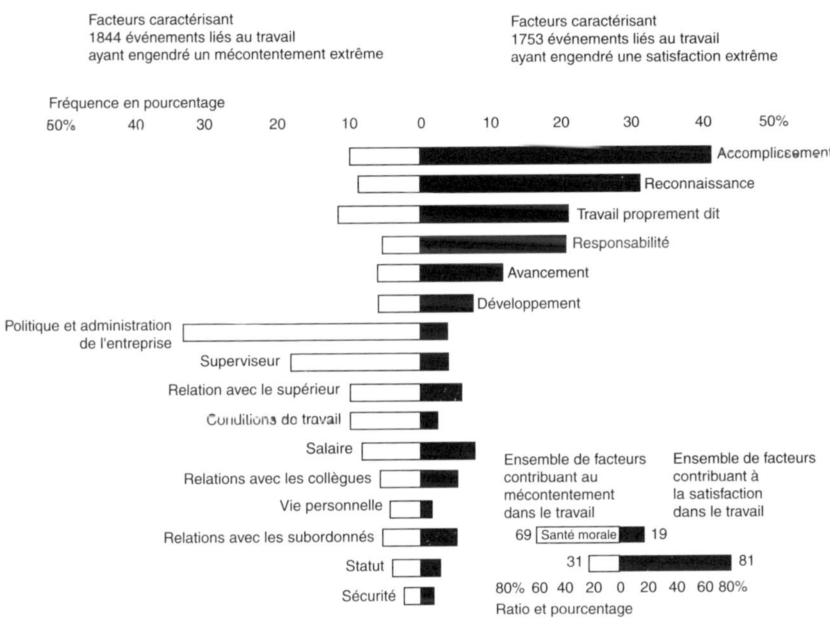

Certains éléments doivent être absents pour éviter l'insatisfaction (hygiène). D'autres doivent être présents pour créer la satisfaction (moteurs)

Figure 1.3 : Facteurs d'hygiène et facteurs moteurs selon Herzberg

Le premier groupe, qui concerne donc l'environnement du travail (relationnel, matériel, organisationnel), correspond en effet à des facteurs qui agissent **préventivement**, au sens où, s'ils « fonctionnent » bien, ils empêchent le mécontentement de s'installer ou, comme le disait Herzberg, les « épidémies » de sévir (d'où le nom de facteurs d'hygiène). Mais il s'agit de « besoins à répétition » qui, une fois satisfaits et ramenés à zéro, se renouvellent inlassablement. Autrement dit, ce n'est pas de la satisfaction proprement dite qu'ils suscitent mais de **l'absence d'insatisfaction** : lorsque ces facteurs sont correctement remplis, l'individu n'est simplement « **plus insatisfait** » et n'est pas **satisfait** pour autant. Au contraire, lorsque, pour une raison ou pour une autre, ces facteurs ne « marchent » pas, (le contrôle est tatillon et excessif, l'entreprise mal organisée, les relations avec le supérieur mauvaises, etc.), les individus sont alors mécontents (insatisfaits) et le mécontentement pourra, selon Herzberg, obérer leur motivation et les polariser sur des revendications (individuelles ou collectives), au détriment d'une polarisation sur la performance.

Le second groupe de facteurs, au contraire, concerne tout ce qui touche à **la réalisation de soi-même** (c'est-à-dire le sommet de la pyramide de Maslow, aussi bien dans la possibilité de cette réalisation que dans la reconnaissance extérieure de cette réalisation) et à **la fonction créatrice de l'individu**. Il concerne le sens de l'action, sa finalité, sa signification : c'est en cela qu'il s'agit, selon Herzberg, de facteurs « moteurs », ceux qui « font avancer ».

Là encore, comme pour les théories de Maslow, de nombreuses discussions et controverses se sont élevées pour relativiser et parfois contredire les découvertes d'Herzberg. Il ne s'agit pas d'ailleurs de prendre de façon trop absolue la distinction établie et le seul examen de la figure 1.3 montre bien qu'il ne s'agit là que de « dominantes » puisque, dans chaque cas, on peut rencontrer, quoiqu'à un degré bien moindre, de l'insatisfaction en cas d'absence de facteurs « moteurs » et de la satisfaction lorsque les facteurs d'hygiène sont correctement remplis (cf. figure 1.3).

Quoi qu'il en soit, ces théories ont eu l'immense mérite de montrer les limites de toute politique de motivation fondée sur la seule amélioration des conditions d'environnement du travail (que ce soit au niveau organisationnel, relationnel ou à celui de la tâche). Or c'était bien, jusque-là, la démarche de nombre d'entreprises qui s'étonnaient de ne pas obtenir un personnel motivé, malgré tous leurs efforts. Il est clair qu'on ne peut, en agissant sur les seuls facteurs d'hygiène, obtenir des gens « motivés » ; on peut tout au plus obtenir qu'ils ne soient pas perturbés dans leur motivation par des dysfonctionnements matériels, organisationnels ou affectifs.

Résumons donc ce qui constitue, à nos yeux, les acquis incontestables des travaux d'Herzberg.

– 1er *enseignement :* **Il existe un continuum insatisfaction – absence d'insatisfaction – satisfaction et la mise en évidence du terme médian que constitue l'absence d'insatisfaction permet de situer clairement les limites de ce que l'on peut obtenir en agissant sur les seuls facteurs d'hygiène :** autrement dit, **si une bonne gestion des facteurs d'hygiène constitue une condition nécessaire de la motivation (elle empêche les épidémies de mécontentement de sévir), elle n'en constitue pas une condition suffisante.** Herzberg utilise d'ailleurs une comparaison amusante pour illustrer ce « no man's land du sentiment » que constitue l'absence d'insatisfaction. Il dit : « si l'on vous tape sur la tête à coups de marteau, vous avez mal. Si l'on arrête de taper, vous sentez-vous bien ? Non, simplement vous n'avez plus mal. **Le contraire de l'insatisfaction, ce n'est pas la satisfaction mais l'absence d'insatisfaction** ».

– 2e *enseignement :* **La pratique de la stimulation**, qui consiste à inciter, de l'extérieur, quelqu'un à accomplir telle ou telle action déterminée, **constitue un cercle vicieux** : dès que les batteries sont à plat, il faut les recharger et les recharger sans fin car **le moteur est alimenté de l'extérieur.** Là encore, Herzberg prend une jolie comparaison : il explique que lorsque son chien était tout petit, il utilisait, pour l'inciter à se mettre debout, la technique « KITA » (« Kick in the ass ») : un léger coup de pied aux fesses incitait le chien à se lever. Le chien ayant grandi, il dut modifier sa technique en plaçant devant le chien un sucre ou un biscuit pour l'inciter à se lever. Mais, demande Herzberg, dans les deux cas, « qui est motivé à ce que mon chien se lève ? lui, ou moi ? »... Il est clair que c'est le maître qui est motivé pour faire lever son chien et que ce dernier obéit à une simple stimulation externe (carotte ou bâton, biscuit ou coup de pied...). Cet exemple n'est d'ailleurs pas tout à fait anodin car il semble que la pratique de la stimulation en entreprise par des « biscuits » de toutes sortes n'a fait que croître et embellir. Mais nous reviendrons sur cette question.

Tout ceci ne signifie pas qu'il faille condamner la stimulation ou que celle-ci soit inutile, bien au contraire. Dans certains cas et pour certains travaux qui ne comportent aucun facteur de motivation, aucune possibilité créatrice, on ne peut avoir recours qu'à la stimulation pour « faire avancer » et on ne peut agir que sur les seuls facteurs d'hygiène, faute d'existence de facteurs moteurs : ainsi le directeur d'une compagnie privée d'éboueurs avait mis en place une politique très élaborée au niveau des facteurs d'hygiène et de la stimulation pour obtenir de ses employés le meilleur rendement possible dans un contexte de travail où il était difficile de trouver signification, reconnaissance et réalisation de soi-même. La politique adoptée avait consisté en premier lieu à revaloriser l'image d'eux-mêmes que pouvaient avoir les employés d'un métier aussi socialement déconsidéré : il s'agissait avant tout de ne pas « aggraver le négatif », d'où l'octroi d'un costume particulièrement étudié et le changement de titre de la fonction (les éboueurs étaient devenus des « ripeurs »). En second lieu, la politique suivie s'était appuyée sur une logique de stimulation par le biais de primes et de récompenses matérielles. Finalement, si le chef d'entreprise n'avait pu obtenir avec ses éboueurs un personnel « motivé », il avait en revanche obtenu un équilibre minimum qui permettait à ses employés de faire correctement leur travail.

D'une façon générale, on peut dire que moins le travail est intéressant, plus les facteurs d'environnement seront importants (car l'absence d'intérêt intrinsèque au travail rend d'autant plus sensibles les mauvaises conditions au niveau de l'environnement du travail) **et plus il sera nécessaire d'avoir recours à la stimulation et aux récompenses extrinsèques.**

– *3e enseignement* : Si la stimulation consiste à « recharger les batteries », **la pratique d'une vraie politique de motivation consiste à permettre à chaque individu de « fabriquer sa propre électricité ».** La question portant sur « comment motiver son personnel » peut donc se formuler ainsi : **« comment l'équiper d'un générateur ? ».**

La réponse d'Herzberg se situait en termes d'enrichissement des tâches, l'opération consistant à rendre à un travailleur sa fonction créatrice par un travail suscitant une remise à jour permanente et un intérêt soutenu. Nombreuses sont les expériences d'Herzberg qui ont consisté à réintroduire une dimension de contrôle et, si possible, une part de conception dans des tâches qu'une logique taylorienne poussée à l'extrême avait réduites à un strict travail d'exécution.

Une de ses expériences les plus célèbres concerne le cas des assistantes de la Bell Telephone Company, préposées à un travail consistant à répondre aux questions des actionnaires de la compagnie. Lorsque Herzberg fut appelé en consultation, la situation se présentait ainsi : après une formation coûteuse de 6 mois et une sélection rigoureuse, le travail des assistantes était organisé de façon assez standardisée. Les lettres étaient programmées selon des formules préétablies et vérifiées par deux surveillants successifs avant d'être expédiées. Le climat interne de l'équipe était mauvais, le moral bas, l'absentéisme élevé et les lettres, avant contrôle, comportaient beaucoup d'erreurs.

La politique jusque-là suivie par la compagnie avait consisté à porter l'effort sur les facteurs d'hygiène et sur la stimulation. Mais les augmentations de salaire et les divers aménagements du lieu de travail n'avaient rien changé à la situation. Herzberg entreprit donc de réorganiser le service de fond en comble, en s'attachant à restituer au travail accompli sa dimension créatrice : selon ses capacités, chaque assistante fut nommée experte dans une matière particulière (juridique, financière, commerciale, etc.) pour laquelle elle conseillait les autres. Chacune d'entre elles était ainsi tour à tour en situation de fournir une expertise et en situation de demander une expertise dans un autre domaine à telle ou telle de ses collègues, ce qui lui permettait d'enrichir à chaque fois le champ de ses compétences. Par ailleurs, les lettres furent dorénavant rédigées et signées personnellement par chacune, puis envoyées directement à leur destinataire sans relecture hiérarchique. Enfin, le travail de la journée était organisé par les assistantes elles-mêmes et non plus par un responsable extérieur.

Le résultat de cette expérience doit s'analyser en deux temps : durant les premières semaines, un tel bouleversement des schémas antérieurs entraîna une baisse sensible de la productivité. Puis, dans un deuxième temps, celle-ci remonta très au-dessus de son niveau initial : les lettres, de par la responsabilité dont chaque assistante se trouvait investie, ne comportaient pratiquement plus d'erreurs, le climat s'améliora nettement, l'absentéisme fut réduit à presque rien et la compagnie put économiser, en vérification et réécriture des lettres, une somme importante.

Rappelons, pour terminer ce rappel historique des théories fondatrices concernant la motivation, les cinq aspects permettant d'enrichir une tâche, tels qu'ils ont été dégagés par le courant d'enrichissement des tâches dont Herzberg fut l'initiateur. On peut, avec Porter, Lawler (5) et Hackman (6) les mémoriser sous le terme « VARIF ». L'idée est que, pour enrichir une tâche, il faut la rendre « VARIF », c'est-à-dire lui conférer variété, autonomie, responsabilités, informations et feed-back :

V = **Variété** de la tâche

A = **Autonomie** de la tâche

R = **Responsabilités** conférées dans l'accomplissement de la tâche

I = **Informations** : soit opératoires (liées à l'exécution de la tâche), soit relationnelles (liées aux relations nécessitées par l'accomplissement de la tâche)

F = **Feed-back** sur la tâche, concernant sa réalisation et son rôle dans le circuit de production de l'entreprise.

À l'issue de ce long rappel des théories de base sur la motivation au travail, nous voyons bien que le processus de la motivation constitue un ensemble complexe qui met en jeu beaucoup d'éléments dont nous allons détailler l'agencement dans les pages qui suivent. Nous pouvons cependant d'ores et déjà souligner le fait que la **vraie motivation est intérieure**, qu'elle consiste en ce **foyer d'énergie psychique** entretenu au cœur même de l'individu, en ce **brasier intérieur** qui le fait avancer contre vents et marées une fois que, au-delà de la satisfaction de ses besoins, il se trouve en quelque sorte « branché » sur ses désirs les plus fondamentaux, qu'il s'agisse d'un désir de puissance, d'un désir d'accomplissement, d'un désir de revanche ou de quoi que ce soit d'autre...

Avec le passage de cette notion de **besoin** à la notion de **désir fondamental**, nous passons de la notion de motivation **extrinsèque ou instrumentale** à la notion de motivation **intrinsèque.** Il est bien évident que c'est celle-là qui constitue le cœur du problème et que c'est elle qu'il faudrait parvenir à éveiller ou susciter chez chacun. Il est clair aussi que c'est elle qui est la plus difficile à cerner et, a fortiori, à déclencher car elle met en jeu toute une série de déterminismes et d'aléas, conscients et inconscients, sur lesquels un manager n'a que partiellement prise.

C'est la raison pour laquelle tout manager doit être en mesure de bien analyser la situation à laquelle il est confronté afin de déterminer avec précision quels sont les leviers d'action qu'il peut utiliser pour obtenir les modifications de comportement ou les performances qu'il attend de ses collaborateurs.

Avant de reprendre et d'approfondir cette notion de désir fondamental, source du « moteur intérieur » qui nous fait avancer, il nous faut donc auparavant comprendre, un peu comme le ferait un ingénieur, toute la mécanique du processus de motivation, avec ses différents rouages et dans toute sa complexité.

UN MÉCANISME COMPLEXE

Nous allons essayer d'analyser ce mécanisme en en décomposant les différents rouages et en nous situant en observateur extérieur au niveau des différentes conditions à réunir pour obtenir un comportement orienté vers l'effort et la performance.

Nous allons, pour ce faire, poser et expliciter cinq notions que nous « bouclerons » ensuite dans un schéma d'ensemble : renforcement, équité, instrumentalité, expectation, valence.

1. La notion de renforcement

Cette notion est à la base même du principe de la stimulation du comportement, mis en évidence par Skinner et sous-tendu par la notion de **comportement opérant** (stimulus → réponse → conséquence). Le comportement opérant est celui qui produit des effets sur l'environnement et tendra à se répéter s'il est suivi de conséquences positives. L'idée est que tout comportement (réponse à un stimulus), suscitant une conséquence positive ou négative pour la personne, tendra à se renforcer (si conséquence positive, c'est-à-dire récompense) ou, au contraire, à s'arrêter (si conséquence négative, c'est-à-dire punition) ou enfin à s'éteindre (si arrêt des récompenses).

On peut donc, avec Skinner, distinguer quatre types de renforcement (cf. figure 4) : la récompense (destinée à encourager un comportement que l'on souhaite voir se reproduire), le renforcement négatif (on encourage la personne en faisant cesser une contrainte désagréable ou une punition), la punition (destinée à faire cesser un comportement non désiré), l'extinction (on fait cesser l'octroi de récompense pour un comportement qu'on ne souhaite plus encourager et le comportement initialement renforcé « s'éteint » peu à peu).

Type de renforcement	Stimulus	Réponse	Récompense
RENFORCEMENT POSITIF Son application accroît la probabilité qu'un comportement désiré soit répété.	La haute performance est récompensée par l'organisation	Les individus font le maximum	• reconnaissance • éloge • augmentation de salaire
PUNITION Son application fait décroître la probabilité qu'un comportement non désiré soit répété.	Une heure de pause seulement.	L'individu prend plus d'une heure de pause	• réprimande
ÉVITEMENT La probabilité d'un comportement désiré est augmenté par la connaissance des conséquences	Les individus qui dépassent l'heure de pause sont réprimandés	L'individu ne prend qu'une heure	• pas de réprimande
EXTINCTION Le retrait d'un renforcement positif permet de faire cesser un comportement devenu non désiré	– Bonus au vendeur pour chaque nouveau client	– Les vendeurs font leur possible pour gagner des clients	• bonus
	– Nouveaux objectifs commerciaux : suppression du système	– Les vendeurs ne font plus d'effort particulier	• pas de bonus

Figure 1.4 : Les quatre types de renforcement

De ces quatre types de renforcement, le plus efficace et le plus pratiqué est sans conteste le renforcement positif, qu'il prenne la forme d'une récompense matérielle ou symbolique. Les grands créateurs d'entreprise étaient d'ailleurs souvent adeptes de cette méthode et la légende raconte comment Watson, fondateur d'IBM, avait l'habitude de signer immédiatement un chèque pour récompenser la négociation d'un nouveau contrat ou la découverte d'une innovation technologique originale. De même, le fondateur de Foxboro (fabriquant de systèmes de contrôle en informatique), voulant un jour récompenser un ingénieur pour la même raison, ouvrit son tiroir et n'y trouvant qu'une banane placée là pour combler un « petit creux » dans la journée, la lui tendit... depuis lors la « petite banane d'or » est devenue la récompense suprême de l'entreprise, en perpétuant ce mythe fondateur ! (7)

Comme l'expriment bien Peters et Watermans (8), « les signes de reconnaissance positifs font plus que modeler le comportement, ils sont aussi un enseignement et mettent notre propre image en valeur. Pour commencer par un exemple négatif, supposons que nous soyons punis pour « n'avoir pas bien traité un client ». Non seulement, nous ignorons ce qu'il faut faire pour nous perfectionner, mais il est probable que nous réagirons en cherchant à éviter tout contact avec la clientèle. Selon les termes de Skinner, le « client » en soi, plus que le fait de « n'avoir pas bien traité un client » est associé à la punition. Par contre, si l'on nous dit en nous rapportant le compliment d'un « mystérieux client » que nous « avons agi dans la meilleure tradition de l'entreprise Machin en nous occupant de la réclamation de Mme Dupont », c'est une autre affaire... Nous aurons maintenant un employé qui va battre la campagne pour trouver d'autres Mme Dupont à choyer. Il ou elle a appris qu'un comportement spécifique (positif) entraîne la gratification et, en même temps, satisfait l'insatiable besoin humain de mettre sa propre image en valeur... Les entreprises exemplaires nous enseignent que rien ne nous interdit de concevoir des systèmes qui renforcent en permanence cette notion : elles traitent leurs employés comme des gagnants. Leurs effectifs se distribuent normalement en matière d'intelligence, comme toute population nombreuse, mais la différence, c'est que leurs systèmes renforcent le sentiment d'être des gagnants plutôt que des perdants. En général, leurs employés atteignent les objectifs et les quotas parce que ceux-ci sont fixés (souvent par les employés eux-mêmes) pour être atteints... Dans les moins bonnes entreprises, on constate l'inverse. Alors que chez IBM, on s'arrange explicitement pour que 70 à 80 % des vendeurs atteignent les quotas, une autre entreprise (concurrente d'IBM pour certains produits) fait en sorte que seulement 40 % de sa force de vente atteignent les quotas. À cause de cette approche, au moins 60 % des vendeurs se considèrent comme des perdants. Ils le prennent mal et cela provoque des attitudes frénétiques, imprévisibles et anormales. Collez à un homme l'étiquette de perdant et il se conduira comme tel. Ainsi que le soulignait un cadre de General Motors, « nos systèmes de contrôle semblent être fondés sur l'hypothèse que 90 % des employés sont des cossards toujours prêts à mentir, à tricher, à voler et à nous rouler. Nous démoralisons les 95 % du personnel qui se conduisent en adultes, à force de protéger nos arrières contre les 5 % restants qui sont vraiment de mauvais éléments » (9).

Bien sûr, ce constat devrait être relativisé en fonction du contexte de crise que connaissent les entreprises depuis quelques années. Mais le principe même du renforcement positif garde toute son actualité, sa pertinence et son efficacité. Il n'est que de voir, d'ailleurs, les trésors d'ingéniosité dont témoignent les entreprises pour inventer des récompenses aptes à mieux stimuler les efforts de leurs employés. Ainsi, l'opération de motivation lancée par Gaz de France, sous la forme d'une distinction honorifique – les flammes d'or du Gaz naturel – qui récompensait les centres GDF ayant « innové et réalisé des actions efficaces et originales » selon certains thèmes précis, comme la fidélisation des clients anciens ou la rentabilisation des extensions de réseau. Ou encore celle mise en place par Mobil, pour récompenser les commerciaux qui dépassaient le seuil de 7 tonnes de ventes de lubrifiants automobiles en leur offrant des chèques voyages pour les premiers et des chèques cadeaux de La Redoute pour les autres. On peut aussi citer l'action de Renault qui, pour développer ses ventes au niveau individuel (force de vente directe) ou collectif (concessionnaires), offrait des bons d'achat et des voyages. Quant à la SNCF, une action spéciale intitulée « Les Rails d'or » y récompensait les meilleurs stimulateurs de vente de cartes kiwi, « carrés jeunes », et billets de 1re classe... L'entreprise Thomson, quant à elle, stimulait ses vendeurs par des chèques cadeaux et des stages de sport et d'aventure pour inciter à la prise de commandes d'appareils électroménagers. Total dynamisait la vente de lubrifiants moteurs en faisant concourir les établissements Citroën ayant passé un contrat d'approvisionnement avec lui : les établissements classés en tête gagnaient voyages, bijoux en or et coffrets de champagne... (10).

Ces exemples de stimulation par le renforcement positif pourraient être multipliés à l'infini et leur efficacité n'est plus à démontrer. On peut s'étonner d'ailleurs que certaines entreprises ne le pratiquent pas d'avantage : il y a une dizaine d'années à peine, une grande entreprise de transports français mettait en œuvre un système basé presque exclusivement sur la punition. Chaque employé du réseau se voyait doté d'un compteur « invisible » de 100 points et, à chaque infraction commise, un certain nombre de points était retiré. Lorsque le total de 100 était atteint, l'employé se voyait infliger une journée de mise à pied... Inutile de dire qu'il est difficile de trouver un système suscitant davantage la démotivation. Comme l'exprimait d'ailleurs mélancoliquement un employé : « on nous dit toujours quand ça ne va pas... on ne nous félicite jamais quand on fait des choses bien ! ». Heureusement, ce système archaïque a été aboli, sans d'ailleurs qu'un système de renforcement positif fondé sur des récompenses se mette en place pour autant !

Si le renforcement positif (cf. figure 1.5) constitue ainsi une pièce maîtresse du dispositif de la motivation (versant stimulation), il nous faut à présent examiner les autres paramètres du système.

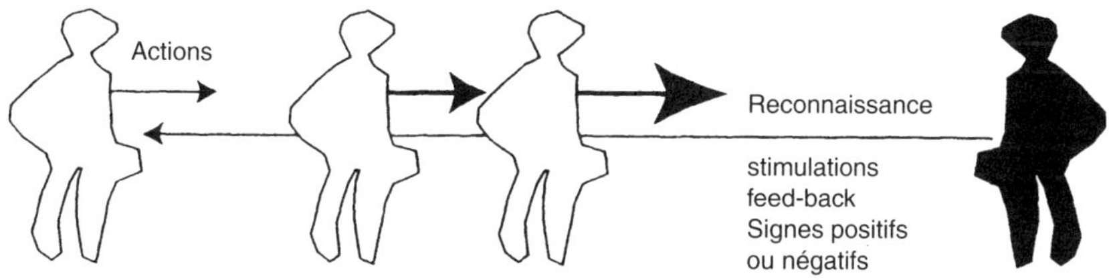

Figure 1.5 : Le principe du renforcement
(Schéma adapté de G. Amoureux)

2. L'équité

Ce paramètre étudié notamment par J. S. Adams (11) – constitue un élément très important dans le processus de la motivation.

Pour comprendre de quelle manière il opère, il faut savoir que chaque individu, même sans en être conscient, établit en permanence dans sa tête une sorte de « **balance » entre ce qu'il donne à l'entreprise – ses contributions – et ce qu'il en retire : ses rétributions.** Ses contributions à l'entreprise s'expriment pour lui dans l'effort qu'il fournit, l'expérience qui est la sienne, mais aussi dans son niveau d'éducation et d'expertise, sa maturité, etc. Les rétributions qu'il reçoit de l'entreprise prennent pour lui la forme non seulement du salaire qu'il reçoit mais également des responsabilités dont il est investi ou encore des satisfactions de tous ordres qu'il retire de son travail.

Dans le jugement qu'il porte sur cet équilibre contributions-rétributions, l'individu effectue une comparaison implicite aussi bien avec d'autres personnes effectuant le même travail que lui, qu'avec des situations qu'il a pu connaître antérieurement. Et le jugement personnel d'équité ou d'inéquité qu'il se forge en lui-même quant à cet équilibre contributions-rétributions est un jugement **éminemment subjectif** : il peut être fondé dans la réalité, mais il peut aussi être tout à fait injustifié au regard de l'entreprise qui, dans certains cas, prend en compte des éléments tout autres que ceux perçus par l'individu. **Par contre ce jugement subjectif aura de fortes conséquences, puisque tout sentiment d'inéquité éprouvé durablement par une personne se traduira, tôt au tard, par un « réaménagement » de ses contributions à l'entreprise.**

De nombreuses recherches (12) ont clairement démontré ces différents points. En ce qui concerne la comparaison avec d'autres personnes dans la même situation, des expériences menées avec des groupes de sujets effectuant un travail identique mais dans des conditions de rémunération différentes (un groupe payé normalement, un groupe sur-payé, un groupe sous-payé) ont mis en évidence ce mécanisme de réajustement : le groupe sous-payé ralentit son travail et le groupe sur-payé accélère. De même, les expériences antérieures du sujet jouent un rôle et contribuent à fixer les normes de travail adoptées par la suite : ainsi, des personnes à qui l'on a demandé, antérieurement, de réaliser des interviews dans la rue pour une rémunération de deux dollars l'heure, se fixent, lors d'un travail ultérieur similaire où on leur propose vingt cents l'interview, une norme de travail de dix interviews par heure : elles ont ajusté leur effort et leur dose de travail en référence à la situation antérieure.

On voit donc bien que, dans chaque situation, les sujets s'efforcent de se comporter d'une manière qui leur paraît juste, compte tenu des informations qu'ils possèdent sur le travail et sur la rémunération des autres, tout comme sur celle qu'ils ont reçue auparavant pour un travail similaire (cf. figure 1.6).

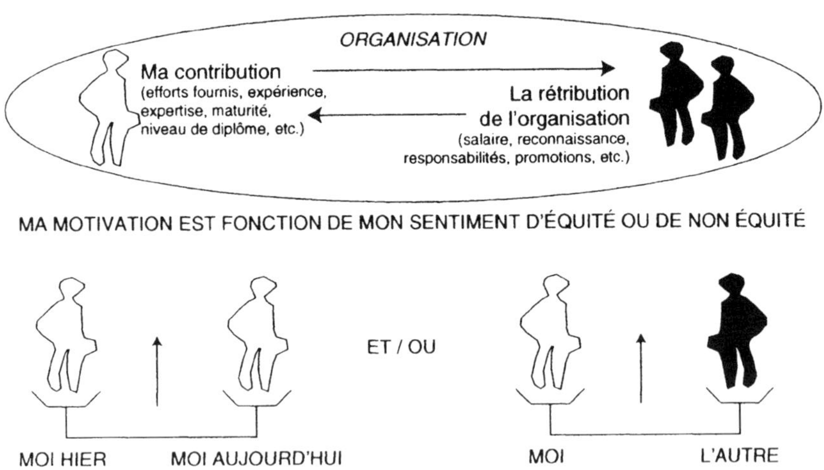

Figure 1.6 : Le sentiment subjectif d'équité
(Schéma adapté de G. Amoureux)

Ce mécanisme de rééquilibrage joue d'ailleurs aussi bien dans l'autre sens et le sentiment subjectif d'être trop payé par rapport à un travail donné peut conduire la personne à fournir un effort supplémentaire. Là encore, des expériences (13) menées avec des étudiants embauchés pour un travail temporaire (réaliser des interviews dans la rue, corriger des épreuves d'imprimerie, etc.) ont apporté des résultats intéressants. L'expérience consistait à faire croire à la moitié des étudiants recrutés qu'ils n'étaient pas assez qualifiés pour effectuer le travail demandé mais qu'on les embauchait malgré tout au même tarif que les autres, faute de personnel disponible. Le but de l'opération était de conférer auxdits étudiants un sentiment d'infériorité par rapport à la tâche confiée et donc de les persuader qu'ils étaient trop payés par rapport à ce qu'ils étaient capables de faire. L'expérience fut menée en faisant varier les modalités de paiement et donna des résultats tout à fait probants quant à cette attitude de réajustement : les sujets payés à l'heure et persuadés d'être trop rémunérés travaillèrent nettement plus que ceux qui se croyaient normalement payés (ils firent plus d'interviews, ils corrigèrent plus de pages...). Au contraire, les sujets payés à la pièce (donc à la quantité de production) eurent tendance à produire moins (car une production supplémentaire aurait accru l'écart financier en leur faveur) mais se rattrapèrent en fournissant un travail d'une qualité bien supérieure : interviews menées plus à fond et fournissant plus d'informations, plus grand nombre de fautes d'impression décelées dans chaque page d'imprimerie à corriger, etc.

Bien sûr, les expériences citées sont des expériences ponctuelles qui ne s'inscrivent pas dans la durée et on peut se demander si les conclusions que l'on en tire sont valables dans le cas d'une intégration à long terme dans une entreprise. Sur ce point, notre expérience nous a montré que si le réajustement ne s'opère pas toujours dans l'immédiat et si certaines personnes sont capables d'assumer très longtemps un sentiment subjectif d'inéquité dans l'attente d'un rééquilibrage par l'entreprise de ses rétributions à leur égard, par contre **au bout d'un certain temps, (variable selon les personnes), le réajustement s'opère toujours et toute personne éprouvant un sentiment définitif et confirmé d'inéquité finit toujours par opérer une forme ou une autre de désinvestissement :** celui-ci peut s'effectuer par une diminution du travail fourni, par un désengagement affectif à l'égard de l'entreprise et de la tâche ou par un redéploiement de l'énergie dans des activités parallèles extérieures à l'entreprise.

Nous avons ainsi pu observer souvent le « gâchis » que pouvait parfois constituer une non-prise en considération de l'ampleur des efforts fournis : des potentiels considérables d'énergie tout disposés à s'investir dans le travail mais non valorisés et non pris en compte de façon durable par des structures excessivement bureaucratiques, peuvent ainsi se disperser et se déploient dès lors souvent à l'extérieur de l'entreprise, faute d'avoir pu trouver, au sein de celle-ci, la reconnaissance attendue.

3. Le système V.I.E.

Le « système V.I.E. » est une appellation commode pour mémoriser trois paramètres importants qui jouent un rôle essentiel dans le processus de la motivation. Il s'agit de **l'instrumentalité**, de **l'expectation** et de la **valence**. Ce qui sous-tend ces trois notions – particulièrement étudiées par Vroom (14), Porter et Lawler (15) – c'est la notion d'attente, d'où le nom de théorie des attentes qui a été donné à cette approche.

Le principe sur lequel repose cette théorie est que tout comportement motivé est un choix, bâti selon certaines probabilités d'atteindre des récompenses souhaitées. Chaque individu aura tendance à entreprendre une action à partir du moment où il la perçoit comme susceptible de lui permettre d'atteindre les objectifs qu'il s'est fixés et, notamment, les récompenses qu'il attend.

Nous allons approfondir ce système en détaillant chacun des paramètres qui le composent.

a) L'instrumentalité (utilité)

C'est la probabilité pour l'individu qu'un effort soit ou non suivi d'une récompense. Pour cela, deux conditions sont nécessaires :

- Il faut que l'individu voie un lien entre le travail accompli et les récompenses qu'il pourra en obtenir : argent, sécurité, reconnaissance... La question qu'il se pose est : « *qu'est-ce que j'en retirerai ?* ».
- Il faut que l'individu puisse évaluer que la performance à accomplir lui permettra d'obtenir les récompenses qu'il souhaite.

À partir de là, sa motivation sera fonction de l'efficacité perçue entre telle action à entreprendre et telle récompense.

b) Le niveau d'expectation (niveau d'attente)

C'est l'attente par rapport aux efforts que l'on se pense capable d'effectuer, c'est-à-dire les chances de réussite que l'on s'attribue compte tenu de ce qu'on pense de ses propres capacités.

Autrement dit, chaque travailleur va apprécier ses chances d'atteindre l'objectif proposé, c'est-à-dire qu'il va évaluer sa capacité à effectuer le travail demandé. Ainsi, les questions qu'il peut se poser sont :

- *si je fais un effort, quelle est la probabilité pour que j'arrive au résultat voulu ?*
- *suis-je capable de réussir telle performance, de résoudre tel problème ?*

À partir de là, si l'auto-évaluation qu'il effectue est négative ou insuffisante, la motivation sera nulle.

c) La valence (valeur)

C'est la valeur subjective de la récompense. Autrement dit, il ne suffit pas que les récompenses soient clairement perçues, il faut que l'individu souhaite réellement les obtenir (qu'elles aient de la valeur pour lui).

Bien sûr, les résultats de son travail auront d'autant plus de valeur pour l'individu **qu'ils seront proches de ses besoins ou de ses désirs du moment.** On voit là le lien avec ce que nous avons expliqué plus haut concernant la théorie des besoins (Maslow-Herzberg). Ainsi, les questions qu'il peut se poser sont : « *Est-ce que ça m'intéresse ? ; est-ce que c'est important pour moi ?* ».

Là encore, si la récompense attachée à la performance n'a pas une valeur suffisante aux yeux de l'individu, la motivation sera nulle.

Mais, plus encore – et c'est pour cela que ces trois notions se bouclent en un système d'ensemble (le système VIE) –, **pour que la motivation « fonctionne » en tant que processus, il faut que ces trois paramètres – instrumentalité, expectation, valence – fonctionnent ensemble car si l'un des facteurs est absent ou nul, c'est l'ensemble de la motivation qui sera nulle.** Il faut donc envisager l'action de ces trois paramètres sous la forme d'un produit :

$$M = V \times I \times E$$

La motivation se trouve à l'intersection précise de ces trois paramètres (cf. figure 1.7).

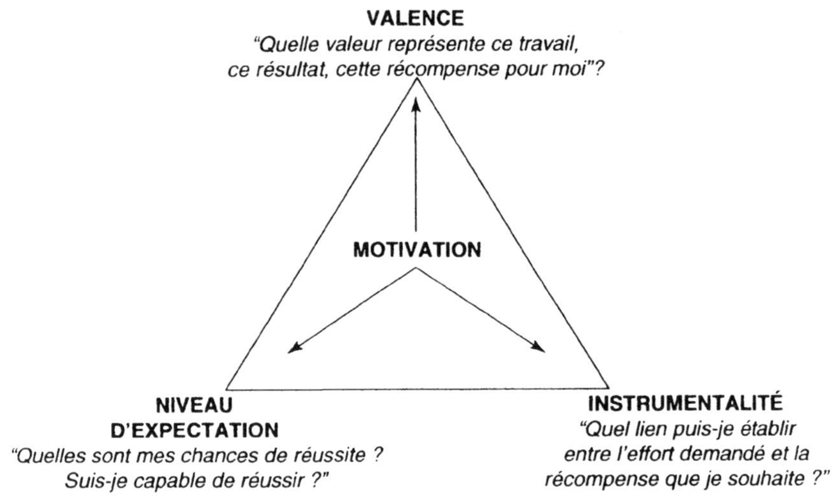

Figure 1.7 : La motivation au carrefour du système V.I.E.

Prenons quelques exemples pour illustrer ces différents points.

• Si on me demande de suivre un stage de formation dans tel ou tel domaine, mais que je sais que l'incidence de ce stage sera nulle pour ma promotion, je serai peu motivé à le suivre. De même, si on me demande d'investir toute mon énergie dans la rédaction d'un rapport sur telle ou telle question et que je sais pertinemment que ce rapport finira, comme tous les précédents, dans un tiroir, qu'il ne servira jamais à rien et, qui plus est, ne me valorisera en aucune façon, je serai là encore peu motivé à entreprendre l'effort demandé (alors que, la première fois, je m'étais « défoncé »... sans aucun résultat). On voit bien, dans ces deux exemples, que ce qui manque, c'est l'instrumentalité : **la condition d'instrumentalité n'est pas remplie car je ne peux établir un lien entre l'effort demandé et une récompense quelconque**.

• Si le challenge qui m'est proposé est clairement relié à une récompense (comme dans les exemples de stimulation par renforcement positif que nous avons cités précédemment), mais que je ne me juge pas capable (pour quelque raison que ce soit) d'accomplir la performance demandée, là non plus je ne « déclencherai » pas la mécanique de la motivation. Prenons un exemple simple : si je sais que, en transportant cent sacs de cinquante kilos dans l'après-midi, je gagnerai 5 000 F, je peux être motivé pour le faire. Mais, si un rapide examen de mes capacités physiques me montre que, quel qu'en soit mon désir, je n'en aurai pas la force... là non plus, le processus ne se déclenchera pas.

Prenons un autre exemple, que nous avons observé : un grand concours avait été organisé par une entreprise entre les différentes équipes commerciales sur tout le territoire national. Ce concours offrait une récompense financière très stimulante à l'équipe qui aurait « décroché » de nouveaux clients dans une proportion importante et atteint une part de marché fixée à un certain montant. L'équipe lyonnaise avec laquelle nous étions alors en contact avait été fortement stimulée par le défi proposé. Puis, avant de s'engager dans la bataille, elle avait souhaité évaluer ses chances par rapport aux autres équipes et, pour cela, avait observé les performances obtenues par les différentes équipes du territoire national durant les cinq dernières années. Elle s'était alors rendu compte que, systématiquement, l'équipe qui avait obtenu les meilleurs résultats et régulièrement accru sa part de marché était une équipe située dans le département des Hauts-de-Seine. Une rapide étude du secteur de clientèle potentiel de l'équipe en question montrait, du seul fait du nombre d'entreprises présentes et donc de la « capacité » intrinsèque du secteur, que les chances de réussite de l'équipe lyonnaise n'étaient pas comparables à celles de l'équipe des Hauts-de-Seine. Résultat : l'équipe tempéra ses ardeurs et ne releva pas le challenge pour lequel elle n'avait aucune chance objective de réussir !

On voit bien, dans ce cas, **que c'est la condition d'expectation qui n'était pas remplie** et que, malgré le lien établi entre performance et récompense (instrumentalité) et malgré l'attrait de cette dernière (valence), il manquait un élément essentiel : les chances de réussite ! L'un des facteurs étant absent, l'ensemble du processus se trouvait invalidé !

• Prenons enfin des exemples pour expliquer le rôle de la valence. Si je réussis la difficile mission qui m'est demandée dans les six mois à venir, mais que la promotion qui m'est promise à la clé m'expédie obligatoirement à Belfort ou Guéret alors que, pour des raisons familiales conjoncturelles, je ne peux quitter la région où je me trouve, je ne me lancerai pas dans la bataille et je chercherai plutôt à changer d'entreprise (si le contexte économique le permet !). Prenons un autre exemple plus précis et que nous avons pu observer personnellement : un contrôleur de gestion, obligé à de fréquents et longs déplacements en voiture, avait demandé comme « récompense », par souci d'efficacité et de commodité, qu'on lui installe un téléphone dans sa voiture (c'était avant l'avènement des téléphones portables !). Or, le téléphone en voiture était réservé, dans sa société, aux personnes ayant rang de directeur. La société ayant néanmoins interprété sa demande comme une demande de « prestige » (étage 4 de la pyramide de Maslow), avait répondu sur ce registre précis en lui offrant une voiture d'une puissance fiscale très supérieure, destinée, pensait-elle, à combler sa soif de considération ! L'intéressé s'était ainsi trouvé confronté au sentiment bizarre d'avoir obtenu une récompense supérieure à celle qu'il demandait et, néanmoins, de n'être pas satisfait ! On voit bien ici que le problème venait en fait tout simplement d'une inadéquation de la récompense par rapport aux besoins de la personne : la voiture prestigieuse n'avait aucune « valeur » pour l'intéressé, dont la demande se situait en termes d'économie et d'efficacité dans la gestion de son temps personnel...

Reprenons maintenant nos cinq paramètres et « bouclons »-les dans le schéma d'ensemble ci-après (figure 1.8).

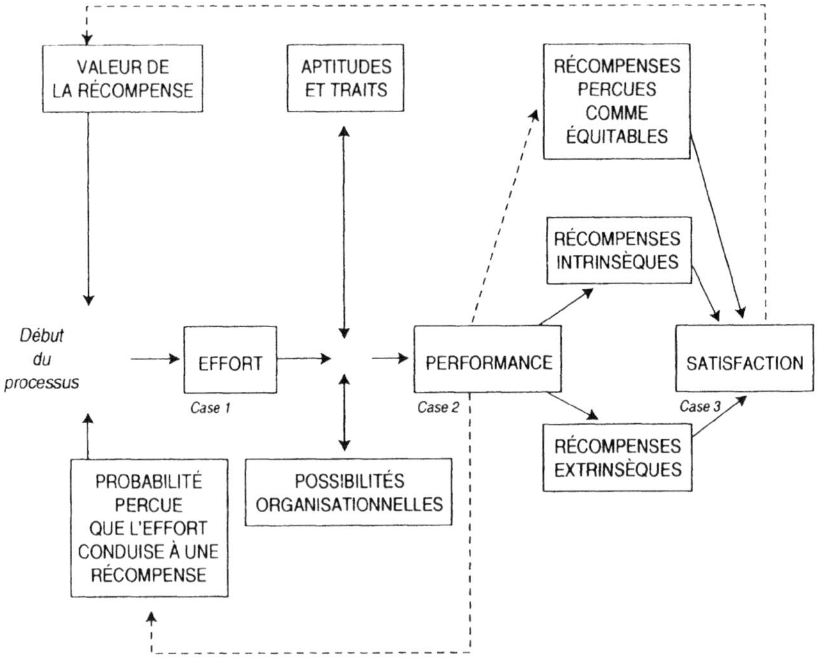

Figure 1.8 : Le mécanisme de la motivation (schéma adapté à partir de Porter et Lawler)

Commentons à présent ce schéma. La lecture s'en effectue en commençant à la flèche située à gauche du schéma et en suivant la ligne horizontale centrale.

Ce schéma signifie que l'effort (case 1) ne sera entrepris que si deux conditions sont remplies :

- **condition d'instrumentalité** : probabilité perçue que l'effort conduise à une récompense ;

- **condition de valence** : il faut que la récompense attendue ait de la valeur pour la personne.

Poursuivons la lecture horizontale du schéma : l'effort lui-même ne conduira à la performance que si **la condition d'expectation** est remplie, c'est-à-dire :

- Si la personne possède les aptitudes et traits de personnalité lui donnant des chances de réussir la performance demandée (il ne suffit pas que l'effort soit entrepris, encore faut-il qu'il puisse aboutir...).

- Si les possibilités laissées par l'organisation ou le contexte dans lequel s'inscrit l'action laissent à l'individu, là aussi, une chance de réussite. Par exemple, si l'entreprise me demande d'accomplir telle performance en un temps donné mais qu'elle ne me donne pas les moyens matériels ou humains suffisants dont j'avais besoin ou si je me retrouve « coincé » entre les exigences contradictoires de plusieurs services ou sérieusement entravé dans mes chances de réussite par l'hostilité de tel ou tel, ou encore si le contexte dans lequel s'inscrit le challenge proposé ne permet pas, objectivement, la réussite, quelle que soit l'ampleur de l'effort fourni (cf. exemple précédent), ce dernier n'aboutira pas à la performance.

Continuons notre lecture pour voir de quelle manière la performance accomplie peut générer la satisfaction. Ici rentrent en jeu deux éléments vus précédemment : **les récompenses intrinsèques** au travail lui-même et qui correspondent à la présence de facteurs moteurs (possibilité d'effectuer un travail intéressant, de se développer dans son métier, d'avancer dans sa carrière, bref de se réaliser) et **les récompenses extrinsèques** reposant sur le principe de la stimulation. Ces deux types de récompenses, intrinsèques et extrinsèques, sont sous-tendues par le mécanisme du **renforcement** puisque toutes deux, de l'intérieur ou de l'extérieur, encouragent et renforcent l'accomplissement de la performance.

Il existe néanmoins une condition subsidiaire pour que la performance aboutisse à la satisfaction : c'est la **condition d'équité.** Si les récompenses reçues ne comblent pas l'aspiration d'équité de l'individu par rapport à ce qu'il estime valoir et si subsiste en lui le sentiment que, par rapport à d'autres, il est insuffisamment récompensé de ses efforts, alors les récompenses en question ne procureront pas une vraie satisfaction.

Or, pour que l'engrenage de la motivation se remette en marche et continue à fonctionner, un minimum de satisfaction est nécessaire, d'où la boucle de rétroaction (que l'on peut voir partant de la case 3 « satisfaction » sur le schéma), qui réenclenche le mécanisme. Néanmoins, dans certains cas, le seul accomplissement de la performance constitue à lui seul une incitation suffisante à recommencer l'effort, indépendamment des récompenses à recevoir, d'où la deuxième boucle de rétroaction (qui part de la case 2 « performance » du schéma) qui vient réenclencher le système à partir de la performance.

À l'issue de ce long exposé sur le mécanisme de la motivation, on voit combien le système est complexe puisque la défaillance de l'un de ses paramètres entraîne une rupture dans la chaîne d'ensemble et donc une défaillance dans la motivation. On voit aussi combien ce schéma constitue un instrument précieux pour comprendre, à partir de l'analyse du comportement d'un collaborateur, où se situe le problème : le niveau d'expectation est-il correct ? Peut-on l'améliorer en renforçant les moyens fournis ou en améliorant les compétences grâce à un stage de formation ? L'instrumentalité est-elle claire ? Nombreuses sont en effet les entreprises qui adoptent, volontairement ou involontairement, des pratiques floues ou obscures qui ne permettent pas aux salariés de se situer clairement par rapport aux objectifs et aux attentes de l'entreprise, ce qui, finalement, engendre découragement et démotivation. À l'inverse, les systèmes mis en place par certaines compagnies, notamment pour les commerciaux, sont d'une efficacité remarquable : ainsi, à l'American Express, un système très précis d' « incentives » permet aux commerciaux de situer très précisément ce qu'ils gagneront selon qu'ils réaliseront 80 % de leurs objectifs, ou 100 % ou 110 % ou 120 %, les récompenses financières suivant une courbe exponentielle par rapport à la réalisation des objectifs.

Quant aux valeurs personnelles des individus, qui conditionnent leur intérêt pour telle ou telle récompense, il est évidemment plus difficile de les repérer et c'est là une des missions du manager que d'essayer, autant que faire se peut, de proposer des récompenses qui entrent en résonance avec les besoins, sinon les désirs de chacun. Nous approfondirons cette question plus loin, mais mentionnons d'ores et déjà l'importance, au niveau collectif de l'entreprise, de proposer et de mettre en place un système de valeurs qui ne soit pas « plaqué » d'en haut, mais qui trouve un écho et ait un sens pour le plus grand nombre de salariés possible. Là aussi, combien de projets d'entreprise imposant aux salariés des valeurs qui correspondent aux finalités de l'entreprise, sans prendre en compte les aspirations réelles de ceux qui la composent...

Il nous faut à présent approfondir plus avant notre étude de la motivation. Car, si nous avons pu « mettre à plat » un processus et décortiquer la mécanique d'un comportement, nous ne maîtrisons pas pour autant tous les secrets de la motivation. La notion de valence, par exemple, est, nous venons de le dire, éminemment subjective. Qu'est-ce qui détermine, pour l'individu la valeur qu'il attribue à telle récompense ou tel résultat ? Pourquoi est-il motivé par la vente plutôt que par la recherche ? Pourquoi s'intéresse-t-il à la vente d'ordinateurs plutôt qu'à celle des chaussettes ? Pourquoi choisit-il de se fixer tel but, de relever tel défi, de s'inscrire dans telle trajectoire ? Nous avons encore du chemin à faire pour tenter de répondre à ces questions qui nous ramènent au thème du désir fondamental que nous avions esquissé dans notre première partie.

C'est donc, au-delà du comportement, l'exploration des profondeurs de notre psychisme que nous allons maintenant entreprendre pour comprendre comment fonctionne notre « moteur intérieur » et comment on peut tenter d'en déclencher la mise en route.

Nicole AUBERT

BIBLIOGRAPHIE ET RÉFÉRENCES

(1) MICHEL (S.), *Peut-on gérer les motivations*, Paris, PUF, 1989.

(2) PORTER (L.W.), *Organizational patterns of managerial job attitudes*, New York, American Foundation for Management Research, 1964.

(3) MC CLELLAND (D.C.), Business Drive and national achievement in *Harvard Business Review*, janvier-février 1962.

(4) HERZBERG (F.), – *Le travail et la nature de l'homme*, Paris, Entreprise

moderne d'édition, 1975. – One more time : how do you motivate employees in *Harvard Business Review*, janvier-février 1968, traduit dans « Personnel », *Harvard Expansion*, 1977.

(5) PORTER (L.W.) et LAWLER (E.E.), *Managerial attitudes and performance*, Illinois, Irwin & Dorsey, 1968.

(6) HACKMAN (J.R.) et LAWLER (E.E.), Employees reactions to job characteristics in *J. appl. Psychol. Monogr.*, 55, n° 3, 1971.

(7) Cité dans PETERS (T.) et WATERMAN (R.), *Le prix de l'excellence*, InterEditions, 1983, p. 89.

(8) PETERS (T.) et WATERMAN (R.), *Le prix de l'excellence*, InterEditions, 1983, p. 87-88, et p. 77.

(9) Cité dans PETERS (T.) et WATERMAN (R.), *Le prix de l'excellence, Op cit.*

(10) Tous ces exemples et bien d'autres sont longuement développés dans *Le guide de la motivation*, Paris, Action Commerciale, 1992.

(11) ADAMS (J.S.), Towards the understanding of inequity, *Journal of abn. Soc. Psychol.*, 1963, p. 422-436 et Inequity in social exchange in Berkowitz L. *Advanced in experimental social psychology*, New York, Academic Press, 1965.

(12) Ces recherches, menées notamment par ANDREWS (L.R.) in Wage Inequity and Performance, *Journal of Applied Psychology*, 1967, p. 39 à 45 et par LAWLER (E.E.) et O'GARA (P.W.) Effects of inequity by underpayment on work output, work quality and attitudes towards the work, *Journal of Appl. Psychol.*, 1967, 51 p. 403, 410, ont été relatées par LEVY-LEBOYER (C.), dans le chapitre « La motivation au travail » in *Psychologie des Organisations*, Paris, PUF, 1974.

(13) Le récit détaillé de ces expériences est rapporté dans WEICK (K.) The concept of equity in the perception of pay, *Admin. Sc. Quater*, 1966, II, p. 414 à 439.

(14) VROOM (V.), *Work and Motivation*, New York, John Wiley and Sons, 1964.

(15) PORTER (L.W.) et LAWLER (E.E.), *Managerial Attitudes and Performance*, Illinois, Irwin & Dorsey, 1968.

Chapitre 2

METTRE EN ROUTE LE MOTEUR INTÉRIEUR

Nous tenterons d'abord, dans ce chapitre, de resituer la motivation dans une perspective d'ensemble, au carrefour de déterminations multiples, les unes antérieures à l'entrée dans un poste de travail donné et souvent largement inconscientes, les autres tout à fait conscientes et largement corrélatives de l'expérience et de la situation de travail elle-même. Il s'agira donc de comprendre, au-delà de la logique rationnelle du comportement (cf. ci-dessus chapitre 1) **les secrets du moteur intérieur** que constitue la motivation. Ce sera notre première partie.

Puis nous essayerons d'apprendre comment mettre en œuvre une dynamique de motivation dans toute sa complexité et dans sa double dimension, personnelle et organisationnelle, c'est-à-dire d'apprendre **la pratique de la mise en action.** Ce sera notre deuxième partie.

Enfin nous montrerons comment développer une pratique du leadership en adéquation avec les impératifs de la motivation, bref comment maîtriser **l'art du leadership**. Ce sera notre troisième partie.

LE MOTEUR INTÉRIEUR

Pour bien comprendre ces ressorts intimes de la motivation, nous allons, dans un premier temps, poser et expliquer un certain nombre de concepts dont nous montrerons, dans un second temps, l'articulation.

1. Une voiture en marche

Sandra Michel compare une personne motivée à une voiture en marche. Approfondissons cette image (cf. figure 2.1), en précisant que cette voiture est partie d'un point de départ, qu'elle roule grâce à son moteur, que celui-ci est alimenté par de l'essence, et que la voiture se dirige vers une certaine destination connue d'elle seule.

Efforçons-nous à présent de transposer ce schéma mécanique à la personne humaine. Notre **point de départ**, c'est l'ensemble des **expériences et des influences qui ont peu à peu façonné notre personnalité** et notre façon de voir les choses et qui font que nous nous trouvons à un moment M de notre vie avec un « capital » motivation en plus ou moins bon état : dans certains cas, il est intact et prêt à s'investir, dans d'autres il est plus ou moins « abîmé » du fait d'expériences malencontreuses... L'image du **moteur** renvoie, quant à elle, au **mécanisme de la motivation** tel que nous l'avons décrit au chapitre précédent et dont nous avons vu qu'il nécessite, pour bien fonctionner, un bon engrenage des différentes pièces qui le composent. Le point le plus intéressant concerne **l'essence**, qui symbolise ici la **source d'énergie** qui impulse notre mouvement. Quant à la **destination**, elle correspond à ce qui constitue nos **aspirations** et nos **désirs fondamentaux**, c'est-à-dire ce vers quoi nous tendons, ce pour quoi nous mobilisons notre énergie.

POINT DE DÉPART → ENSEMBLE DES EXPÉRIENCES ET INFLUENCES AYANT JALONNÉ L'HISTOIRE INDIVIDUELLE

MOTEUR → MÉCANISME DE LA MOTIVATION

ESSENCE → SOURCE D'ÉNERGIE PERSONNELLE

DESTINATION → DÉSIRS FONDAMENTAUX : ASPIRATIONS

Figure 2.1 : Une personne motivée est une voiture en marche

2. Les désirs fondamentaux et les différentes sources d'énergie

Quels sont nos désirs fondamentaux ? Aussi nombreux qu'ils puissent être apparemment, il semble que l'on puisse aisément les ramener à quatre désirs « de base » dans lesquels nous retrouvons, formulés un peu différemment, quelques-uns des différents besoins que nous avions étudiés précédemment : désir d'aimer, désir de se réaliser (accomplir ses potentialités), désir d'acquérir (acquérir de l'argent, acquérir des objets, etc.), désir de ne pas mourir.

Chacun de ces désirs « de base » peut être alimenté par différentes sources d'énergie, les principales qui nous animent étant **la passion, l'angoisse** (la peur, la crainte, etc.) ou la **colère** (la rage, la fureur, etc.). Si l'amour (ou la passion) constitue une source d'énergie fondamentale qui nous porte vers autrui et motive bon nombre de nos actions, l'angoisse nous anime tout autant et nous incite souvent à chercher comment échapper à des dangers réels (être licencié, avoir un accident...) ou imaginés (être mal jugé, passer pour un médiocre, etc.). La colère, quant à elle, peut constituer, plus occasionnellement, une puissante source d'énergie alimentant sans relâche une volonté de revanche ou de réparation nous conduisant à réaliser toujours plus ou acquérir toujours davantage pour conjurer telle injustice ou telle offense qui nous ont été infligées.

Si la passion constitue une source d'énergie bien identifiée, l'angoisse et la colère sont moins souvent mises en avant alors qu'elles constituent, – l'angoisse surtout –, une des plus puissantes sources d'énergie qui soient. C'est l'angoisse qui alimente aussi bien une quête éperdue de perfection se traduisant en une recherche obsessionnelle du travail bien fait, qu'un insatiable besoin de s'enrichir ou d'accumuler des objets... pour tenter de combler à tout jamais quelque manque originel, réel ou fantasmé. Quant à la colère, elle alimente souvent de puissantes volontés de revanche sur le sort, sur l'humiliation, sur la pauvreté ou sur les blessures narcissiques infligées dans l'enfance... Que l'on se souvienne de la colère de Scarlett O'Hara, serrant dans son poing une poignée de terre, jurant qu'elle ne connaîtrait plus jamais la faim et engageant dès lors une poursuite effrénée de la richesse à n'importe quel prix. Évoquons aussi la « rage de convaincre » que Marcel Bleustein-Blanchet a choisi comme titre du livre (2) qu'il a consacré au récit de sa trajectoire personnelle et professionnelle. Terminons en mentionnant la confession de Bernard Tapie avouant avoir poursuivi toute sa vie, dans sa rage de réussir, ce qu'il appelle la « reconquête du marché paternel », après une enfance auprès d'un père qui n'accordait aucune reconnaissance à ses exploits sportifs et opposait à chacune de ses victoires « un silence pesant » (3).

Approfondissons à présent, parmi les désirs fondamentaux que nous avons cités – désir d'aimer, désir de se réaliser, désir d'acquérir, désir d'immortalité – celui qui se trouve le plus concerné dans la vie professionnelle, à savoir le désir de réalisation de soi : sommet de la pyramide de Maslow, essence même de la motivation véritable selon Herzberg, ce désir de se réaliser et de s'accomplir dans toutes ses potentialités est sous-tendu par ce qu'on appelle en psychanalyse **l'Idéal du Moi.**

3. L'Idéal du Moi, soubassement du désir de réalisation de soi

Qu'est-ce que l'Idéal du Moi ? C'est, pour la psychanalyse, une des « instances » de notre appareil psychique. Rappelons que Freud distingue quatre instances (chaque instance désignant un ensemble de processus) à l'œuvre dans notre psychisme : le Ça, le Moi, le Surmoi et l'Idéal du Moi. Le dynamisme de notre personnalité réside dans les échanges d'énergie psychique qui s'opèrent entre ces instances (cf. figure 2.2). Le **Ça**, réservoir de nos pulsions, a pour fonction d'opérer la décharge immédiate des excitations corporelles (liées à nos besoins biologiques) qui, du fait d'une situation interne ou externe, se trouvent déclenchées dans l'organisme. Il obéit au seul **principe de plaisir** et se heurte donc souvent aux exigences d'une autre instance de notre personnalité – le **Surmoi** –, qui constitue en quelque sorte notre conscience morale forgée à partir de l'intériorisation des interdits parentaux (ou sociétaux) auxquels nous avons été confrontés dans notre enfance. Il peut se heurter aussi aux exigences de **l'Idéal du Moi** qui constitue une sorte de modèle idéal de nous-mêmes auquel nous cherchons à nous conformer et qui s'est forgé à partir des images idéales (parentales ou sociétales) que nous avons intégrées durant notre enfance et notre adolescence.

En cas de conflit, la médiation est opérée par notre **Moi** qui, gouverné par le **principe de réalité**, constitue le pôle exécutif de notre personnalité et son instance régulatrice, chargée des intérêts de la totalité de la personne. C'est notre Moi qui subit les assauts du Ça, cherchant à obtenir la satisfaction immédiate de tous nos besoins instinctuels, au mépris de toute préoccupation morale ou sociale. C'est sur lui que s'exercent les défenses et les interdits de notre Surmoi, lui encore qui reçoit les appels de notre Idéal du Moi et doit, face à toutes ces pressions contradictoires, orienter nos actions dans un sens qui tienne compte des impératifs et des contraintes de la réalité et du monde extérieur.

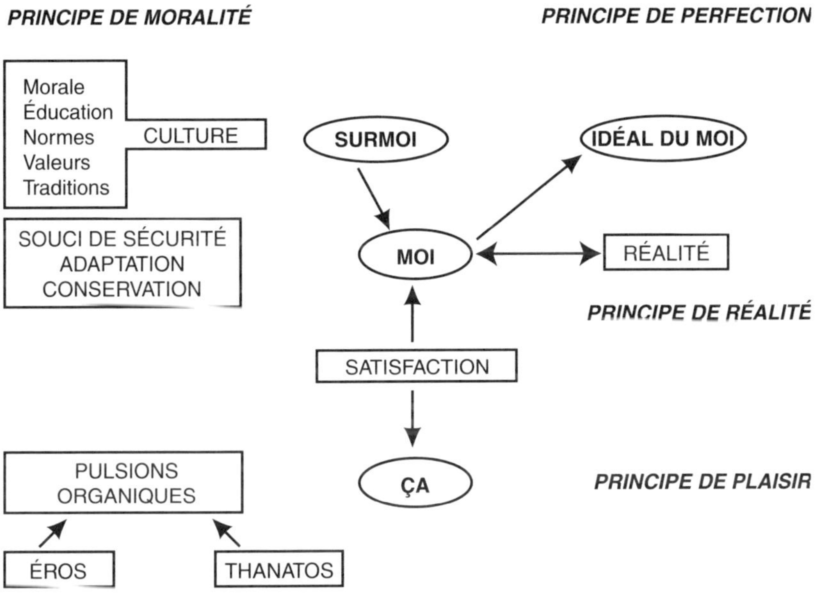

Figure 2.2 : La dynamique des instances de l'appareil psychique

Parmi toutes les instances que nous avons citées, l'Idéal du Moi constitue une puissante force motrice dont le rôle est tout à fait central dans le processus de motivation, puisqu'elle touche au cœur même du désir fondamental de réalisation de soi. Ainsi que l'exprime Levinson (4) « la force la plus puissante pour tout être humain est son désir d'atteindre son Idéal du Moi... Lorsque nous travaillons à cet Idéal, nous nous aimons nous-mêmes, lorsque nous en approchons nous sommes transportés... »

4. Les aspirations sociales

Cependant, si l'Idéal du Moi constitue bien cette force motrice qui nous tire vers un modèle idéal, il nous faut avoir recours au concept **d'aspirations sociales** pour pouvoir « faire le pont » avec la motivation professionnelle. En fait, cette image idéale de nous-mêmes, lentement forgée au fil des années, ne peut trouver un semblant de réalisation qu'au travers d'un projet plus concret et plus précis qui traduira nos aspirations. On peut ainsi différencier l'aspiration idéale, telle qu'on peut la formuler plus ou moins consciemment à l'issue de son adolescence, du projet social précis qui s'efforcera de la traduire. Ainsi, l'aspiration très générale du type « je veux être quelqu'un qui soulage la misère » ou « je veux être quelqu'un de puissant » ou « je veux comprendre le monde qui m'entoure » pourra donner naissance à des vocations professionnelles plus précises qui s'exprimeront en « je serai médecin (ou infirmière ou curé...) » ou bien « je serai homme politique (ou chef d'entreprise ou milliardaire ou les deux...), ou encore en « je serai chercheur (ou mathématicien ou sociologue ou écrivain...). Bref, à l'Idéal du Moi, forgé au niveau psychique, correspond l'aspiration sociale et le projet professionnel forgés au niveau de la réalité sociale, avec ses possibilités et ses contraintes.

Bien évidemment, plus l'aspiration vers l'idéal sera puissante et exigeante et plus le projet social et professionnel pourra se formuler clairement à la conscience, plus puissante sera la motivation qui cherchera à le réaliser. Cependant, cette situation est loin de concerner la majorité des gens et le parcours professionnel et social, loin d'obéir à un schéma clairement projeté et mis en action, se construit souvent au fil des opportunités de l'existence et des défis qu'elle nous propose.

Néanmoins, même si l'individu n'est pas toujours capable de formuler clairement un projet tangible à plus long terme, l'aspiration à développer les potentialités que chacun porte en soi conduit chaque individu, au cours de sa trajectoire professionnelle, à se fixer des buts ou à relever les défis qui se présentent à lui, et ce parce qu'il les perçoit comme susceptibles d'aller dans le bon sens (celui du développement de ses potentialités). C'est donc par la médiation des **buts intermédiaires**, constituant autant de jalons dans un parcours, que se construit et se réalise peu à peu un parcours professionnel.

Nous allons maintenant approfondir le processus qui nous permet de réussir, ou au contraire nous fait échouer, dans les buts que nous nous fixons ou dans les projets qui nous sont proposés et dans lesquels nous acceptons de nous investir. Il nous faut, pour cela, faire appel à un autre concept : celui **d'image de soi.**

5. L'image de soi

Nous avons vu précédemment que l'Idéal du Moi était une instance psychique qui opérait principalement au niveau de l'imaginaire individuel et ne s'inscrivait pas directement dans la réalité. Le modèle idéal auquel nous cherchons à nous conformer et qui nous tire en avant est une chose, l'image de ce que nous sommes réellement ou de ce que nous pensons être réellement en est une autre. Nous pouvons porter en nous un modèle idéal très fort et, simultanément, être affectés d'une image de nous-mêmes trop dévalorisée pour pouvoir entreprendre la démarche nécessaire à la réalisation de nos idéaux.

L'image de soi se situe donc à la jonction du niveau psychique (Idéal du Moi) et du niveau de la réalité sociale (ce que l'on est réellement). Elle correspond à la représentation que chacun se fait de ce qu'il est, de ses aspects positifs et de ses points faibles, de ce en quoi il est « bon » et de ce en quoi il ne l'est pas. Elle se forge essentiellement à partir des expériences de réussite ou d'échec que nous connaissons au cours de notre existence, expériences qui nous confortent dans notre assurance ou, au contraire, nous déstabilisent et qui, en tous cas, constituent un « retour de réalité » par rapport à nos rêves intérieurs. Elle se forge aussi à partir de l'image de nous-même que nous renvoient les autres, image qui peut être plus ou moins concordante avec la nôtre : certaines personnes sont parfois très surprises de découvrir, en telle ou telle occasion, que l'image que les autres se font d'elles n'a rien à voir avec ce qu'elles croyaient être ou paraître.

Or cette image que nous avons de nous-même est tout à fait centrale dans le processus de motivation, car c'est à partir de cette image que nous construisons notre niveau d'expectation, c'est-à-dire le degré de réussite que nous prévoyons devant une tâche à accomplir (cf. chapitre précédent). C'est à partir de l'image que nous avons de nous-même et des chances de réussite ou d'échec que nous nous donnons que nous pouvons ou non bâtir des projets et nous engager dans certaines actions.

Ainsi, une image de soi fragilisée par des échecs pourra entraver la construction même de buts et de projets et une image de soi très détériorée bloquera toute possibilité d'une représentation dynamique de soi-même : tout paraît voué à l'échec et c'est alors la possibilité même de l'existence d'une motivation qui se trouve compromise. On retrouve là le cas classique des mauvais élèves « intelligents » qui, ayant perdu pied à un moment donné dans leurs études et ayant accumulé à partir de là une série d'échecs, se trouvent empêtrés dans une image négative d'eux-mêmes et tellement déstabilisés qu'ils ne peuvent plus se projeter comme réussissant quoi que ce soit (on voit bien là d'ailleurs la nécessité de ne pas laisser un élève « se noyer » trop longtemps, sous peine de ne plus pouvoir « rattraper » la situation). Le même processus se retrouve sur le terrain professionnel lorsqu'une série d'échecs entraîne le fameux phénomène de « spirale négative » que l'on peut résumer de la façon suivante : plus des expériences négatives se produisent, plus le niveau d'attente est fragilisé, plus on hésite à s'engager, moins on réalise et on réussit, plus l'image de soi se dégrade, moins on peut projeter la réussite... et ainsi de suite... (cf. figure 2.3).

À l'inverse, tout projet réussi, tout but atteint, toute expérience positive renforce au contraire le niveau d'expectation et permet à la personne, confortée par sa réussite, de se fixer des objectifs plus ambitieux, de relever des défis plus difficiles et d'engranger une expérience plus vaste et plus enrichissante. Nous sommes là dans le cas de la « spirale positive » : plus on connaît de succès, plus on développe un niveau d'attente élevé, plus on peut prendre des risques calculés et bien dosés, plus on réussit, plus cela permet de se projeter de façon positive, etc. (cf. figure 2.3).

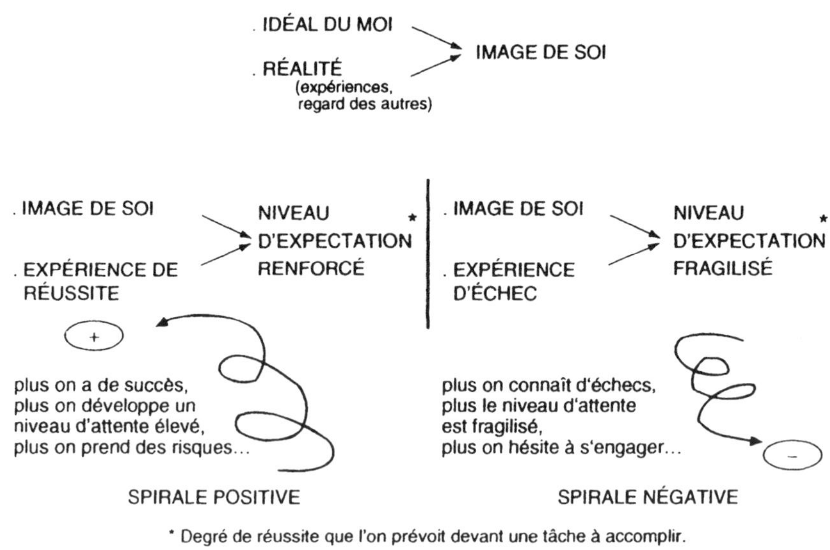

Figure 2.3 : Le rôle de l'image de soi dans le processus de motivation

Bien sûr, dans la réalité, les parcours alternant réussites et échecs sont plus fréquents que des trajectoires unitaires négatives ou positives. Retenons néanmoins l'idée qu'une spirale négative peut survenir tout à coup dans une trajectoire professionnelle, de par la conjonction à un moment donné de toute une série de fragilités d'ordre différent (sur le plan familial, celui de l'état de santé, celui de la compétence technique, etc.). Lorsqu'une telle situation se produit, il faut alors surtout, en tant que manager, empêcher que cette spirale se prolonge trop afin de ne pas détériorer irrémédiablement la confiance en soi de l'individu : d'où l'extrême importance, pour un manager, de savoir diagnostiquer le problème à temps et surtout de savoir doser correctement les objectifs qu'il propose à ses collaborateurs et gérer de façon adéquate les situations dans lesquelles il les place. Nous reviendrons sur ce point.

6. La dynamique intérieure de l'ascension professionnelle

Nous allons à présent tenter de relier dans le schéma ci-après les différents concepts que nous avons vus afin de montrer de quelle façon ils opèrent à l'intérieur de la personne.

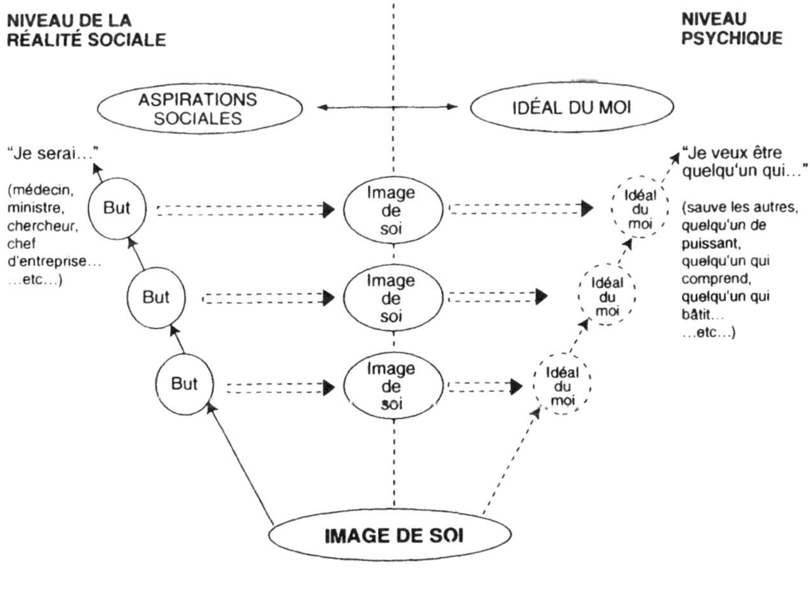

Figure 2.4 : La gestion intérieure d'une ascension professionnelle réussie

Commentaire de la figure 2.4 :

1. L'image de soi se situe à l'intersection du niveau psychique (donc de l'Idéal du Moi) et de la réalité sociale qui permet l'expression des aspirations sociales.

2. **Les buts que l'individu choisit de se fixer sont ceux qu'il perçoit comme étant à même, une fois réalisés, de rapprocher l'image qu'il a de lui-même (son « image de soi ») de son Idéal du Moi.**

3. **L'individu choisira de relever un défi difficile** (et donc de se fixer le but de réussir dans telle ou telle tâche, telle ou telle mission) :

- d'une part **parce que ce but s'inscrit dans la logique de ses aspirations,**
- d'autre part **parce qu'il veut combler l'écart entre l'image qu'il a de lui-même actuellement et celle à laquelle il aspire**. Une image de soi comme « n'étant pas capable de »... pourrait être insupportable : donc, il lui faut atteindre le but fixé et réussir l'objectif pour se trouver en accord avec l'image de lui-même à laquelle il aspire.

4. Une trajectoire professionnelle réussie se construit au moyen **d'une progression vers des buts de niveau toujours plus élevé dans la direction des aspirations que l'on s'est fixées, buts qui permettent à l'individu, par le biais de l'image qu'il se forge de lui-même, de se rapprocher de son Idéal du Moi.**

Il nous faut à présent, pour terminer cette « mise à plat » de la dynamique intérieure de la motivation, prendre en compte un dernier élément : **l'inscription dans le temps de cette dynamique**. Nous recourrons, pour ce faire, à la notion de scénario, mise en évidence par l'Analyse transactionnelle et dont Sandra Michel montre bien l'intérêt dans l'étude du processus de motivation.

7. Le scénario de vie

Qu'est-ce que le scénario de vie ? **C'est la projection que l'on se fait intérieurement de sa propre vie telle qu'on s'attend à la vivre.** Cette projection, souvent inconsciente, porte le poids de l'héritage familial avec ses contraintes mais aussi ses projets (notamment ceux que nos parents ont faits pour nous et qui nous ont marqué, même à notre insu).

Ainsi, si j'appartiens à une famille de polytechniciens de père en fils, je pourrai être, et bien malgré moi, « marqué » par cette détermination au niveau de mes études et si j'échoue à Polytechnique je pourrai me vivre, plus que dans d'autres familles, comme un médiocre. Si mon père et mon grand-père sont morts jeunes d'une crise cardiaque, je porterai inconsciemment le poids de ce qu'Eric Berne, fondateur de l'Analyse transactionnelle, appelait les scénarios « à espérance de vie limitée » qui suscitent, chez ceux qui en sont porteurs, une certaine forme d'urgence dans la gestion de leur propre vie, urgence reposant sur le sentiment plus ou moins conscient qu'ils ont, eux-mêmes, peu de chances de vivre vieux.

Pour prendre un dernier exemple plus heureux, on lira avec intérêt dans l'encadré ci-après l'histoire de Romain Gary réalisant, au milieu de sa vie d'écrivain et de diplomate, qu'il avait accompli presque point par point, et sans même s'en apercevoir, tous les projets et les rêves que sa mère avait formés pour lui dans son enfance, projets qui avaient en quelque sorte pénétré son inconscient et qu'il avait, presque à son insu, repris à son compte et surtout réalisés malgré le caractère presque impossible que pouvait revêtir, pour un jeune émigré russe sans fortune, le fait de devenir ambassadeur de France, décoré de la Légion d'honneur et écrivain célèbre.

UN SCÉNARIO PARENTAL BIEN INTÉGRÉ

Nous étions alors installés provisoirement à Wilno, en Pologne, « de passage », ainsi que ma mère aimait à le souligner, en attendant d'aller nous fixer en France, où je devais « grandir, étudier, devenir quelqu'un ». Elle gagnait notre vie en façonnant, avec l'aide d'une ouvrière, des chapeaux pour dames, dans notre appartement transformé en « grand salon de modes de Paris ». Un jeu habile d'étiquettes falsifiées faisait croire aux clientes que les chapeaux étaient l'œuvre d'un couturier parisien célèbre de l'époque, Paul Poiret. Inlassablement, elle allait de maison en maison avec ses cartons, une femme encore jeune, aux grands yeux verts, au visage illuminé par une volonté maternelle indomptable et qu'aucun doute ne pouvait ni effleurer ni, encore moins, entamer. Je restais à la maison avec Aniela, qui nous avait suivis lors de notre départ de Moscou, un an auparavant. Nous étions alors dans une situation matérielle déplorable, les derniers « bijoux de famille » – les vrais, cette fois – avaient été depuis longtemps vendus, et il faisait terriblement froid, à Wilno, où la neige montait lentement du sol, le long des murs sales et gris. Les chapeaux se vendaient assez mal. Lorsque ma mère revenait de ses courses, le propriétaire de l'immeuble l'attendait parfois dans l'escalier, pour lui annoncer qu'il allait nous jeter dans la rue, si le loyer n'était pas payé dans les vingt-quatre heures. Le loyer, en général, était payé dans les vingt-quatre heures. Comment, je ne le saurai jamais. Tout ce que je sais, c'est que le loyer était toujours payé, le poêle allumé et ma mère m'embrassait et me regardait avec cette flamme de fierté et de triomphe dans les yeux dont je me souviens si bien. Nous étions alors vraiment au fond du trou, – je ne dis pas de l' « abîme », parce que j'ai appris, depuis, que l'abîme n'a pas de fond, et que nous pouvons tous y battre des records de profondeur sans jamais épuiser les possibilités de cette intéressante institution.
Ma mère revenait de ses périples à travers la ville enneigée, posait ses cartons à chapeaux dans un coin, s'asseyait, allumait une cigarette et me regardait avec un sourire radieux.
– Qu'est-ce qu'il y a, maman ?
– Rien. Viens m'embrasser.
J'allais l'embrasser. Ses joues sentaient le froid. Elle me tenait contre elle, fixant, par-dessus mon épaule, quelque chose de lointain, avec un air émerveillé. Puis elle disait :
– Tu seras ambassadeur de France.
Je ne savais pas du tout ce que c'était, mais j'étais d'accord. Je n'avais que huit ans, mais ma décision était déjà prise : tout ce que ma mère voulait, j'allais le lui donner.
– Bien, disais-je, nonchalamment.
Aniela, assise près du poêle, me regardait avec respect. Ma mère essuyait des larmes de bonheur. Elle me serrait dans ses bras.
– Tu auras une voiture automobile.
Elle venait de parcourir la ville à pied, par dix degrés au-dessous de zéro.
– Il faut patienter un peu, voilà tout.
Le bois craquait dans le poêle de faïence. Dehors la neige donnait au monde une étrange épaisseur... Le visage de ma mère était à présent heureux et apaisé, sans trace de souci. Les marques de fatigue avaient elles-mêmes disparu ; son regard errait dans un pays merveilleux et, malgré moi, je tournais la tête dans sa dierction pour chercher à apercevoir cette terre de la justice rendue et des mères récompensées. Ma mère me parlait de la France comme d'autres mères parlent de Blanche-Neige et du Chat Botté et, malgré tous mes efforts, je n'ai jamais pu me débarrasser entièrement de cette image féerique d'une France de héros et de vertus exemplaires. Je suis probablement un des rares hommes au monde restés fidèles à un conte de nourrice.
Malheureusement, ma mère n'était pas femme à garder pour elle ce rêve consolant qui l'habitait. Tout, chez elle, était immédiatement extériorisé, proclamé, déclamé, claironné, projeté au-dehors, avec, en général, accompagnement de lave et de cendre.
Nous avions des voisins et ces voisins n'aimaient pas ma mère. La petite bourgeoisie de Wilno n'avait rien à envier à celle d'ailleurs, et les allées et venues de cette étrangère avec ses valises et ses cartons, jugées mystérieuses et louches, eurent vite fait d'être signalées à la police polonaise, très soupçonneuse, à cette époque, à l'égard des Russes réfugiés. Ma mère fut accusée de recel d'objets volés. Elle n'eut aucune peine à confondre ses détracteurs, mais la honte, le chagrin, l'indignation, comme toujours, chez elle, prirent une forme violemment agressive. Après avoir sangloté quelques heures, parmi ses chapeaux bouleversés – les chapeaux de femmes sont restés jusqu'à ce jour une de mes petites phobies – elle me prit par la main et, après m'avoir annoncé qu' « Ils ne savent pas à qui ils ont affaire », elle me traîna hors de l'appartement, dans l'escalier. Ce qui suivit fut pour moi un des moments les plus pénibles de mon existence – et j'en ai connu quelques-uns.
Ma mère allait de porte en porte, sonnant, frappant et invitant tous les locataires à sortir sur le palier. Les premières insultes à peine échangées – là, ma mère avait toujours et incontestablement le dessus – elle m'attira contre elle et, me désignant à l'assistance, elle annonça, hautement et fièrement, d'une voix qui retentit encore en ce moment à mes oreilles :
– Sales petites punaises bourgeoises ! Vous ne savez pas à qui vous avez l'honneur de parler ! Mon fils sera ambassadeur de France, chevalier de la Légion d'honneur, grand auteur dramatique, Ibsen, Gabriele d'Annunzio ! Il...
Elle chercha quelque chose de tout à fait écrasant, une démonstration suprême et définitive de réussite terrestre :
– Il s'habillera à Londres !
J'entends encore le bon gros rire des « punaises bourgeoises » à mes oreilles. Je rougis encore, en écrivant ces lignes. Je les entends clairement et je vois les visages moqueurs, haineux, méprisants – je les vois sans haine : ce sont des visages humains, on connaît ça. Il vaut peut-être mieux dire tout de suite, pour la clarté de ce récit, que je suis aujourd'hui Consul Général de France, compagnon de la Libération, officier de la Légion d'honneur et que si je ne suis devenu ni Ibsen, ni d'Annunzio, ce n'est pas faute d'avoir essayé.
Et qu'on ne s'y trompe pas : je m'habille à Londres. J'ai horreur de la coupe anglaise, mais je n'ai pas le choix.

Extrait de Romain Gary
La promesse de l'aube, Gallimard. 1960

En quoi le scénario de vie nous intéresse-t-il par rapport à la motivation professionnelle ? En ce qu'il nous donne la clé de certains blocages ou, au contraire, de certaines dynamiques de vie à peu près incompréhensibles lorsqu'on ignore le poids des déterminations qui ont pesé sur l'individu. Il permet de comprendre le choix de certaines orientations, de saisir pourquoi certaines personnes s'enfoncent dans des scénarios d'échec toujours recommencés, ou encore interrompent un beau jour le dynamisme de ce qui avait été jusque-là leur trajectoire pour adopter un autre mode de vie et ce, simplement, parce qu'elles ont à un moment donné le sentiment d'avoir atteint ce qui avait été jusque-là leur objectif ultime, sans qu'elles en aient toujours eu, d'ailleurs, clairement conscience.

8. Schéma d'ensemble

Essayons à présent de faire le point de tout ce que nous avons appris sur ces aspects cachés de la motivation comme moteur intérieur. Nous avons vu qu'il existe :

- **des déterminants à la fois sociaux et psychologiques** qui nous viennent de notre histoire personnelle, de notre milieu social, de notre éducation, de notre scénario parental, etc., et qui agissent sur la force et l'orientation de nos désirs et de nos aspirations. Ils contribuent à la formation de notre **« capital motivation »**.
- **une expérience de vie** qui se constitue peu à peu, avec son lot de succès et d'échecs, au travers de différents projets, en fonction des opportunités offertes, de nos capacités et aptitudes et des buts que nous nous fixons. Cette expérience agit en retour sur notre motivation qui se renforce, se précise, s'amoindrit ou se bloque au gré des aléas de cette expérience.

La figure 2.5 – inspirée des travaux de Sandra Michel – met bien en perspective ces différents rouages de notre « mécanique » intérieure.

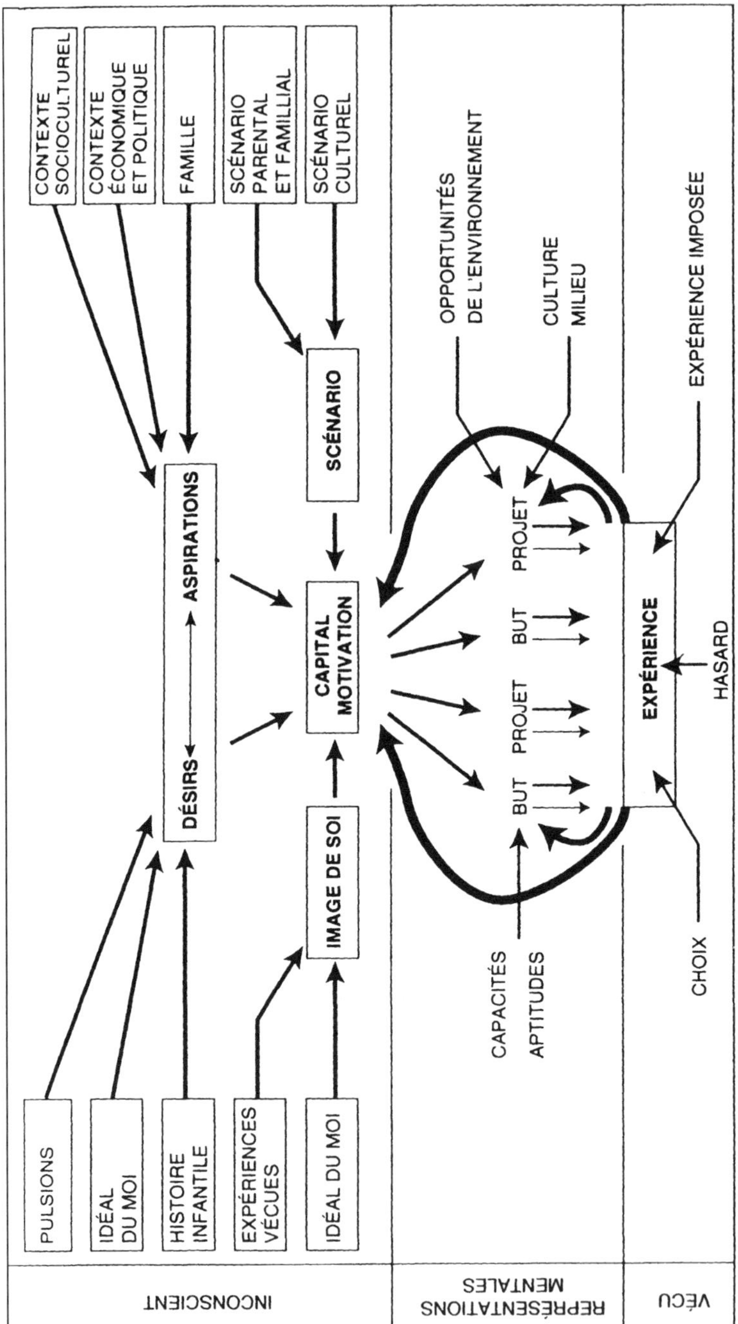

Figure 2.7 : Le processus intérieur de la motivation
(Schéma inspiré et modifié à partir de Sandra Michel in « Peut-on gérer les motivations », P.U.F., 1989)

Trois niveaux sont distingués sur le schéma de la figure 2.5 :

- **le niveau inconscient** : on voit comment notre capital motivation constitue la résultante d'un certain nombre d'éléments inconscients : il est sous-tendu par nos désirs de base et nos aspirations, et conditionné par notre scénario de vie et l'image que nous avons de nous-même.
- **le niveau des représentations mentales** : ce capital motivation s'incarne – au niveau de nos représentations mentales – dans une série de **buts** et de **projets** successifs que nous nous fixons en fonction de nos capacités et de nos aptitudes, mais aussi en fonction des opportunités de l'environnement et des contraintes du milieu dans lequel nous vivons.

Notons, pour reprendre la distinction effectuée par Sandra Michel, qu'**on désigne par buts les objectifs à court/moyen terme qui constituent la représentation des étapes nécessaires pour réaliser un projet**. Les **projets**, quant à eux, **constituent des objectifs à plus long terme qui « englobent » en quelque sorte les buts, qui les structurent et en engendrent la juxtaposition en fonction de nos aspirations profondes et du « scénario » qui nous anime.**

Les projets s'interposent donc comme relais entre les buts – directement liés à l'expérience et à la réalité – et les aspirations qui se conjuguent à très long terme. Contrairement aux buts, qui sont éminemment opérationnels, les projets portent le poids du scénario avec toute sa dimension inconsciente, et comportent donc, en termes de représentations, une part réaliste et une part irréaliste. Ils n'ont en fait de chance d'aboutir que s'ils peuvent se décliner en une série de buts intermédiaires, tangibles et concrets, qui constituent autant d'étapes dans leur réalisation.

- **le niveau du vécu** : la réalisation de ces buts et de ces projets finit par constituer peu à peu notre expérience vécue. Elle en forme la part consciemment projetée et volontairement déclenchée. Une autre part de notre expérience se constitue en effet également (cf. dernière partie du tableau) à partir de phénomènes non maîtrisés par nous, tels que le hasard ou les expériences qui nous sont imposées ou encore les choix plus ou moins aléatoires que nous faisons dans telle ou telle circonstance, sans les insérer ou les connecter à des projets plus construits.

L'intérêt de ce schéma se situe dans le **processus de bouclage qui s'opère entre l'expérience – construite, aléatoire ou imposée – et**

notre capital motivation. Si notre capital motivation « déclenche » notre investissement dans une série de buts et de projets, c'est en revanche le succès ou l'échec de ces buts et projets – c'est-à-dire l'expérience vécue – qui viendra renforcer, alimenter, enrichir et concrétiser notre capital motivation ou au contraire le déstabiliser, le fragiliser, le disperser, voire, dans certains cas, l'anéantir. D'où, bien sûr, l'extrême importance pour un manager d'aider un collaborateur à s'investir dans des buts et projets cohérents et « possibles » et de susciter des défis bien mesurés pour enrichir une expérience, donner vie à un projet et renforcer par là une motivation quelquefois défaillante.

C'est tout cet art de la mise en action que nous allons présenter.

La mise en action

Nous venons de voir la complexité des déterminants qui influent, en amont, sur notre capital motivation. Pour que se mette en route le « moteur intérieur » dans le cadre de la vie professionnelle, il faudrait parvenir à opérer un « branchement » entre la dynamique inconsciente de la motivation et l'expérience proposée à l'individu. Il est bien évident qu'une telle démarche est difficile, tout simplement parce qu'un manager n'a pas accès à tout ce soubassement inconscient qui conditionne le capital motivation de ses collaborateurs.

On peut néanmoins dégager quelques indicateurs susceptibles de permettre la mise en action la plus adéquate de cette dynamique motivationnelle. Pour ce faire, il peut être utile, d'abord, de savoir diagnostiquer le potentiel motivation de ses collaborateurs.

1. Diagnostiquer le potentiel « motivation » :

Cette opération porte sur trois points :

- diagnostic du cursus antérieur et des aspirations actuelles
- diagnostic du « profil » motivationnel
- diagnostic des motivations actives et des motivations potentielles

Le diagnostic du cursus antérieur de l'intéressé – en termes de réussite et d'échec – est important pour savoir d'où l'on part et ce que l'on peut – *a priori* – attendre de la personne. Il s'agira d'être particulièrement attentif aux situations d'échec récentes qui, ayant fragilisé la personne, nécessitent une gestion attentive et personnalisée des objectifs et des missions qui lui sont assignés. Le but devrait être de parvenir à « réassurer » la personne avant de la lancer sur des missions plus exigeantes.

Le diagnostic du « profil » motivationnel devrait permettre de dégager au moins en partie – le « désir de base » qui, au moment concerné, anime la personne : argent, pouvoir, sécurité, intérêt du travail, etc. ?

Une première classification permettra de déterminer si la personne est animée d'une motivation de nature plutôt **intrinsèque** (c'est-à-dire par le fait de pratiquer une activité lui apportant des satisfactions directes et régulières, indépendamment de toute récompense éventuellement attachée à l'activité en question), plutôt **extrinsèque** (c'est-à-dire par les récompenses – en termes de promotions, d'avantages, de statut social... – que l'activité permet d'obtenir) ou plutôt **instrumentale** (le travail n'étant alors qu'un moyen pour se procurer des satisfactions extra-professionnelles : s'acheter un bel appartement ou une voiture ou, plus simplement, payer son loyer...). Bien sûr ces trois types de motivation peuvent être en partie liés ; il importera néanmoins d'essayer de dégager des dominantes.

À partir de là, on pourra tenter de dégager le « **profil motivationnel** » de la personne. Une classification – proposée par Jean-François Decker (5) – distingue « les ambitieux » (motivés, de façon extrinsèque, par le désir « d'arriver » sur tous les plans), les « instrumentaux » (qui travaillent par devoir, essentiellement pour gagner leur vie), les « terrorisés » (dont le comportement professionnel est dominé par la peur – qu'il s'agisse de la peur d'être mal jugé, ou de la peur d'être critiqué, ou encore de la peur de ne pas avoir les mêmes augmentations que les autres...), les « hédonistes » (qui sont motivés de façon intrinsèque par l'amour de leur travail, aussi modeste soit-il), les « prédestinés » (animés de l'intérieur par un idéal se traduisant par une vocation pour un métier et qui s'épanouissent en l'accomplissant) et enfin les « indifférents » qui semblent n'éprouver aucune motivation et qui sont bien sûr les plus difficiles à « remuer ».

Malgré le caractère un peu simplificateur de toute classification, il n'est pas inutile, pour un manager, de pouvoir repérer la variété des profils qu'il a en face de lui, afin de mieux cerner quels sont les leviers d'action les plus susceptibles de faire bouger ses collaborateurs. Il faut aussi, bien sûr, être conscient que les profils empruntent parfois à plusieurs types (ainsi les « ambitieux » peuvent avoir une motivation intrinsèque relativement forte, les « hédonistes » peuvent ne pas dédaigner les manifestations de reconnaissance, etc.) et surtout qu'ils ne sont pas immuables puisque – nous l'avons vu – les aléas, positifs et négatifs, de l'expérience accumulée font évoluer la nature de notre motivation professionnelle.

Enfin, troisième élément du diagnostic, il faudra s'efforcer de dégager, **au-delà des motivations actives** (celles qui sont effectivement en œuvre à l'instant T) **les motivations potentielles** qui, ainsi que le souligne Decker, « pourraient être libérées et ouvrir la voie à de nouvelles réalisations professionnelles pour peu que l'on parvienne à affaiblir certaines peurs ou à effacer des convictions négatives afin d'améliorer l'image de soi de la personne concernée ». On voit là l'importance de cette phase de diagnostic qui doit permettre de mettre à jour ce qui pourra constituer un précieux levier d'action pour peu que l'on parvienne à y avoir accès. Tout ce que nous avons étudié précédemment à propos de la dimension intérieure de la motivation prend ici son sens et trouve son intérêt.

Toute cette opération devrait permettre d'opérer la meilleure convergence possible entre, d'une part, les objectifs de la personne et les satisfactions qu'elle recherche en fonction de ses motivations et, d'autre part, les exigences de la fonction qui découlent des intérêts et des objectifs de l'entreprise.

Après cette phase de diagnostic, il conviendra, en fonction de ce qui aura été déterminé, d'optimiser la gestion des buts et des objectifs.

2. Optimiser les buts et doser les défis

Comment évaluer au mieux la difficulté des objectifs que l'on propose à ses collaborateurs afin qu'ils donnent le meilleur d'eux-mêmes tout en y gagnant un sentiment d'enrichissement personnel ? Suffit-il de fixer des buts élevés pour obtenir des performances fortes ? Une analyse superficielle pourrait le laisser croire.

• Premier constat : plus les buts fixés sont élevés, plus les performances sont fortes. Ce point a été démontré depuis longtemps par des recherches américaines : l'expérience consistait à proposer à deux groupes, ayant obtenu des performances équivalentes pendant une phase d'apprentissage initiale, des buts de difficulté variable : le groupe auquel avaient été fixés les objectifs les plus difficiles ne les avait pas tous atteints mais avait obtenu des résultats nettement supérieurs à ceux du groupe auquel avaient été proposés des objectifs plus faciles. Il est donc clair que les résultats obtenus sont, en partie, fonction des objectifs fixés au départ.

Ce constat a été corroboré par une étude menée sur de jeunes cadres fraîchement embauchés chez A.T.T. (6). Observés et testés pendant trois jours au moment de leur embauche, ces jeunes cadres avaient été suivis au cours de leur carrière durant les cinq années suivantes, à l'issue desquelles on avait comparé le niveau de salaire auquel ils étaient parvenus, la moyenne de leurs notes professionnelles durant ces cinq années et les prévisions de carrière effectuées à leur sujet par leurs supérieurs hiérarchiques : on avait alors trouvé une corrélation très significative entre les attentes et le niveau d'exigence que la compagnie avait témoignés à leur égard durant la première année et les résultats ultérieurement obtenus par eux. Les jeunes cadres semblaient avoir en quelque sorte – dès le départ – ajusté le niveau de leurs performances pour le mettre en adéquation avec les attentes de la compagnie. Et il semble bien que, pour ceux qui avaient dû d'emblée répondre à des exigences difficiles, l'estime de soi et la confiance en leurs capacités, forgées à cette occasion, aient ensuite continué à opérer comme un moteur de leur développement professionnel.

• Deuxième constat : si la difficulté des objectifs proposés semble être une source directe de motivation, il ne faut cependant pas non plus qu'elle soit telle qu'elle apparaisse irréalisable au sujet : en effet, lorsque le but proposé paraît impossible à atteindre, la motivation n'opère plus. Là encore une expérience américaine est là pour en témoigner (7) : dans un service de fabrication, quatre équipes avaient été constituées, auxquelles des objectifs différents avaient été fixés, en terme de gain de productivité à effectuer en quantité et en qualité : on avait ainsi imposé à la première équipe une exigence forte sur le critère quantité (augmenter la productivité de 25 % dans les trois mois à venir), à la deuxième équipe une exigence forte sur le critère qualité (diminuer fortement le nombre de pièces défectueuses), à la troisième une forte exigence sur les deux critères quantité et qualité à la fois, et à la quatrième des objectifs inchangés par rapport aux performances antérieures. Quelques temps après, la direction avait demandé aux différents agents comment ils évaluaient les buts qui leur avaient été fixés. On constata une forte corrélation entre cette évaluation subjective et les résultats obtenus. Ceux qui avaient ressenti les buts fixés comme impossibles à atteindre (3e équipe), accrurent de 35 % le nombre des erreurs commises. Ceux qui avaient ressenti l'objectif fixé comme stimulant améliorèrent leur productivité (1re équipe) et diminuèrent de 28 % le nombre de pièces défectueuses (2e équipe). Quant à ceux dont les objectifs avaient été ressentis comme normaux, ils n'améliorèrent pas leurs performances

(4e équipe). Le meilleur résultat fut cependant obtenu par l'équipe à laquelle avait été fixé un objectif d'amélioration de la qualité (2e équipe).

Il semble donc qu'il faille considérer la relation entre la difficulté des buts fixés et la motivation suscitée comme **curvilinéaire**, c'est-à-dire qu'une difficulté trop faible ou trop forte annihilent également la motivation (cf. figure 2.6). Ce qui semble en jeu ici, c'est la conception de soi : lorsqu'aucun enjeu n'apparaît (objectifs faibles ou « normaux »), permettant de faire progresser l'image de soi (et donc de la rapprocher de l'Idéal du Moi), la motivation ne se déclenche pas. Il en est de même lorsque l'enjeu paraît trop difficile et que l'on ne peut y projeter aucune chance de réussite (cf. ce que nous avons dit au chapitre précédent sur le niveau d'expectation). En revanche, lorsque un enjeu difficile semble impliquer et mettre au défi l'image que l'on a de soi-même, il peut agir alors comme un coup de fouet incitant l'individu à « sauter l'obstacle » afin d'empêcher que se crée en lui une dissonance en termes d'image (ne pas avoir à se vivre en situation d'échec).

On peut résumer ces observations en disant qu'il s'agira de proposer des défis **stimulants et bien dosés**, en fonction non seulement des capacités de la personne mais aussi de son appréciation **subjective** de ce qu'elle se sent capable de faire.

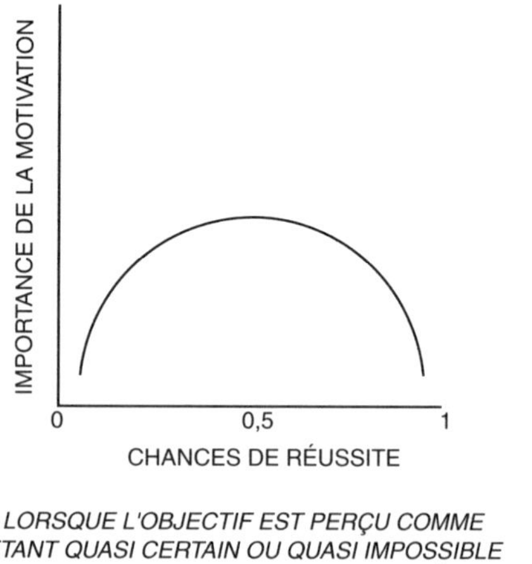

Figure 2.6 : L'optimisation des défis

3. Un instrument de pilotage : le triangle d'or de la motivation

Le triangle d'or de la motivation – conceptualisé par Lionel Bellanger (8) – constitue un bon moyen de pilotage qui permet au manager de suivre ses collaborateurs et de repérer et comprendre les différentes fluctuations que peut revêtir leur motivation.

Le triangle d'or repose sur l'idée que la motivation résulte d'un équilibre entre les trois pôles d'un triangle imaginaire (cf. figure 2.7) : le pôle « confiance en soi », le pôle « légitimité » et le pôle « identification ». Tant que l'énergie circule bien entre les trois pôles, il ne devrait pas y avoir de problème de motivation. Les problèmes se posent quand, pour une raison ou pour une autre, l'un des pôles se bloque et ne fonctionne plus.

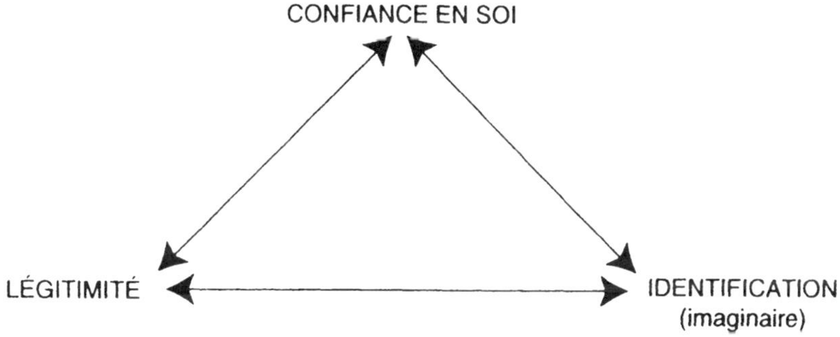

Figure 2.7 : Le triangle d'or de la motivation (d'après Bellanger)

Reprenons les trois pôles de ce triangle et détaillons-les :

– **La confiance en soi**
Elle est fonction de l'image que l'on a de soi-même (cf. plus haut) et proportionnelle à la fréquence de tous les signes de reconnaissance positifs formels et informels que l'on reçoit (feed-backs positifs, encouragements, primes, invitations de la part d'un supérieur, manifestations de reconnaissance, etc.). Elle renvoit donc à soi-même (image de soi, antérieure à l'action dans l'organisation, puis modelée par les expériences vécues dans l'entreprise) et aux autres qui contribuent à renforcer ou, au contraire, à miner la confiance en soi éprouvée par l'individu.

– **La légitimité**
Elle correspond à un sentiment intérieur d'adéquation entre ce que

je ressens et crois valoir, par rapport à l'estime que l'on m'accorde et qui est matérialisée par le grade que l'on me donne, les responsabilités que l'on me confie, la rémunération que l'on m'octroie, l'évolution de carrière que l'on me trace, etc.

- **L'identification**
Elle correspond à la possibilité de se reconnaître dans une valeur en résonance avec notre imaginaire (un travail, une cause, un symbole, une personne, un objectif... auxquels on croit et qui ont du sens pour nous).

Tant que ces trois pôles « fonctionnent » correctement, il ne devrait pas exister de problème de motivation. Par contre, lorsque, pour une raison ou pour une autre, l'un des trois pôles se trouve « atteint », on entre dans une zone de « fragilité motivationnelle », plus ou moins poussée selon l'ampleur du problème, et qui peut s'avérer problématique si un deuxième, voire un troisième pôle, se trouve atteint à son tour.

Ainsi, si je ne reçois aucun feed-back positif ou aucune manifestation de reconnaissance de mon supérieur hiérarchique, je finirai par me demander si je suis aussi bon que je pensais l'être et je n'aurai peut-être pas autant envie qu'avant de me « défoncer » dans mon travail. On ne saurait trop insister, ici, sur l'extrême importance, pour un manager, de la pratique du renforcement positif. Les félicitations, l'encouragement, le témoignage – même bref – de soutien que beaucoup de managers, pris par l'urgence, omettent souvent de manifester, jouent un rôle fondamental et démultiplicateur dans le renforcement d'une motivation parfois vacillante. Cet effet repose sur un soubassement biologique bien montré par le savant français Henri Laborit qui parle du « faisceau de la récompense », c'est-à-dire de la réaction hormonale productrice de plaisir qui survient dans notre organisme lorsque nous recevons une récompense ou des félicitations (9).

De même, le pôle « légitimité » peut être atteint lorsque se crée une dissonance entre une apparence de légitimité – salaire élevé et poste honorifique –, contrastant avec une contestation latente de l'utilité réelle du poste ou du niveau de salaire concédé : on retrouve là le cas classique des personnes « sur voie de garage » qui, non contentes de se sentir devenues inutiles, éprouvent une sourde culpabilité de ne plus « mériter » ce qu'elle gagnent. Plus fréquemment, un problème de légitimité se pose pour l'individu lorsque – de façon durable – la carrière et le statut auxquels il estime avoir droit ne se concrétisent pas... Au sentiment d'inéquité d'abord éprouvé, peut succéder alors, dans un second temps, un sentiment de doute de soi-même. Au dynamisme rageur d'un : « quelle injustice ! Quand vont-ils reconnaître mes mérites ? » succédera alors un constat déprimé : « Au fond, je dois être vraiment mauvais puisqu'on ne reconnaît décidément pas mes mérites !... ».

Si l'atteinte d'un des pôles du triangle – celui de la confiance en soi ou celui de la légitimité – correspond au stade de ce que Sandra Michel appelle « la démotivation douce », le fait que deux pôles sur trois soient atteints nous introduit dans la « démotivation-censure » où l'individu se referme sur lui et ne parle plus, convaincu qu'il est désormais que le problème se trouve en lui. C'est le cas qui se produit lorsque la confiance en soi se trouve minée (par exemple par un patron plus axé sur la recherche des insuffisances que sur l'encouragement des progrès), ce qui génère un sentiment de manque de reconnaissance qui conduit la personne à se poser des questions sur sa légitimité dans l'organisation, puis à plonger dans une mélancolie dépressive et silencieuse.

Le problème se bloque totalement lorsque le troisième pôle – celui de l'identification – est atteint. Ce cas peut se produire soit du fait d'une lente contamination des deux autres pôles, soit du fait d'un manque d'intérêt ou plutôt d'un **manque de sens** suscité par le travail : on n'y croit plus, ça ne sert à rien, ça ne rime à rien... Cette rupture dans la chaîne du sens que l'on accorde à son travail, aux objectifs qui le sous-tendent ou à la personne pour qui on le fait, pose un grave problème en termes de gestion de la motivation puisqu'elle coupe l'individu de son scénario inconscient et de sa dynamique intérieure. Il ne sait plus pourquoi il se bat et il n'a plus envie de se battre, lassé qu'il est des projets qui n'aboutissent jamais ou des incohérences dans les directives qui lui sont données...

On voit là, à travers ces schémas plus fréquents qu'on ne le pense, à quel point **il est important que le manager sache être pourvoyeur non seulement de reconnaissance mais encore de sens**, c'est-à-dire qu'il sache être, pour reprendre l'expression de Vincent Lenhardt, « un responsable porteur de sens » (10), qui sache faire le lien – au travers des objectifs proposés – entre la dynamique intérieure de chacun et la dynamique objective de l'institution. On voit aussi combien il est important de savoir repérer à temps les processus de démotivation – souvent silencieux au départ –, afin d'éviter que ne s'installe un problème plus ou moins irréversible, parce que trop profondément installé.

4. Les dix commandements de la motivation

Résumons à présent ce que nous avons choisi d'appeler « les dix commandements de la motivation ».

LES DIX COMMANDEMENTS DE LA MOTIVATION

1 – FIXER LES OBJECTIFS EN COMMUN ET LES CONTRÔLER
- Mesurables
- Réalistes
- Motivés
- Compris
- Personnels

2 – SAVOIR RÉCOMPENSER
RENFORCEMENT POSITIF → AUGMENTE LA CONFIANCE EN SOI

3 – ACCORDER DE L'ESTIME
Plus en profondeur que le renforcement → LA RECONNAISSANCE

4 – FAIRE PREUVE D'ÉQUITÉ
- Équité ne signifie pas égalitarisme en tout
- Savoir s'engager sur des critères et s'y tenir
- Être constructif et équitable en cas de faute

→ Analyser le problème et déterminer le préjudice
→ Accorder droit à l'erreur
→ Tirer des enseignements positifs
→ Établir un plan d'action

5 – COMMUNIQUER L'INFORMATION

6 – TRAITER LES GRIEFS (Éviter l'effet cumulatif des frustrations)

7 – APPRÉCIER SES COLLABORATEURS (Éviter sentiment d'abandon)

8 – ENRICHIR L'INTERÊT — V (variété)
- **Varier les tâches** — A (autonomie)
- **Leur donner une signification** — R (responsabilités)
- **Fertiliser (Tenter des expériences)** — I (informations)
- **Confier des missions de changement** — F (feed-back)

9 – FAIRE QUE LES MEMBRES DU PERSONNEL PUISSENT CONSTATER LA CLARTÉ DE LEUR RÔLE, LEUR UTILITÉ, LEUR IMPORTANCE PERSONNELLE

10 – AVOIR UN PROJET, DONNER DU SENS
→ S'ADRESSER À L'IMAGINAIRE

Nicole AUBERT

BIBLIOGRAPHIE

(1) MICHEL (S.), *Peut-on gérer les motivations*, Paris, PUF, 1989.

(2) BLEUSTEIN-BLANCHET (M.), « *La rage de convaincre* », Paris, Robert Laffont, 1970.

(3) TAPIE (B.), « *Gagner* », Paris, Robert Laffont, 1986.

(4) LEVINSON (H.), *Les motivations de l'homme au travail*, Paris, Editions d'Organisation, 1974.

(5) DECKER (J.F.), *Être motivé et réussir*, Paris, Editions d'Organisation, 1988.

(6) BERLEW (D.E.) et HALL (D.T.), *Some determinants of early managerial success*, Cambridge, M.I.T. 1964 et BERLEW (D.E.) et HALL (D.T.), *The socialization of managers : effects of expectations on performance, Admin. Sc. Quater*, 1966, II, p. 207-224. Cité par LEVY-LEBOYER (C.) in *La psychologie des organisations*, Paris, PUF, 1974.

(7) STEDRY (A.C.) et KAY (E.), *The effects of goal difficulty on performance*, General Electric, Behavioral service, 1966. Cité par LEVY-LEBOYER (C.) in *La psychologie des organisations. Op cit.*

(8) BELLANGER (L.), Le triangle d'or de la motivation (travaux de la Commission CIDEC/Motivation) résumés dans *Action Commerciale*, novembre 1986).

(9) LABORIT (H.), *L'inhibition de l'action*, Paris, Masson, 1985.

(10) LENHARDT V.), *Les responsables porteurs de sens*, Paris, INSEP Editions, 1992.

Chapitre 3

PRATIQUER L'ART DU LEADERSHIP

Pas de motivation possible d'une équipe sans une bonne pratique du leadership.

L'art de motiver les gens tient en effet aussi à l'envie que nous leur donnons ou non de faire quelque chose pour nous. Les vrais leaders sont ceux qui savent mobiliser les ressources émotionnelles et spirituelles d'une organisation (et pas seulement les ressources physiques, les compétences ou la technologie...). Ils motivent plus par identification, en projetant une vision passionnante de l'avenir, que par le jeu des récompenses et des sanctions. Les études les plus intéressantes sur le leadership (1) ont bien montré que ce qui caractérisait au premier chef les grands leaders était cette capacité de rassembler tous leurs collaborateurs autour d'une vision clairement dégagée de l'idéal collectif vers lequel tendre, qu'il s'agisse d'un objectif à réussir, d'un désastre à éviter ou d'une difficulté à résoudre. Cette capacité repose sur une bonne faculté de communication (cf. chapitre 4), permettant de rendre concret, tangible et réalisable l'idéal en question et sur l'art de gagner la confiance des autres en faisant preuve de cohérence, de fiabilité et de constance de conviction dans la conduite de l'action : là se situe ce qu'on pourrait appeler l'essence du leadership, dont nous détaillerons un peu plus loin les différentes composantes.

Ceci nous conduit à différencier les *managers* des *leaders*. Même si tout manager doit avoir en lui une composante, plus ou moins prononcée, de leadership, la nature même du management et son champ d'intervention se différencient quelque peu de ceux du leadership. Selon John Kotter (2), par exemple, **le manager gère la complexité** et doit apporter ordre et cohérence sur des points aussi essentiels que la qualité ou la rentabilité des produits. **Le leader, quant à lui, gère le changement** dans un monde industriel devenu essentiellement concurrentiel et volatile, marqué par l'évolution accélérée des technologies, une compétition internationale accrue et une dérégulation des marchés. Ou encore, comme le distingue Abraham Zaleznik (3) **le manager fait ce qu'il doit faire**, tandis que **le leader fait ce qu'il faut faire**, ce qui dénote une certaine capacité « visionnaire » dans un monde devenu, précisément, de plus en plus complexe.

MANAGER vs. LEADER **Opposition ou complémentarité ?**
1. Deux points de vue sur la réalité - Le manager gère la complexité - Le leader produit des changements **2. Deux types de ressources** - Le manager met de l'ordre et de la cohérence - Le leader crée du sens, de l'énergie et de l'adhésion **3. Deux logiques d'action** - Le manager fait ce qu'il doit faire - Le leader fait ce qu'il faut faire

Figure 3.1 : Manager/leader

Au-delà de ces distinctions, ce qui rassemble les managers et les leaders, c'est la capacité qu'ils doivent avoir à motiver et mobiliser les individus : les leaders le feront autour d'un projet, les managers autour des tâches plus quotidiennes destinées à assurer la réussite du projet global. C'est cette capacité à manager et motiver les hommes, en s'adaptant à leurs besoins et à leur degré de « maturité » que nous allons envisager, dans un premier temps.

1. Le management des hommes : du « style de leadership » au « mode de mise en action »

– *Le style de leadership : une notion statique*

Le style de leadership a longtemps été envisagé comme un point essentiel des recherches dans ce domaine : y avait-il une façon de manager les hommes meilleure que les autres, un style de leadership optimum et, si oui, quel était-il ? Puis, progressivement, la question essentielle est devenue non celle de la recherche d'un style optimum et supérieur aux autres en toutes circonstances, mais celle de savoir faire varier son style de leadership, c'est-à-dire l'art d'adapter son style de management en fonction des situations, des circonstances et surtout des personnes que l'on doit conduire et motiver.

Dans les années 70, deux chercheurs américains célèbres – Blake et Mouton (4) – avaient dégagé plusieurs styles de leadership qui apparaissaient comme des combinaisons variées des deux dimensions de la fonction de leader : la **fonction tâche** (assurer la réalisation des objectifs de l'entreprise et donc organiser, planifier, coordonner, contrôler...etc...) et la **fonction socio-émotionnelle** (s'occuper de la dimension humaine de l'équipe en assurant le bien-être de ses membres, en écoutant, en gérant les conflits, etc.). Les cinq styles dégagés par Blake et Mouton (cf. figure 3.2) étaient le style **autocrate** (centré sur la réalisation des objectifs et pas sur les problèmes humains), le style « **social** » (centré sur l'humain et pas sur les objectifs), le style « **laisser-faire** » (qui apparaissait dans cette classification comme un non leader absolu, centré ni sur la tâche ni sur la dimension humaine), le style « **compromis** » (naviguant entre les exigences de la tâche et la prise en considération des problèmes humains) et enfin le style **intégrateur** (accordant autant d'attention aux exigences de la tâche qu'aux problèmes humains).

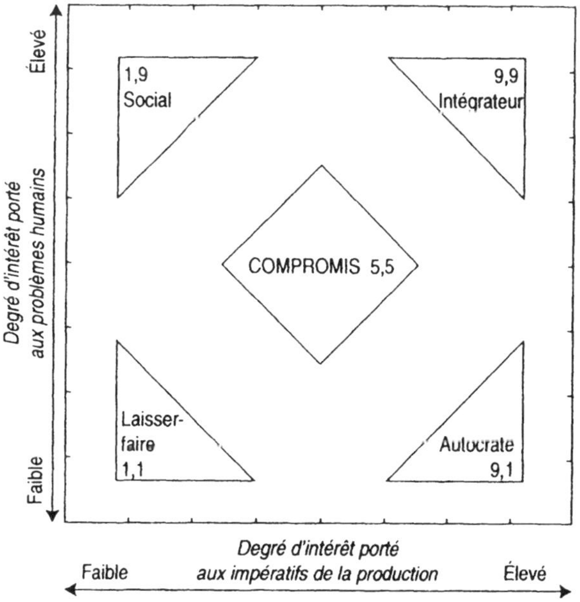

Figure 3.2 : Les styles de leadership de Blake et Mouton

On voit tout de suite les limites de cette classification qui, si elle admettait que certains styles pouvaient convenir dans certaines situations (par exemple le style « social » pour diriger un club sportif ou une association de loisirs), prônait néanmoins la supériorité d'un modèle bien précis : le leadership intégrateur. Blake et Mouton raisonnaient là dans l'absolu, sans égard pour la contingence des situations ou des personnes : les styles décrits étaient des styles **statiques**, comme si chaque leader se voyait imparti d'un style, plus ou moins bon ou plus ou moins mauvais une fois pour toutes.

– *La prise en compte de la situation*

Or, les chercheurs qui travaillèrent après eux – Fiedler le premier (5) – montrèrent comment l'efficacité et la performance d'un style de leadership étaient avant tout fonction de la situation à laquelle était confronté le leader. Fiedler identifiait ainsi trois facteurs : **le pouvoir réel détenu par le leader** (c'est-à-dire sa position hiérarchique forte ou faible, ses ressources plus ou moins abondantes en matière de récompenses ou de sanctions), **la nature de la tâche à accomplir** (structurée ou non structurée – c'est-à-dire planifiable en séquences distinctes ou non) et **les relations entre lui et les membres de son équipe** (bonnes ou mauvaises). La combinaison de ces trois facteurs conduisait à déterminer des situations très favorables au leader (beaucoup de pouvoir, une tâche à accomplir « structurée », et des relations bonnes entre le leader et les membres), des situations très défavorables (l'inverse) et des situations intermédiaires.

Dans tous les cas de situations très favorables ou très défavorables, Fiedler montrait – démonstration à l'appui – qu'un style centré sur la tâche donnait de meilleurs résultats qu'un style « humain » : en cas de situation très favorable, il est inutile de « faire du social » et le différentiel de performance est obtenu par ceux qui canalisent toute leur énergie et celle des membres de leur équipe sur la tâche à accomplir ; en cas de situation très défavorable – d'extrême urgence par exemple, ou situation de crise nécessitant une réponse appropriée en un temps très court –, il faut là aussi ne pas se disperser et concentrer toute l'attention et l'énergie sur le problème à résoudre. En revanche, dès que l'on rentrait dans des situations intermédiaires, un style plus centré sur les relations (prenant en compte les problèmes autres que de stricte productivité) obtenait de meilleurs résultats.

– *Le mode de mise en action du leadership : le leader « adaptatif »*

Cette première approche « situationnelle » du leadership fut complétée par deux autres chercheurs américains, Hersey et Blanchard (6), qui formulèrent une conception **dynamique** du leadership. On allait désormais passer de la mise en évidence d'un **style** de leadership, notion statique, à la conception de ce que nous appelons un **mode de mise en action** du leadership, l'idée maîtresse d'Hersey et Blanchard étant que le leader doit se montrer avant tout **adaptatif**, c'est-à-dire savoir faire varier son style selon les situations et surtout selon les personnes auxquelles il est confronté en fonction, en particulier, du degré de « maturité » de ces personnes. C'est la raison pour laquelle nous parlerons désormais de *modes de mise en action* et non plus de *styles de leadership.*

Hersey et Blanchard dégagent ainsi quatre modes de mise en action du leadership :

– le mode « **diriger** », dans lequel le leader donne des instructions précises et surveille de près l'exécution des tâches.

– le mode « **entraîner** », dans lequel le leader continue à diriger et à surveiller de près l'exécution des tâches, mais, de plus, explique les décisions, sollicite les suggestions et encourage les progrès ;

– le mode « **épauler** », dans lequel le leader facilite et encourage les efforts de ses subordonnés pour accomplir les tâches ; il partage avec eux la responsabilité de la prise de décision ;

– le mode « **déléguer** », dans lequel le leader transmet à ses subordonnés la responsabilité de la prise de décision et de la résolution des problèmes.

On pourrait reconnaître, dans ce dernier mode « déléguer », le vieux style « laisser-faire » de Blake et Mouton mais, loin d'en souligner le caractère négatif et inadéquat, on perçoit au contraire, avec cette conception dynamique, qu'il peut s'agir là d'une forme de leadership tout aussi valable et performante qu'une autre, à condition qu'elle soit adaptée aux situations et aux personnes sur lesquelles elle s'exerce.

L'idée maîtresse de Hersey et Blanchard est en effet que les collaborateurs présentent des degrés de maturité différents. Ils distinguent à cet effet quatre niveaux de maturité :

– *niveau M1 (peu de maturité)* : les employés possèdent un très bas niveau de compétences dans le poste qu'ils occupent, connaissent mal les exigences de leur travail mais peuvent témoigner d'un fort degré de motivation, surtout si, par exemple, ils viennent de rentrer dans l'entreprise ou d'intégrer un nouveau poste et se montrent enthousiastes et impatients de « faire leurs preuves »

- *niveau M2 (maturité moyenne/faible)* : les employés maîtrisent un peu mieux (mais encore peu) les exigences de leur travail mais connaissent des variantes dans leur motivation pour l'accomplir (travail plus dur que prévu, récompenses n'apparaissant plus à la hauteur de l'effort à fournir... etc.).
- *niveau M3 (maturité moyenne/élevée)* : les employés connaissent les exigences de leur travail, maîtrisent les compétences nécessaires mais connaissent aussi des oscillations dans leur degré de motivation pour l'accomplir ou éprouvent le besoin de se sentir soutenus.
- *niveau M4 (maturité élevée)* : les employés sont fortement engagés dans leur tâche qu'ils réalisent avec un grand niveau de maîtrise et de réussite.

Maîtriser l'art de mettre en action la motivation consistera donc aussi à savoir diagnostiquer de quel mode de leadership tel collaborateur, confronté à telle situation, a besoin. Chaque mode est en effet adapté à des situations type et doit pouvoir évoluer et se modifier au fur et à mesure de l'évolution personnelle de chaque collaborateur.

- Ainsi, le mode « **diriger** » s'imposera avec des gens inexpérimentés, même s'ils sont très motivés et semblent avoir de bonnes capacités, car ils ne connaissent pas bien l'entreprise, ni ses priorités, ni ses méthodes, ni ses politiques ; leur enthousiasme et leur désir de bien faire ne supplée pas à leur inexpérience et ils doivent avant tout apprendre **comment** faire (et ce d'autant plus que leur enthousiasme peut les conduire à commettre des erreurs...).
- Le mode « **entraîner** » convient lorsque la déception s'installe chez un collaborateur, soit que le travail apparaisse plus dur ou moins intéressant qu'on ne l'imaginait, soit que la récompense semble insuffisante par rapport à l'effort fourni, soit que les progrès accomplis soient trop lents ou trop faibles et que le collaborateur se mette à douter de sa capacité à pouvoir un jour maîtriser le travail qui lui a été confié.
- Le mode « **épauler** » convient pour des gens expérimentés mais qui ont besoin, affectivement, qu'on les écoute, qu'on les soutienne, qu'on les encourage et qu'on leur montre qu'on les apprécie.
- Le mode « **déléguer** » convient avec des gens expérimentés et très performants, qui sont à la fois compétents et tellement motivés

« de l'intérieur » qu'ils n'ont nul besoin qu'on les encourage ou qu'on les stimule...

Tout l'art du leadership adaptatif consistera à savoir diagnostiquer de quel « mode » de leadership un collaborateur déterminé a besoin, dans telle ou telle circonstance. Ce diagnostic sera fonction d'une part de la **compétence** de la personne (donc de ses connaissances et capacités acquises par formation ou par expérience), d'autre part de son **engagement**. Hersey et Blanchard décrivent l'engagement comme une combinaison de la confiance en soi et de la motivation. Le diagnostic « engagement » portera donc sur :

- la **confiance en soi** du collaborateur, c'est-à-dire l'assurance ressentie par lui face à la tâche, le sentiment qu'il a d'être ou non capable d'accomplir une tâche correctement et sans trop de surveillance.

- la **motivation** du collaborateur, c'est-à-dire l'intérêt qu'il porte à la tâche et l'enthousiasme que sa réalisation suscite en lui. Cette motivation, nous l'avons vu, est loin d'être constante : elle est soumise à des fluctuations en fonction de la difficulté de la tâche, de son intérêt, du sens qu'elle revêt ou non pour l'individu.

Autant les situations extrêmes (faible compétence mais fort engagement ou forte compétence et fort engagement) sont aisées à diagnostiquer et impliquent un mode de leadership simple (soit très directif, soit tout à fait non directif), autant les situations intermédiaires – compétence modérée et faible engagement (motivation vacillante, manque de confiance en soi...) ou bien forte compétence mais engagement variable (dû à une fluctuation dans la motivation, quelle qu'en soit la cause...) – impliquent une maîtrise consommée de l'art du leadership. C'est là que le manager devra user de tous les moyens dont nous avons parlé précédemment, pour renouer les fils fragiles d'une motivation momentanément défaillante ou d'une confiance en soi plus ou moins perturbée. C'est là qu'il devra écouter, comprendre la difficulté et tenter d'y répondre, apporter le support et l'encouragement nécessaire, apaiser les angoisses. C'est là enfin qu'il passera le plus de temps, mais un temps qui lui permettra, après, de gagner en efficacité... et donc aussi de gagner du temps ! Un manager pourra ainsi, par exemple, se montrer directif avec un groupe de jeunes vendeurs récemment recrutés, délégatif avec son équipe de contrôleurs de gestion, composée de professionnels bien rodés, participatif (épauler) avec son responsable « qualité » toujours désireux de se sentir soutenu et persuasif (entraîner) avec sa secrétaire à la motivation vacillante !

Il faut aussi préciser que le diagnostic peut être différencié selon les divers aspects de la mission confiée au collaborateur : telle personne, compétente sur le plan technique, mais inexpérimentée sur les aspects financiers de sa fonction (gestion d'un budget par exemple), pourra être gérée en mode « entraîner » ou « déléguer » sur le premier aspect et en mode « diriger » sur le second.

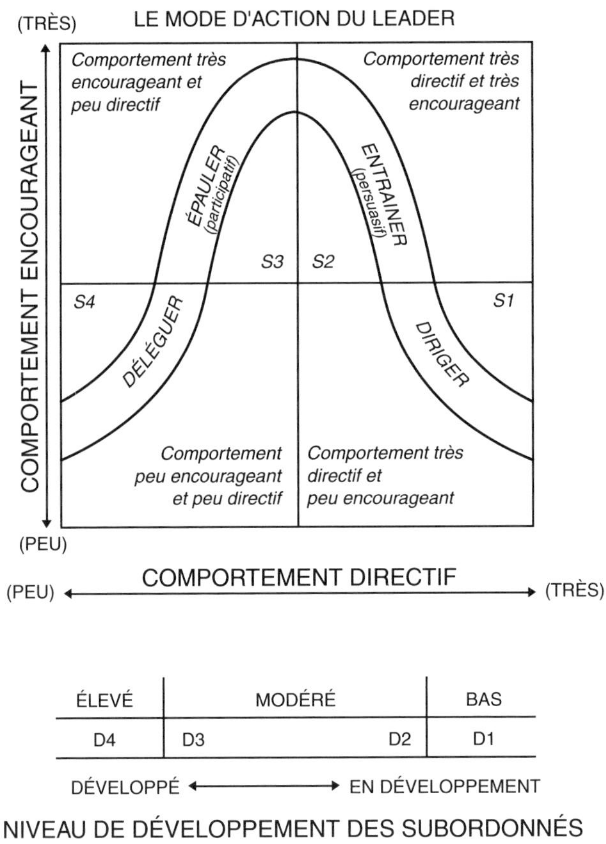

Figure 3.3 : Le mode d'action du leader (selon Hersey et Blanchard)
(Extrait de : K. Blanchard, Le leader et la minute du succès, InterEditions)

Après cette phase de diagnostic, intervient la phase de négociation puis d'adaptation du mode en fonction de l'évolution de la personne. Il s'agira ici, d'abord, de décider, en commun avec la personne, du type de leadership que l'on choisit d'adopter à son égard, afin qu'elle ne s'étonne pas des variations pouvant apparaître par rapport aux autres membres de l'équipe. Et il s'agira ensuite et surtout de **faire évoluer le mode choisi au fur et à mesure de l'acquisition des compétences, de l'évolution de la confiance en soi et du renforcement de la motivation** : on devrait ainsi pouvoir passer, avec une même personne, du mode « diriger » au mode « entraîner » (moins de directivité mais plus d'encouragement et de participation) puis « épauler » (plus aucune directivité mais toujours de l'encouragement et de la participation) et enfin « déléguer », selon le schéma présenté en figure 3.3. Il est bien évident toutefois que certaines personnes n'arriveront jamais, quelles que soient leurs compétences, à être gérées sur le mode « déléguer », et ce parce que leur autonomie intérieure n'est pas suffisante ou leurs besoins affectifs trop exigeants pour leur permettre de se priver de la présence et des encouragements de leur « chef » : elles resteront alors, au mieux, en style « épauler ».

Il doit être clair aussi que, tout comme le style peut progresser dans un sens, il doit pouvoir « régresser » dans l'autre : en effet, si un mode « épauler » ou « déléguer » ne s'accompagne plus des performances attendues du collaborateur auquel ils ont été appliqués, il faut savoir remonter la courbe et introduire soit plus de directivité (passer de « épauler » à « entraîner » par exemple), soit plus d'encouragements (passer de « déléguer » à « épauler »...), voire même, dans certains cas, devoir reprendre en mains de façon directive un collaborateur placé trop tôt ou mal à propos (erreur de diagnostic) en mode « déléguer ».

Cependant, tout « adaptatif » et bon manager que puisse être un dirigeant soucieux de performance, il ne sera pas pour autant un véritable leader s'il ne possède pas, outre les compétences nécessaires, certaines capacités intérieures lui permettant de faire face à la situation. On en revient donc ici à la distinction entre les dirigeants « managers » qui gèrent la complexité tout en « manageant » leurs subordonnés et les dirigeants « leaders » qui possèdent, en plus, une capacité à guider et orienter les autres (voir figure 3.4). Cette capacité repose sur un ensemble de qualités et de dispositions intérieures qui constituent la spécificité des leaders. Ce sont ces qualités que nous allons maintenant décrire, après avoir resitué la spécificité du leadership au carrefour de trois éléments essentiels : la conviction, la compétence et la situation.

DU MANAGEMENT AU LEADERSHIP	
MANAGEMENT	LEARDERSHIP
Chef d'orchestre et metteur en scène	Architecte et bâtisseur
Comment et quand ?	Quoi et pourquoi ?
Maître d'oeuvre du quotidien	Maître d'ouvrage de l'avenir
Système et procédures	Vision et influence
Cherche à atteindre un objectif	Cherche à mobiliser une communauté

Figure 3.4 : Du management au leadership
(Source : P. Gabilliet)

2. La spécificité du leadership

Le leadership doit en effet s'analyser au carrefour de trois éléments dont aucun ne constitue à lui seul une condition suffisante à l'établissement d'un processus durable (figure 3-5). Ces trois éléments doivent fonctionner ensemble. Il s'agit de :

- la **conviction** du leader (qui va au-delà de ce que les recherches récentes appellent sa capacité visionnaire) ;
- la **compétence** du leader qui le rend plus ou moins apte à faire face aux difficultés d'un groupe ou d'une situation donnée ;
- la **situation** dans laquelle le leader est plongé et qui rend plus ou moins adéquates et opérantes ses qualités et compétences.

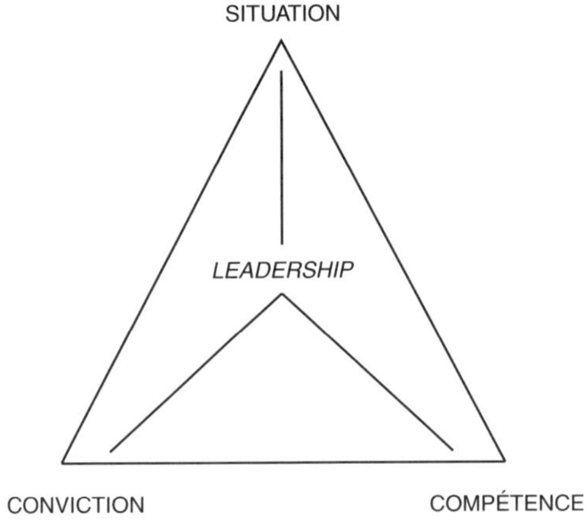

Figure 3.5 : Les composantes du leadership

a) La compétence du leader

Elle est une donnée indispensable : c'est parce qu'il connaît son affaire, parce qu'il a une compétence propre que d'autres n'ont pas, que le leader peut dominer la situation. Comme le souligne Kets de Vries (7) « il lui faut connaître ce dont il parle, sans quoi il perdrait vite toute crédibilité. Il ne suffit pas de penser en termes abstraits. Le leader ne doit pas seulement saisir le tableau d'ensemble, il lui faut aussi en pénétrer tous les détails pour discerner la singularité d'une situation : ainsi ses décisions ou ses recommandations seront-elles réalistes » (page 166).

Kets de Vries développe l'exemple de Iacocca, le patron de Chrysler Corporation et souligne qu'outre son sens aigu du théâtre, qui lui a permis d'obtenir une aide financière de l'État, de gagner les syndicats à une réduction des salaires, et de persuader le public d'acheter ses voitures, il possédait une stricte connaissance de l'industrie automobile, de ses tenants et de ses aboutissants : « il savait ce que signifie fabriquer une automobile et comment s'articulent les diverses phases du processus de production. Et il savait utiliser les systèmes de contrôle pour faire fonctionner à l'unisson les fiefs disparates qui constituaient Chrysler. C'est justement un savoir aussi précis qui a imprimé une telle souveraineté à sa vision quand il a défini le renouveau de l'entreprise » (Kets de Vries, *op. cit.* pp. 166-167).

b) La situation

Elle constitue l'élément indispensable à partir duquel se révèlent les capacités propres du leader et qui lui permet de se différencier des autres en apportant au groupe ce dont il a besoin à ce moment-là.

L'histoire nous montre d'ailleurs que les plus grands leaders ont été les hommes de certaines situations, jamais de toutes : ainsi, si de Gaulle, presque inconnu en 1939, fut bien l'homme de la situation en 1940, il cessa de l'être à la Libération, lors du retour des partis traditionnels en 1944. Après un long exil, il fut de nouveau le seul recours en 1958, dans la situation difficile née de la crise algérienne. Mais dix ans après, les aspirations de la société française ayant profondément changé, il ne sera plus en mesure de lui apporter ce dont elle avait besoin.

De même, sur le plan de la gestion des entreprises, les leaders parfois très durs que l'on met en place pour gérer une crise ne sont pas toujours ceux que l'on garde, une fois la crise passée et le calme revenu.

c) La conviction : les capacités intérieures du leader

C'est par cette appellation globale de « conviction » que nous désignons un certain nombre de capacités intérieures propres au leader. C'est dans ce domaine que les recherches les plus intéressantes se sont développées et ce sont ces capacités intérieures que nous allons maintenant tenter de cerner.

On peut les regrouper en trois points : la capacité visionnaire, la capacité communicatrice, la possession d'une image de soi forte, équilibrée et cohérente.

– *La capacité visionnaire du leader*

Les vrais chefs semblent mus par une vision intérieure de l'avenir d'une telle puissance qu'elle s'impose aux autres. Les exemples dans le registre politique sont particulièrement frappants : qu'il s'agisse de la vision de la France développée par de Gaulle – « toute ma vie, je me suis fait une certaine idée de la France. Le sentiment me l'inspire aussi bien que la raison... » (8) –, du New Deal de Roosevelt, du rêve millénariste de Hitler – « nous créerons un Reich qui durera mille ans » –, du rêve de Martin Luther King d'un monde où fraterniseraient noirs et blancs – « I had a dream... » –, de la « nouvelle frontière » de Kennedy ou du projet obstiné et tenace d'une Inde libérée des Anglais pour Gandhi, tous les grands leaders ont su rallier les foules autour d'eux parce qu'ils avaient cette capacité visionnaire leur permettant de développer une image de l'avenir, puissante et attrayante, au cœur d'une situation apparemment sans espoir.

C'est autour d'un tel idéal que les vrais leaders parviennent à rassembler les énergies et c'est grâce à cet idéal qu'ils parviennent à jeter un pont entre le présent et l'avenir. Bennis et Nanus (9) font observer très justement que c'est par la projection de cette vision clairement structurée de l'avenir, simple, facile à comprendre, souhaitable et stimulante qu'ils parviennent à mobiliser les ressources émotionnelles et spirituelles des individus. C'est d'ailleurs là, précisément, qu'ils se différencient des dirigeants managers qui se contentent d'exploiter les ressources d'une organisation, qu'elles soient physiques, technologiques ou professionnelles. Et c'est dans la capacité d'abord à détecter, parmi toutes les informations reçues, les données clés, ensuite à en opérer la synthèse pour qu'en sorte une vision unique, fiable et crédible, enfin à exprimer cette vision en termes passionnants qui frappent l'imagination et l'émotion des exécutants, que réside tout l'art du leadership.

– *La capacité communicatrice*

Bennis et Nanus (*op. cit.*), tout comme Kets de Vries, insistent sur cet aspect : « Le chef véritable se doit d'être un maître du sens, faute de quoi il ne saurait accomplir sa mission. Ses rêves, il lui faut les dire et les dire si bien qu'ils entraînent et qu'on le suive [...]. Chez lui, l'art de mener les hommes et l'art de la scène se rejoignent. Un vrai leader est un homme de théâtre. Orateur sans failles, il emploiera tour à tour, suivant le besoin, l'humour, l'ironie, les familiarités de la langue. Il sait apparemment comment s'adresser d'emblée à l'inconscient de l'auditeur ; comparaisons, métaphores et autres figures de style facilitent l'identification de celui-ci à celui-là. Enfin, le leader authentique sait présenter ses idées » (Kets de Vries, *op. cit.* pp. 158-159).

Tous les grands leaders de l'histoire semblent avoir maîtrisé cette capacité communicatrice et s'être montrés experts dans la manipulation du sens : la phrase célèbre de Kennedy – « ne vous demandez pas ce que votre pays peut faire pour vous, demandez-vous ce que vous pouvez faire pour lui » – ou celle de Churchill durant la guerre – « je n'ai rien à vous offrir que du sang, de la peine, de la sueur et des larmes » – illustrent bien toutes deux cette capacité à indiquer de façon saisissante quel comportement il convient d'adopter pour voir advenir un monde meilleur.

– *Une image de soi forte, équilibrée et cohérente*

Tout comme la capacité visionnaire, il s'agit là d'une des spécificités les plus importantes du leadership, relevée dans toutes les recherches récentes. Bennis et Nanus parlent ainsi de « l'auto-image positive » des meilleurs leaders qui leur permet de déceler l'adéquation entre leurs points forts et les besoins de l'organisation et aussi d'instiller, par contagion, un sentiment de confiance et une image positive d'eux-mêmes chez leurs collaborateurs. Kets de Vries note que les grands leaders sont souvent de grands « narcissiques constructifs » : « Leur théâtre intime est occupé par une imagerie rassurante qui les aide à affronter l'adversité. Ils expriment volontiers leurs besoins et assument la responsabilité de leurs actes, quelle que soit la réaction des autres. Ils sont très sûrs d'eux-mêmes ; leurs parents ont encouragé leur indépendance d'esprit, [de même qu'] ils les ont aidés à voir les choses telles qu'elles sont, dans leur contexte exact, et à éviter le recours au bouc émissaire et autres prétextes destructifs. Surtout, ils se sont gardés de les accabler de souhaits excessifs, ils ont maintenu leur attente dans un juste milieu, pour permettre à l'enfant de prendre la bonne mesure de la réalité. Conséquence, ces Narcisses ne cèdent pas dans les traverses, ils ne s'abandonnent pas au dépit ; ils se redressent sous l'épreuve et sont prompts à redresser pareillement les autres, afin de corriger la situation et de réparer les dégâts Dans l'ordre politique, cela donne un Jawaharlal Nehru ou un John F. Kennedy, dans le monde des affaires, un Carlo De Benedetti ou un Richard Branson » (Kets de Vries, p. 87).

Dans leurs rapports avec eux-mêmes, la conscience de leur supériorité est un élément de leur autonomie qui leur permet d'envisager des projets valorisants. Il ne s'agit pas d'une supériorité imaginaire ou fragile mais d'un sentiment qui a été validé par l'expérience et la réussite. Ainsi peuvent-ils déployer une grande énergie et une grande détermination au service de leurs buts. De même, c'est parce qu'ils ont d'eux-mêmes une image ferme et positive que les leaders savent faire preuve d'endurance, ne renoncent pas facilement et gardent courage quand tous, autour d'eux, le perdent. C'est parce qu'ils ne sont pas débordés par la gestion de leurs conflits intérieurs que les leaders savent, plus que d'autres, absorber les secousses mais aussi faire le lien entre des événements sans rapports évidents et découvrir, sous le chaos apparent, l'ordre caché des choses.

Cette image de soi forte, équilibrée et cohérente est bien illustrée par la description que fait de Gaulle de ce qu'il appelle « l'homme de caractère » : « Assuré dans ses jugements et conscient de sa force, [l'homme de caractère] ne concède rien au désir de plaire. Le fait qu'il tire de lui-même, et non point d'un ordre, sa décision et sa fermeté l'éloigne souvent de l'obéissance passive. Il prétend qu'on lui donne sa tâche et qu'on le laisse maître à son bord, exigence insupportable à beaucoup de chefs qui, faute d'embrasser les ensembles, cultivent les détails et se nourrissent de formalités. « Orgueilleux, indiscipliné », disent de lui les médiocres, traitant le pur-sang dont la bouche est sensible comme la bourrique qui refuse d'avancer, ne discernant point que l'âpreté est le revers ordinaire des puissantes natures, qu'on s'appuie seulement sur ce qui résiste et qu'il faut préférer les cœurs fermes et incommodes aux âmes faciles et sans ressort. Mais que les évènements deviennent graves, le péril pressant, que le salut commun exige tout à coup l'initiative, le goût du risque, la solidité, aussitôt change la perspective et la justice se fait jour. Une sorte de lame de fond pousse au premier plan l'homme de caractère ». (10)

Cette aptitude à connaître ses propres forces, à les nourrir, à les développer et à savoir déceler l'adéquation entre ses points forts et les besoins de l'organisation, Bennis et Nanus l'appellent l'auto-déploiement. Mais l'auto-déploiement consiste aussi – et c'est là une caractéristique des meilleurs leaders – à savoir instiller une image positive d'eux-même chez leurs collaborateurs, qui se sentiront renforcés dans la confiance qu'ils ont en eux-même. Autrement dit, l'image positive de soi est contagieuse et suscite chez les autres un sentiment de confiance et de grandes attentes et ce d'autant plus que le leader, grâce à cette auto-image forte et positive dont nous avons parlé, parvient à incarner la cohérence et la fiabilité, la constance et la conviction dans l'action, bref la volonté de « garder le cap » à tout prix.

Nous voici au terme de ce tour d'horizon sur les secrets de la motivation et l'art de sa mise en pratique. Nous avons essayé d'en montrer toute la complexité et toutes les subtilités. Il est bien évident, cependant, qu'il est rare, pour un manager, de se trouver dans une situation où il peut disposer et user de toute la panoplie des moyens d'action que nous avons mentionnés. Moins nombreuses sont les ressources à sa disposition (pouvoir de récompense réduit du fait, par exemple, d'une situation économique difficile), plus la capacité à motiver reposera sur le savoir-faire personnel du dirigeant, son aptitude à convaincre et son charisme personnel. S'il est clair que, dans les situations de crise aiguë comme celle des années 1992-1994, où se sont multipliés les « plans sociaux » et les licenciements, la seule motivation opératoire peut apparaître, dans certains cas, celle de « garder son emploi » (dégringolade accélérée vers le bas de la pyramide de Maslow), il faut bien voir qu'une telle situation ne fait qu'obérer momentanément toutes les aspirations à la réalisation de soi et au développement personnel qui reprennent le dessus, une fois l'orage passé.

Quant à la motivation « en temps de crise », elle ne fait pas vraiment appel à des techniques particulières, elle amène simplement patrons et collaborateurs à concentrer toute leur énergie, plus encore que d'ordinaire, sur le seul objectif prégnant dans les situations graves : survivre, sur le plan collectif, comme sur le plan personnel. C'est là que la personnalité du leader et la force de sa conviction intérieure deviennent déterminantes.

Nicole AUBERT

BIBLIOGRAPHIE ET RÉFÉRENCES

(1) BENNIS (W.) et NANUS (B.), *Les secrets des meilleurs leaders*, Paris, InterEditions, 1985.

(2) KOTTER (P.), *Le leadership*, Editions d'Organisation, L'Expansion Management Review, Paris, 1999.

(3) ZALEZNICK (A.), Dirigeants : leaders ou gestionnaires, *Harvard l'Expansion*, été 1978.

(4) BLAKE (R.R.) et MOUTON (J.S.), *Les deux dimensions du Management* (trad. fr.), Paris, Editions d'Organisation, 1969.

(5) FIEDLER (P.E.), Une question de personnalité ou de circonstances ? Comment devient-on leader ?, *Psychologie*, mars 1972, n° 26, p. 26 à 31.

(6) HERSEY (P.), *Le leader situationnel*, Paris, Ed. d'Organisation, 1989, BLANCHARD (K.H.), *Le leader et la minute du succès*, Paris, InterEditions, 1986.

(7) KETS DE VRIES (M.), *Profession leader, une psychologie du pouvoir*, Paris, Mac Graw Hill, 1991.

(8) DE GAULLE (C.), *Mémoires de guerre, Tome 1 : L'Appel*, Paris, Plon, 1954.

(9) BENNIS (W.) et NANUS (B.), *Les secrets des meilleurs leaders, op. cit.*

(10) DE GAULLE (C.), *Le fil de l'épée*, Paris, Editions Berger-Levrault, 1944.

Chapitre 4

MAÎTRISER L'ART DE COMMUNIQUER

POURQUOI PARLE-T-ON AUTANT DE COMMUNICATION AUJOURD'HUI ?

1. Que met-on sous le terme de communication ?

La communication est un processus qui consiste à **instaurer une relation d'échanges, créatrice de valeur entre des personnes et / ou des groupes**. Pour que cette création de valeur soit effective, l'échange doit non seulement porter sur un contenu (des messages, des informations) mais aussi sur des relations (des sensibilités, des modes de pensée et des visions du monde). La prolifération des circuits et des moyens mis à notre disposition pour communiquer plus vite modifie considérablement les cadres dans lesquels nous communiquons mais modifie-t-elle les principes fondamentaux d'une communication efficace ?

Nous recevons de plus en plus de signes, sous forme de messages à assimiler. Nos E-mails se remplissent démesurément jusqu'à devoir consacrer à leur seule réception une à plusieurs heures par jour. L'information entre librement dans nos bureaux comme dans nos foyers. En même temps elle nous mobilise car elle demande une part de plus en plus grande de notre attention et contribue à nous disperser : nous sommes de plus en plus « cernés » par des informations nous parvenant à grande vitesse. Nous devons choisir de les traiter ou non, en fonction de nos priorités du moment et de notre capacité à anticiper leur utilité.

En même temps nous supprimons, sans toujours en mesurer les effets, les frontières entre communication privée et communication professionnelle. Les nouveaux moyens de transmission se déplacent de nos bureaux dans nos maisons, via nos poches, nos attachés-cases et nos automobiles, et l'intimité de nos espaces privés disparaît petit à petit. Autant de machines portables qui nous permettent de travailler partout en toute « liberté ». Mais où est la liberté dès lors qu'on ne peut plus ne plus travailler nulle part ? Cette accélération de notre rapport aux outils transporteurs d'informations provoque une stimulation « dopante » à laquelle il est difficile de résister. Qui d'entre nous ne s'est surpris, depuis qu'il utilise son téléphone portable, à « agrémenter » l'acte de téléphoner, d'une multiplication de petites actions périphériques, autrefois circonscrites à la surface d'un bureau, aujourd'hui sans limites physiques. Il se peut que ce qui est gagné ici en praticité soit perdu là (ou menacé de l'être) en concentration. Plus l'information s'intensifie, plus nous courons le risque de la dispersion.

La nature a horreur du vide, et comme nous sommes « de la nature », nous l'imitons. Nous avons conquis des territoires immenses en matière d'information, et nous avons dans le même temps pris le risque de laisser en friche le terrain de nos communications. Il ne tient qu'à nous de comprendre quel est notre intérêt à rééquilibrer les deux si nous voulons, comme nous le proposerons par la suite, garder une certaine maîtrise de nos communications.

2. Quelle différence y a-t-il entre information et communication ?

La pression de notre environnement, et en particulier des signes que nous recevons, nous pousse à entretenir la **confusion entre information et communication,** la première prenant de plus en plus le pas sur la seconde.

Ce qui caractérise **l'information, c'est qu'elle est centrée sur un contenu**. L'information prend sens à partir du moment où elle permet à celui qui la reçoit de disposer des éléments qui lui manquent pour agir. La valeur essentielle de l'information repose sur sa pertinence par rapport à un contexte. L'information a une date de péremption et prend toute sa valeur dès lors qu'on peut l'échanger, la traiter, avant la date où elle perdra une grande partie de sa valeur. Dans l'échange d'information, la ressource rare, c'est ce rapport au temps. Ce qui caractérise **la communication, c'est qu'elle est centrée sur la relation.** Toute situation de communication repose sur une ou des interactions entre un ou plusieurs protagonistes. La valeur essentielle de la communication repose sur la prise en compte des facteurs relationnels et sur la possibilité de créer les conditions d'une véritable interaction entre ces protagonistes. Ce qui suppose d'accepter le principe que toute situation de communication n'a de sens qu'à partir du moment où s'engage un processus d'influence réciproque, concrétisé par la possibilité de ce que l'on appelle le feed-back.

Information et communication se complètent, à condition de trouver un point d'équilibre entre contenu et relation. Dans les relations de management, fixer des objectifs, contrôler, évaluer, méritent plus qu'un échange d'informations. Pour que la communication fonctionne, doit-on former les gens à conduire un entretien et à gérer l'information via un guide d'entretien, ou doit-on les inviter à exprimer ce qui est de l'ordre du ressenti ou des motivations ? Questions difficiles à résoudre quand on considère le coût, l'énergie et les risques que représente le second choix. Question importante à résoudre quand on considère le prix du non dit, de l'incompréhension, du malentendu au sein des organisations, mais également la difficulté à échanger une parole vraie.

Les organisations sont de plus en plus équipées pour mettre l'information à la portée de tous. Mais elles doivent apprendre à gérer dans le même temps la **désertification des espaces d' échanges et de relations.** Les équipements qui facilitent la circulation de l'information sont des investissements qu'il faut rentabiliser. Les réunions coûtent cher, et la tentation est grande de les remplacer par des solutions à moindre coût. Dans le même temps, les personnes souffrent de solitude et cherchent des espaces de communication parallèle où se recrée de la communauté. Même si ce qui s'y dit, ce qui s'y fait n'y a pas de valeur reconnue, chacun y cherche son compte de communications dans des échanges informels. C'est ainsi qu'on assiste, dans les organisations de toutes tailles, à la multiplication de réseaux d'informations, de circuits de décisions, de lieux d'échanges qui échappent aux cartes officielles. Ils sont l'expression d'un besoin de contacts, à la faveur desquels les idées, les projets mais aussi les émotions, peuvent se frotter sans être enfermés dans un cadre préformé. Ils sont l'expression d'un espace et d'un temps ouverts où la subjectivité reprend ses droits sur l'objectivité.

Au fur et à mesure que ce nouvel ordre du tout information s'installe, nous nous adaptons, le problème que nous avons à résoudre est le suivant : comment faire pour **agir sur ce nouvel environnement et non le subir ?** Sur les nouveaux territoires de communication qui sont à découvrir, c'est à l'homme, en effet, de se poser en sujet du verbe communiquer, autrement dit en position d'acteur et non, comme il en court le risque, de se retrouver spectateur de ses propres outils.

Cela suppose qu'il comprenne que les moyens qu'il s'est donnés pour se tenir informé ne changent rien, fondamentalement, à l'art de communiquer. Cet art, quelles que soient les modifications du contexte dans lequel nous l'exerçons, **vise d'abord à créer un commerce d'idées, d'expériences, de visions fondées sur des logiques d'intérêts différentes, voire opposées** qui ne peuvent se rencontrer que si les protagonistes sont convaincus que c'est le meilleur chemin pour atteindre leurs buts.

3. Pourquoi la communication est-elle une ressource rare ?

Toute action de communication cherche à convaincre, à séduire, à toucher l'autre. En ce sens, on peut dire qu'elle **vise à influencer** celui ou ceux à qui elle s'adresse. Mais ce serait faire peu de cas de ses interlocuteurs que d'oublier qu'ils ont aussi un pouvoir d'influence en retour. C'est pour l'oublier trop souvent que des communications bien construites échouent, parce que leurs auteurs croient qu'on peut convaincre quelqu'un sans avoir à se laisser convaincre par lui. **Communiquer efficacement, c'est être convaincu que la véritable influence sur autrui passe par la capacité à se laisser influencer en retour.**

De ce point de vue, la communication ne peut fonctionner que si elle intègre la prise en compte d'un feed-back, tant en ce qui concerne le contenu que la relation.

Cette prise en compte du feed-back suppose que l'émetteur accepte l'idée que celui-ci soit bien autre chose qu'une réponse du récepteur à l'émetteur. Il peut être une remise en question fondamentale du message, que ce soit sur le mode verbal ou non verbal.

Quand on observe un entretien professionnel, il est intéressant de constater les discordances qui peuvent s'installer sans que les protagonistes s'en rendent compte entre messages verbaux et non verbaux. Souvent en formation, des managers évoquent le fait qu'ils ont beau faire passer des messages appuyés à leurs collaborateurs, ceux-ci ne sont pas suivis d'effet. Lorsqu'on analyse un peu plus finement la relation telle qu'elle se déroule réellement, on s'aperçoit très souvent que le feed-back a été insuffisamment pris en compte dans la relation et que le manager a considéré que celui-ci allait de soi, à partir du moment où le collaborateur avait « reçu » le message qui lui était adressé et avait donné des signes apparents d'approbation.

Pour gagner en efficacité, toute communication gagne à intégrer ce double mouvement. En investissant du temps, de l'énergie dans une action de communication, un manager a intérêt à prévoir ce qu'il fera (ou ne fera pas) des écarts inévitables entre les messages qu'il voudra faire passer et ceux qu'il recevra en retour, tant au plan verbal que non verbal.

Si l'on veut que la communication reprenne ses droits dans un contexte où la tentation est grande d'entrer dans des processus fonctionnalisés, il s'agit de **créer de la compétence à communiquer**. Ce qui ne veut pas dire rationaliser ou instrumentaliser les échanges, mais à l'inverse donner du champ, du recul, et des moyens de décoder ce qui se dit et ce qui se vit tout en agissant.

Cela implique de faire en sorte que les réunions, les entretiens, les échanges impromptus, mais aussi les colloques, les débats, les séminaires soient perçus, par ceux qui les organisent, mais surtout par ceux qui y sont conviés, comme porteurs de sens, de possibilité d'y exercer une influence réelle et non simplement d'y assister en spectateurs.

Créer de la compétence à communiquer suppose que les moyens mis à disposition n'occultent pas la véritable matière première de la communication, c'est-à-dire la confrontation d'idées, de valeurs, d'émotions, qui ne peuvent s'exprimer que si l'on prend soin des personnes.

4. Pour communiquer efficacement, par où faut-il commencer ?

Communiquer, c'est prendre des risques. Le premier risque étant d'accepter d'être confronté à la différence. C'est un investissement d'énergie, de temps, offrant des garanties en retour proportionnelles à la nature de la prise de risque. **La compétence à communiquer passe par la capacité de se centrer sur l'autre autant que sur soi-même.** Peu importe l'ordre dans lequel on va construire la relation, ce qui compte, c'est que les protagonistes se rencontrent, et non, comme c'est souvent le cas, qu'ils fassent semblant de se rencontrer. Si l'on observe ce qui se passe en situation à l'aide de la figure 3.1, on percevra peut-être comment deux attitudes peuvent influencer le déroulement d'un échange, et le conduire, selon les cas vers une radicalisation des positions, ou vers une confrontation des points de vue. Dans le premier cas, toute l'énergie est centrée sur soi, et l'autre perçoit ma volonté de le convaincre. Il n'y a rien à y redire si ce n'est qu'il est contraint de réagir, non d'agir, s'il veut communiquer.

Dans le second cas, cette énergie est d'abord centrée sur l'autre. Il se retrouve en position d'acteur, invité à s'exprimer et à faire valoir sa vision des choses.

Beaucoup de problèmes de communication se résolvent dans la prise de conscience de ce renversement d'attitude, simplement parce que chacun, étant obligé de « s'investir » dans l'échange, ne peut éviter la confrontation, seule garante de la richesse de l'échange.

L'AUTRE SE CENTRE SUR MOI **JE ME CENTRE SUR L'AUTRE**

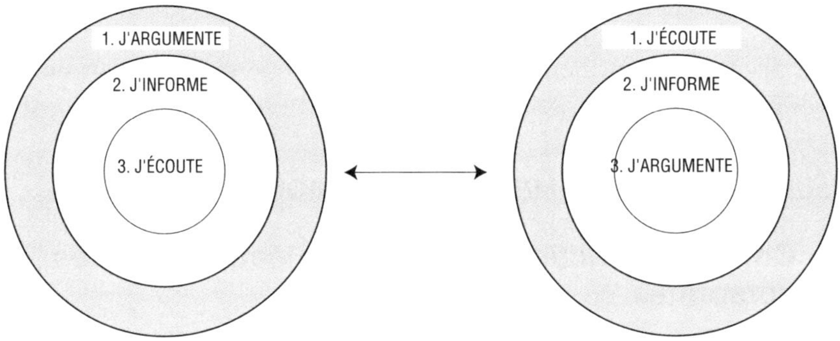

QUELS EFFETS ? QUELS EFFETS ?

L'interlocuteur est en situation de dépendance vis-à-vis de vous (qu'il s'agisse d'une personne ou d'un groupe).

L'information, c'est-à-dire la partie factuelle sur laquelle repose l'échange, vient en soutien de l'argumentation.
Exemple : « Ce que je vous dis s'appuie sur les faits suivants. »

Avantage : vous conduisez l'échange.

Risque : vous pouvez déclencher une dynamique de type arguments/contre-arguments si votre interlocuteur est réactif. Vous déclenchez une dynamique de retrait si votre interlocuteur est passif.

Résultat : dans tous les cas, vous dépensez plus d'énergie à justifier votre propre position qu'à connaître celle de l'autre.

L'interlocuteur est mis en situation d'acteur.

L'information vient en soutien de sa position.
Exemple : « Si je comprends bien votre position, cela confirme ou contredit les faits suivants. »

Avantage : lorsque vous mettez votre énergie dans l'échange (argumentation), vous êtes nourri de la vision de l'autre.

Risque : constater que votre vision ne « fait pas le poids » et que la communication s'instaure à votre défaveur.

Résultat : vous donnez à l'autre des preuves de votre intention de communiquer, et non uniquement de le convaincre.

Figure 4.1 : Deux approches de la communication

Pour communiquer, il faut faire la preuve que l'on s'intéresse à celui qui est en face, au risque, sinon, d'être concurrencé par des systèmes plus performants que les relations humaines. Aussi paradoxal que cela puisse paraître, **c'est l'importance accordée à autrui qui redevient le moteur de toute véritable tentative de communiquer.**

La communication demande donc d'avoir un réel souci de l'autre tout en restant en contact avec sa propre vision des choses, sa sensibilité, et de faire en sorte que les deux se rencontrent. C'est un exercice subtil dont nous allons essayer de repérer les mécanismes.

Sur quels fondements communique-t-on ?

1. Comment fonctionne la communication entre les personnes ?

Dans toute communication humaine, il y a une partie qui ressort de la technique, des moyens, et une partie qui ressort de la relation vivante entre les personnes et du désir qu'elles manifestent de se rencontrer. Même si celles-ci ne se voient pas, lorsqu'elles communiquent par outil interposé, cette relation vivante intervient, crée le lien qui fera qu'il y aura ou non sentiment d'échange.

Il importe de garder présent à l'esprit ces deux niveaux, car c'est de leur conjonction que dépendra la qualité de la communication : communiquer n'a de sens que si l'on traite, dans le même temps, de **ce qui se dit et de ce qui se vit**, autrement dit **du contenu** – de quoi parle-t-on, sur quoi porte l'échange ? – **et du processus** – comment s'y prend-on pour échanger, quelles réactions cela provoque-t-il, comment les gérons-nous ?

C'est un véritable exercice d'équilibre, ou de composition, que de maintenir l'échange sur une ligne de crête où les deux aspects soient correctement traités (figure 4.2).

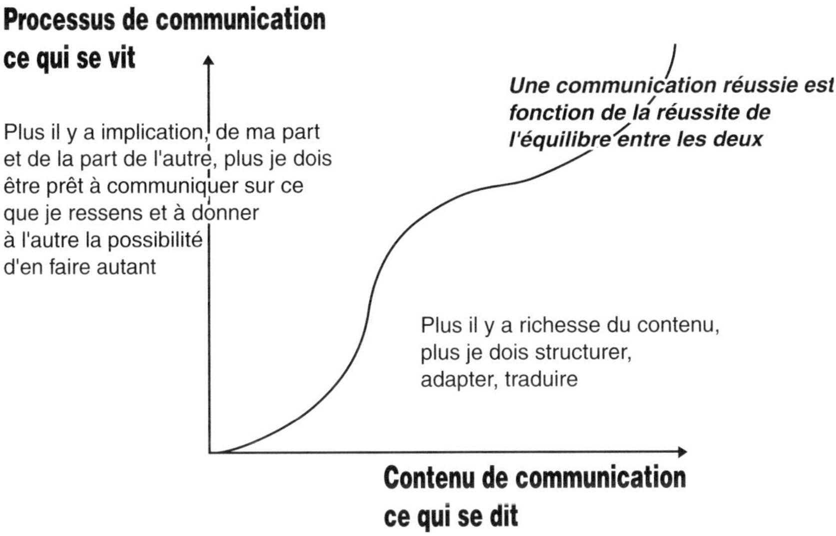

Figure 4.2 : Contenu et processus dans la communication

Cette double attention permanente portée au contenu et au processus permettra de gérer l'avancement de la communication et d'intervenir, le cas échéant, pour influencer utilement la relation. Un exemple des conséquences encourues par méconnaissance du processus est celui de l'échec scolaire. L'enfant, voyant les autres comprendre de quoi parle l'enseignant, mais ne le comprenant pas lui-même, et voyant que personne ne peut vraiment s'intéresser au « comment ça se passe pour lui », se retrouve vite distancé et, comme un coureur lâché, il abandonne.

Qu'il rencontre sur son chemin quelqu'un qui l'aide à comprendre comment dysfonctionne son processus d'apprentissage sans le juger, et la situation pourra se modifier. Les théoriciens de la pédagogie proposent de nombreux exemples de ce type de communication au cours desquels ce n'est pas la matière traitée qui pose problème mais bien la façon dont l'enfant entre en relation avec elle.

2. Qu'entend-on par contenu ?

Le contenu recouvre ce qui se dit, ce qui est identifiable, pour chacun des interlocuteurs, par l'intelligibilité du vocabulaire, des arguments, des exemples. Il recouvre aussi des signaux non verbaux grâce auxquels nous faisons passer nos messages. Ceux-ci, à travers les gestes, mimiques, intonations, postures expriment nos intentions véritables. Beaucoup de gens qui se forment à la communication souhaiteraient avoir des recettes pour maîtriser cette partie intime de la communication, et c'est chose difficile de leur montrer que le meilleur moyen d'y parvenir, c'est d'être le plus en accord possible avec ce que l'on cherche à faire passer ou à obtenir dans la relation.

Comme le disent les théoriciens de l'école de Palo Alto, **tout est communication.** En effet, quoi que nous fassions, le fait d'être en relation – verbale ou non verbale – avec quelqu'un, communique, y compris à notre insu, un grand nombre de messages que l'autre perçoit, avec sa sensibilité et son intelligence.

Nous avons deux cerveaux qui fonctionnent en permanence, dont un, le droit, perçoit le réel de façon analogique, c'est à dire intuitive et globale. Aussi, lorsque le verbal et le non verbal de nos interlocuteurs sont discordants, il réagit plus ou moins fortement et nous avertit que "ça ne colle pas".

La qualité première du contenu repose sur l'adéquation entre ce qui est exprimé et ce qui est perçu. Ce qui se passe souvent, c'est que l'émetteur propose au récepteur non seulement ses mots à lui mais aussi un mode de raisonnement avec lequel il se sent à l'aise. Or, toute la question de la communication commence quand il parvient à se poser la question suivante : « **Ma façon de dire les choses**, mais aussi **ma façon d'être sont-elles adaptées à celui, ceux qui sont en face de moi ? ».**

Pour cela, l'émetteur doit avoir une vision claire de ce qu'il veut dire et de l'usage que son interlocuteur peut en faire. Par ailleurs, il doit envisager la façon dont il va aider le récepteur à devenir émetteur à son tour. Ainsi, des contrôleurs de gestion chargés de former des non-experts à cette discipline ont-ils choisi de traduire tous leurs concepts théoriques comme s'ils s'adressaient à un public d'enfants de 10 ans, ce qui les a obligés à employer des termes, trouver des exemples, créer des exercices adaptés et à faire preuve de créativité. Or, ils se sont aperçus, en s'adressant à leur public réel, que non seulement leur communication était parfaitement adaptée à celui-ci mais que les participants éprouvaient du goût pour une matière réputée peu attrayante.

Rendre le récepteur acteur, solliciter de sa part un feed-back et lui en donner à son tour est la meilleur façon à vérifier qu'il est entré dans la communication proposée, mais aussi qu'il peut, à son tour, devenir émetteur. Dans ce **mouvement « en boucle »** commence à se mettre en place ce qui va faire la richesse de l'échange.

Méfions-nous de la simplicité apparente de ce schéma établi par Wiener (1) en 1949. Il faut comprendre en effet qu'à partir du moment ou le récepteur renvoie du feed-back, il devient émetteur à son tour, ce qui oblige l'émetteur à devenir récepteur, et ceci autant de fois que la boucle sera bouclée.

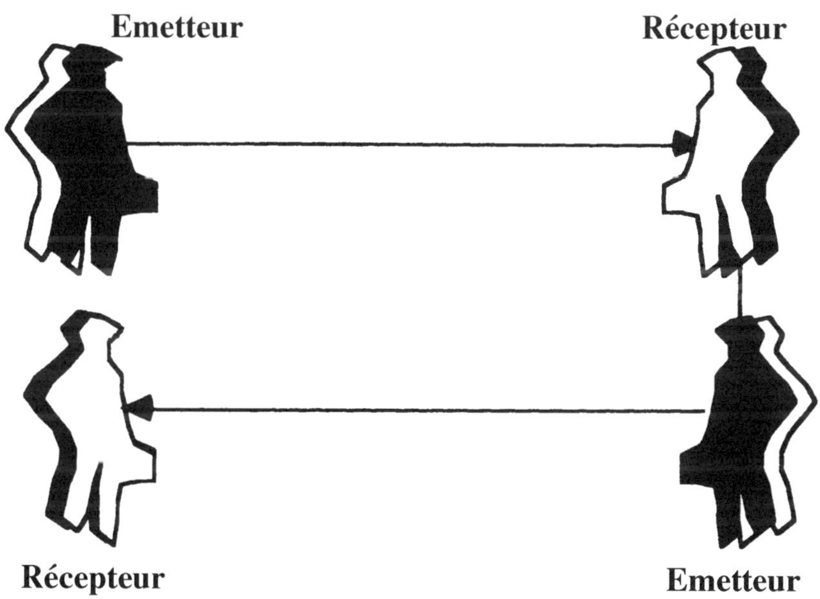

Figure 4.3 : Le changement de position dans la communication

Pour que ce changement de posture soit possible, il est indispensable que chacun des protagonistes prenne en compte **trois éléments fondamentaux de toute communication.**

– Le premier est **l'alternance de la position d'émetteur et de récepteur**, et la prise en compte de la souplesse qu'elle requiert. Il ne suffit pas de faire l'exercice une fois pour instaurer la relation, il faut pouvoir le reproduire jusqu'à ce que l'interaction soit profitable aux deux parties.

– Le second est la capacité à **communiquer sur différents canaux** selon ses interlocuteurs. En effet, on ne peut échanger efficacement que si le canal sur lequel passent les messages prend en compte la sensibilité de ses interlocuteurs. Beaucoup de messages ne « passent pas » non parce qu'ils n'ont pas de valeur, mais parce que le canal sur lequel ils sont envoyés n'est pas le bon. Nous verrons dans l'analyse des processus comment se repérer sur ce point.

– Le troisième est la **capacité d'empathie** dont tout communicateur doit faire preuve pour parvenir à développer ses qualités de récepteur. L'empathie est une capacité relationnelle qui consiste à se centrer sur l'autre, à tenter de ressentir le réel comme il le ressent sans pour autant perdre sa propre vision des choses. Exercice particulièrement délicat puisqu'il consiste à privilégier le contact avec l'autre tout en restant centré sur soi au moment de faire valoir ses positions et arguments.

Ainsi, lorsque nous sommes « entraînés » à communiquer de façon efficace, pouvons-nous non seulement mettre le moteur de l'interaction en route, mais lui donner une puissance suffisante pour que l'alternance des émissions et réceptions successives soient créatrices de valeur. Nous verrons ultérieurement comment les techniques dites de l'écoute active sont les moyens privilégiés de cette mise en mouvement.

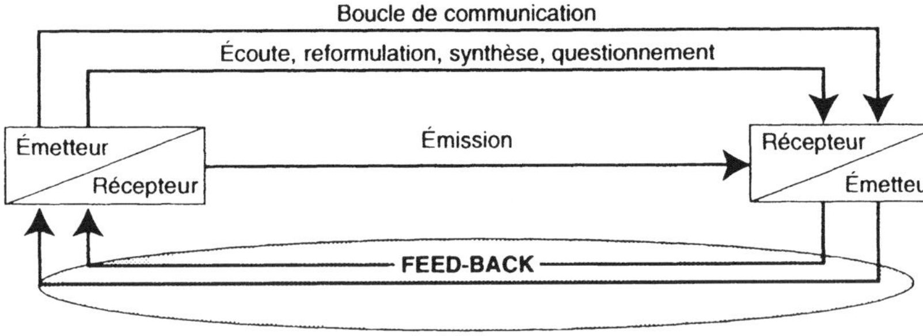

Figure 4.4 : Le bouclage du circuit de la communication

Petit aide-mémoire pour enrichir le contenu de nos communications

Préparer ses messages en les structurant sur le fond, sur la forme...

- sur quoi portera la communication ?
- l'information dont nous disposons est-elle suffisamment factuelle, actualisée, ou risquons-nous d'entrer dans un débat improvisé ?
- la forme utilisée, les supports, les mots, sont-ils accessibles à mon interlocuteur, mon auditoire ?
- vais-je lui donner envie de rester, envie de partir, selon ma façon d'aborder le sujet ?

Être autant attentif à vos interlocuteurs qu'au message que vous voulez faire passer, et vous assurer :

- qu'ils ont les moyens de les décoder ;
- qu'ils ont les moyens de vous donner un feed-back.

Donner la parole à l'autre le plus tôt possible pour écouter :

- ce qu'il a compris, intégré, retenu ;
- les réactions que cela provoque chez lui, ses besoins de clarification.

Être prêt à intégrer ces réactions, à les solliciter :

- les faire passer de l'implicite à l'explicite par des reformulations, des synthèses.

Penser pédagogie :

- traduire systématiquement le contenu dans la langue de l'autre ;
- simplifier, clarifier son propos sans l'édulcorer ni infantiliser son interlocuteur.

Raisonner en objectif, en résultat à atteindre plutôt qu'en arguments à faire passer :

- quel résultat serions-nous satisfaits d'avoir atteint, vu du point de vue de notre interlocuteur, vu du nôtre ?
- s'il y a écart, différence, opposition, avons-nous les moyens d'agir dessus sans nous enfermer dans une dynamique arguments-contre-arguments ?

Surveiller tous les signes de piétinement de vos communications (redondances, justifications, répétitions) :

- veiller à ne pas passer d'une communication complémentaire à une communication symétrique (à moins que ce ne soit le but) et le cas échéant, arrêter.
- prévoir des mesures correctives (ajournement, recentrage, etc.).

3. Qu'entend-on par processus ?

Sous l'angle du processus, la communication est la mise en mouvement de **sensibilités, d'énergies qui en constituent en quelque sorte la partie souterraine**, constamment à l'œuvre dans nos échanges. Ce mouvement alimente en permanence ce que l'on appelle notre système de représentation de la réalité, ce que les théoriciens de l'école de Palo Alto, appellent boîte noire. Cette analogie avec l'appareil contenant l'ensemble des informations indispensables pour comprendre un événement exceptionnel survenu à une machine est intéressante dans la mesure où elle permet de considérer que ce qui s'y passe est en permanence caché, et que nous n'y avons accès que lors de circonstances exceptionnelles.

Pour ce qui concerne l'être humain, on peut dire que notre boîte noire contient tout ce que nous sommes, à la fois dans notre dimension d'individu mais aussi dans notre lien avec la collectivité.

L'intérêt de ce concept est que toute relation de communication, à partir du moment où elle est porteuse d'enjeux ressentis comme importants pour les protagonistes, va mettre en mouvement tout ou partie de notre boîte noire, et que celle-ci va, selon les cas, intégrer ou rejeter les éléments nouveaux qui lui sont proposés.

Ces systèmes de représentation que nous construisons tout au long de notre vie sont comme un ensemble de cartes qui nous permettent de « lire le réel », de s'y repérer, de s'orienter pour agir, de lui donner du sens. Comme le rappellent ces mêmes théoriciens, **il ne faut pas confondre la carte et le territoire**. C'est de notre capacité à approfondir en permanence nos cartes que dépend notre capacité à comprendre le réel, et de notre capacité à communiquer que dépend notre capacité à le comprendre et à lui donner un sens.

Que contiennent nos systèmes de représentations ? Si l'on prolonge l'analogie précédente, on peut dire qu'ils contiennent des kilomètres de "bobines d'expériences", enregistrées de notre naissance à notre mort. Celles ci représentent notre patrimoine d'expérience, que nous choisissons de développer, de laisser en friche, d'abandonner selon les circonstances et les motivations qui nous animent.

Qu'y a-t-il sur ces bobines ? L'ensemble de nos expériences individuelles, psychologiques, psycho-sociales, vécues tant dans l'expérience individuelle que collective. Parmi ces expériences, nous sélectionnons celles qui nous nourrissent et nous promeuvent, le plus souvent inconsciemment et celles qui nous freinent et nous empêchent d'atteindre nos buts. Chacun de nous met en mémoire et en perspective ses propres images, ses héros, ses mythes individuels et collectifs, dont il est tour à tour le sujet et le héros, le centre, un personnage ou le spectateur et construit sa réalité comme un monteur monterait en quelque sorte son film, pour le rendre le plus cohérent possible.

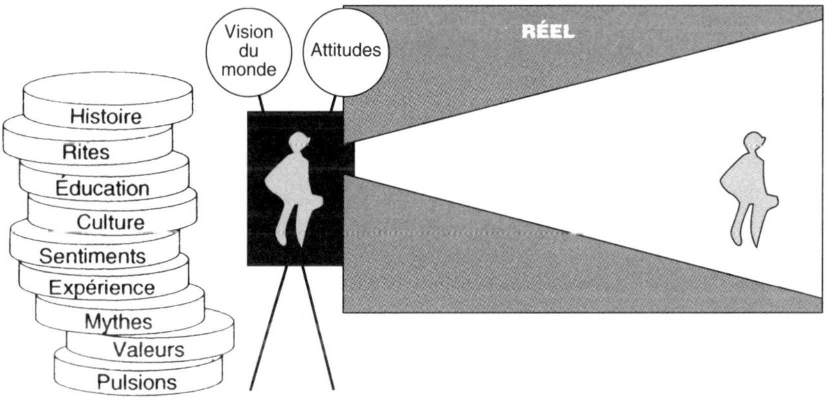

Figure 4.5 : Notre système de représentation

Quelles conséquences l'existence de ces systèmes de représentation a-t-elle sur nos communications ?

Elle implique d'abord la nécessité de prendre en compte le fait que **toute communication véritable entraîne une modification, si minime soit-elle, des systèmes de représentation** en présence. Autrement dit, tout se passe comme si l'enjeu de la communication était de faire entrer ou non une « nouvelle scène » que nous allons ou non décider d'intégrer au montage déjà réalisé. « Vu sous cet angle », on comprend pourquoi les situations de communication réussies sont relativement rares, dans la mesure où le processus mis en place modifie plus ou moins profondément et durablement un édifice construit de longue date.

Ainsi, par exemple, dans les problématiques de changement liés à des mutations professionnelles ou à des réorganisations, voit-on des personnes dans l'obligation de quitter des repères – expertise technique, savoir-faire managériaux par exemple – pour en construire de nouveaux sans avoir matériellement le temps de se préparer à passer d'un système à un autre. Pour certaines, le processus est inscrit dans leur « programme » d'évolution professionnelle. Pour d'autres il n'est inscrit nulle part. Pour toutes, c'est le processus qui mène de la situation de départ à la situation d'arrivée qui seul compte dans la mesure où c'est lui qui permettra de faire cadrer à nouveau la carte et le territoire. On peut faire l'hypothèse que la vogue actuelle du coaching, si elle s'inscrit dans l'histoire des organisations, tient pour l'essentiel à cette possibilité, cette tentative pourrait-on dire, de faire correspondre le cadre extérieur et le cadre intérieur de la personne en situation de changement professionnel.

Toute obligation qui nous est faite de changer notre vision du monde déclenche des mécanismes de défense qui visent à protéger notre intégrité. En même temps, nous savons qu'il y a des intérêts à changer, que la vie est mouvement et qu'il peut être dangereux, même si cela rassure, de rester immobile. D'où l'importance d'être attentif à ce qui se vit pour les acteurs dans une situation de communication. **Les processus de communication sont faits de ce point de vue autant, sinon plus, d'émotions, de sentiments que de raisonnements.** Communiquer est affaire de sensibilité à l'autre et la difficulté majeure de l'exercice consiste probablement à prendre en considération cette partie immergée de l'iceberg que constitue le processus relationnel.

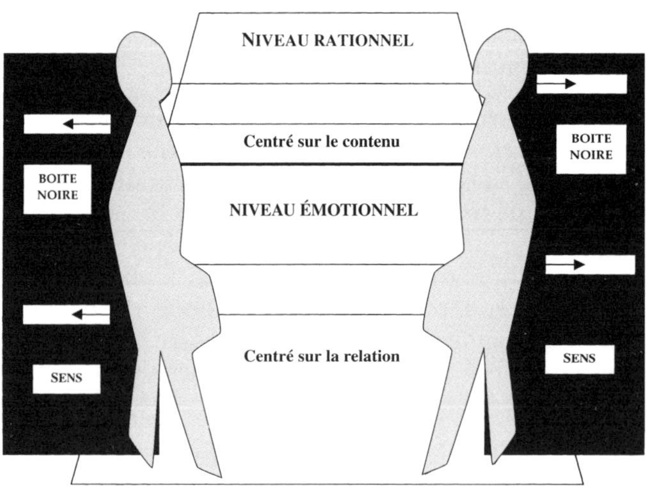

Figure 4.6 : Les deux plans de la communication

On ne rappellera jamais assez que **l'élément émotionnel, derrière une apparente rationalité, est au centre de pratiquement tous les échanges au sein des organisations.**

Tant que ce facteur émotionnel n'est pas intégré, au même titre que la partie rationnelle, dans les communications entre les personnes et les groupes, les managers et leurs entreprises investiront un temps et une énergie considérables à croire qu'ils communiquent tout en provoquant, sans en avoir conscience, des réactions affectives massives d'incompréhension ou de défiance qui accélèreront, contre toute rationalité, les phénomènes de communication souterraine, incontrôlables, qu'on les appelle rumeurs ou "radio moquette". Tant qu'on n'intégrera pas ce qui se vit dans ce qui se dit et réciproquement, la communication restera un art mineur, une technique basée sur des savoir-faire, y compris au plan relationnel.

La notion de canal de communication telle qu'elle a été explicitée par T. Kahler et reprise par Gérard Collignon dans son livre « Comment leur dire » (2) illustre parfaitement la complémentarité contenu/ processus. Si l'on se réfère à la typologie qu'il propose, il distingue quatre canaux couramment utilisés pour faire passer des messages :

- *Le canal directif/semi-directif,* qui consiste à proposer à son interlocuteur des choix fermés, et qui s'apparente à un ordre. Ce canal, dénué de toute pression affective, est très efficace face à des interlocuteurs demandeurs d'un cadrage ou d'une réponse factuelle. L'interaction "type" sur ce canal pourrait être illustrée *"voilà ce que je vous propose ».*
- *Le canal informatif/interrogatif* comme son nom l'indique, s'appuie sur une dialectique, un échange d'informations qui permettent aux deux parties de progresser ensemble. Particulièrement adapté dans les situations où l'échange est créateur de valeur, il ne permet pas pour autant de régler toutes les situations de communication, notamment dans le cas où l'interlocuteur est d'abord en attente de cadrage. L'interaction « type » est ici *« qu'en pensez-vous, interrogeons-nous ensemble ».*
- *Le canal nourricier* vise à créer d'abord la relation tout en entrant dans le contenu de celle-ci. Il se manifeste par des signes verbaux et non verbaux qui privilégient la qualité de l'écoute, la prise en compte de la personne. L'interaction « type » serait ici *« faisons connaissance et voyons comment nous pouvons avoir un échange fructueux ».*

– *Le canal émotif* vise à créer un contact basé sur une proximité émotionnelle, voire une complicité forte. Dans les canaux précédents, la distance entre interlocuteurs est plus importante. Ici, sans être abolie, elle est moins marquée. Certains appellent ce canal "complice", car comme son nom l'indique, de la qualité du contact dépend en grande partie celle de l'échange. L'interaction « type » pourrait être dans ce cas *« assez parlé, que faisons-nous ? »*.

Comme on le remarque, deux de ces canaux sont à dominante « contenu », les deux autres à dominante « relation ». Lorsqu'on observe des personnes en situation professionnelle, on repère assez vite si le ou les canaux utilisés entre émetteurs et récepteurs sont en correspondance. Même si le passage d'un message sur d'autres canaux que ceux qu'on utilise d'habitude n'est pas chose aisée, l'entraînement à changer de canal dans certains cas n'est pas une contrainte insurmontable pour la majorité des personnes. Passer du canal informatif au canal directif par exemple peut se faire par l'introduction d'informations factuelles, non discutables, telles que chiffres, exemples concrets, échéances au cours de la discussion. Passer sur le canal nourricier peut se faire en prenant soin de préserver l'intimité et la confidentialité de certains entretiens, en commençant par écouter son interlocuteur sans l'interrompre. Quant au canal émotionnel, il peut être utilement exploré en abordant une situation de façon non prévisible, que ce soit dans la forme (le cadre de travail, le lieu, les rituels) ou dans le fond (ordre du jour, temps de parole, priorités traitées...) de façon à sortir des sentiers battus.

QUELQUES RECOMMANDATIONS POUR AMÉLIORER LES PROCESSUS DE COMMUNICATION

Prendre le temps, même si cela dérange le planning établi, de **clarifier ce qui**, vu de votre point de vue, **freine ou bloque la communication.**

S'entraîner à nommer et à faire s'exprimer des émotions (joie, colère, tristesse) de façon à ne pas attendre d'être submergé pour en tenir compte.

Parler en son nom, inviter son interlocuteur à faire de même. Une discussion qui commence par « voilà ma vision des choses, de la situation, j'aimerais connaître et comprendre la vôtre » a plus de chance de progresser qu'une discussion qui commence par « ... la réalité, c'est que... ».

S'entraîner, en toutes circonstances, à **communiquer en dépassant le stade du passe-temps**, autrement dit de l'échange « lisse » dans lequel chacun ressort en n'ayant rien donné ni reçu qu'il ne sache déjà. SI cela s'avère impossible, analyser à froid la situation pour essayer de comprendre ce qui se joue et empêche d'aller plus loin.

Donner à ses interlocuteurs l'habitude de **« mises au point » sur la façon dont chacun vit l'échange**, de clarification sur les différences et les similitudes dans le registre des émotions.

S'entraîner, avec des personnes neutres en qui vous avez confiance, à **identifier les forces et faiblesses de votre style de communication**, dans un contexte précis (prise de parole, préparation d'entretien). Cela permettra d'identifier les émotions que déclenche en vous ce type de retour (colère, soulagement, envie de changer ou non).

Évaluer, rétrospectivement, **en quoi votre vision du monde, votre système de représentation ressortent ou non modifiés** d'une action de communication. Se poser la même question pour ce qui concerne ses interlocuteurs.

QUELS REPÈRES POUR COMMUNIQUER PLUS EFFICACEMENT ?

1. Il n'y a pas de communication sans objectif

En situation de management, la communication vise quatre grandes familles d'objectifs.

- Faire passer et recueillir des informations
- Gérer des points de vues divergents, voire opposés

– Résoudre des problèmes, chercher des solutions innovantes
– Prendre des décisions en impliquant différents points de vues.

Chacun de ces objectifs requiert des stratégies différenciées, un dosage de l'énergie plus ou moins centré sur les contenus ou sur les processus. Plus l'enjeu du contenu est important, plus il importe de disposer d'une information de qualité. Plus l'enjeu processus est important, plus il importe d'anticiper les attitudes et comportements de ses interlocuteurs

Lorsque la communication dysfonctionne, c'est souvent parce que l'une de ces dimensions a été sous-évaluée, ou que la priorité entre les deux a été inversée. Un moyen simple de s'en rendre compte, c'est de voir si la communication s'instaure sur ce que l'on appelle **un mode symétrique ou complémentaire.**

Selon la théorie de la communication interactionnelle, une communication symétrique s'instaure dès lors que l'échange se cantonne à une suite d'interactions dans lesquelles chaque position se renforce sans prendre en compte celle de l'autre. Au contraire, le processus est appelé complémentaire dès lors que les deux positions commencent à s'influencer l'une l'autre.

Observer le passage d'une relation symétrique à une relation complémentaire dans un entretien par exemple, va se traduire concrètement par le sentiment que les interlocuteurs reviennent ou non à leurs positions respectives. Nombre d'échanges, apparemment très animés, ne sont au fond que des communications symétriques qui s'ignorent. Chacun des protagonistes profitant de la situation pour renforcer son cadre de référence et n'envisageant pas de le modifier, ne fût-ce qu'à la marge.

Lorsque la communication est complémentaire, il y a un moment où l'on sent que les positions se modifient, pour soi comme pour autrui, et où l'on sent que l'interaction a un effet tangible sur les positions affichées.

2. Il n'y a pas de communication sans métacommunication

La métacommunication est un ensemble de savoir-faire qui permettent de communiquer sur la façon dont on communique. Concept issu des théories de l'école de Palo Alto (3), cette technique permet d'une part **d'observer la communication** dont on n'est pas directement acteur avec un **regard distancié** et d'autre part de reprendre un certain recul lorsqu'on est soi même en situation. La métacommunication peut par exemple permettre de discerner, dans un échange, les incohérences entre la forme et le fond, entre ce qui est dit et ce qui est de l'ordre du ressenti. Métacommuniquer reviendra alors à **interrompre le cours normal de la communication et à proposer une analyse du processus engagé**, soit pour le renforcer soit pour le remettre en question. Nombre d'hommes politiques utilisent cette technique pour reprendre l'initiative de débats dans lesquels ils sont mis en situation difficile en métacommuniquant sur la technique utilisée par leur adversaire pour tenter de les déstabiliser.

La métacommunication, en ce qu'elle permet d'éclairer les processus et de sortir du contenu, consiste à faire régulièrement un « **pas de côté** » et à vérifier que la communication progresse ou non vers l'objectif qu'on s'est fixé. Ce pas de côté ne peut être fait correctement que si on y est entraîné. À priori, il peut être ressenti comme artificiel, tout occupé qu'on est à avancer dans les arguments et contre-arguments au cours d'un échange. Et pourtant, ne pas pouvoir reprendre cette distance revient à prendre un risque beaucoup plus important par méconnaissance de la partie souterraine de la communication évoquée plus haut.

Dans l'animation de groupe, la fonction de métacommunication est très importante et peut être confiée à un membre du groupe de façon tournante. La mission confiée consiste à ce que la personne, tout en participant aux échanges, reste attentive aux processus en cours, et soit autorisée à proposer, quand elle l'estime utile, un temps de prise de recul et de recadrage sur la façon dont fonctionne le groupe. Dans des contextes où les sujets traités sont générateurs d'émotions collectives fortes (découragement, apathie, agressivité..), cette pratique peut faire gagner un temps considérable au groupe et lui permettre de se recentrer utilement sur son objectif.

Retenons de ce concept que métacommuniquer est un entraînement qui consiste à « nettoyer » régulièrement le circuit de la communication, de façon à enlever certains parasites qui peuvent avoir un contre-effet important s'ils ne sont pas détectés assez tôt.

3. Il n'y a pas de communication sans partage des représentations

Nous avons vu précédemment que chacun communique à partir de son cadre de référence et que celui-ci constitue en quelque sorte l'ensemble des cartes que nous utilisons pour décrire le réel.

Si beaucoup de communications échouent, c'est par méconnaissance du système de représentation de l'autre et des logiques qui le sous-tendent, mais aussi par la difficulté que représente le partage de ces représentations. Un exemple intéressant est donné par cette anecdote sur l'échec scolaire en mathématiques d'un enfant qui affirmait que le double d'un nombre était le nombre immédiatement supérieur. Comment comprendre le cadre de référence d'un enfant qui affirme en toute bonne foi que 6 est le double de 5 ou 12 le double de 11 quand à l'évidence, la « carte » qu'il utilise est fausse. Et si, peut-on se demander, elle était « vraie » pour lui, au point qu'elle pouvait être mathématiquement démontrable ? Tel est le problème auquel s'est confrontée la personne en charge de l'aider, jusqu'à comprendre, par le jeu du questionnement, que l'enfant avait assimilé double et doubler. Puisque doubler une voiture par exemple, c'est passer devant, il en avait conclu que le double d'un nombre, c'était le nombre suivant.. Tant qu'il n'y a pas partage des représentations, la communication ne peut fonctionner.

Partager des représentations, ce n'est pas seulement comprendre comment fonctionne l'autre, c'est aussi apprendre à **relativiser son propre cadre**, exercice particulièrement difficile dès lors qu'on sait que ce qui est en jeu relève de la boîte noire de chacun. Exercice pourtant nécessaire si l'on veut franchir avec succès les 6 étapes décrites dans le schéma suivant et dont l'expérience montre qu'on ne peut en faire, quels que soient le contexte et la situation, l'économie. Si l'on admet que toute communication repose sur l'assimilation par les protagonistes des systèmes de représentation en présence, on peut ramener chacune de ces étapes aux questions suivantes :

1. Suis-je prêt à remettre en question tout ou partie de mon système de représentation ?
2. Suis-je prêt à renoncer à ce qu'autrui ait le même système que moi ?
3. Suis-je prêt à admettre que la logique d'autrui est vraie pour lui même si elle est fausse pour moi ?
4. Suis-je prêt à prendre le risque de lui dire ce qui est vrai pour moi ?

5. Suis-je prêt à prendre le risque de faire se rencontrer nos modes de pensée ?
6. Suis-je prêt à prendre le risque de construire avec lui une nouvelle représentation ?

Négliger une de ces questions, c'est prendre le risque d'instaurer une communication symétrique. Métacommuniquer est une bonne manière d'analyser en cours ou a posteriori la ou les étapes qui ont été négligées et y revenir, le cas échéant, pour s'apercevoir que celles qui sont en général négligées sont celles qui impliquent une remise en cause de son propre cadre de référence.

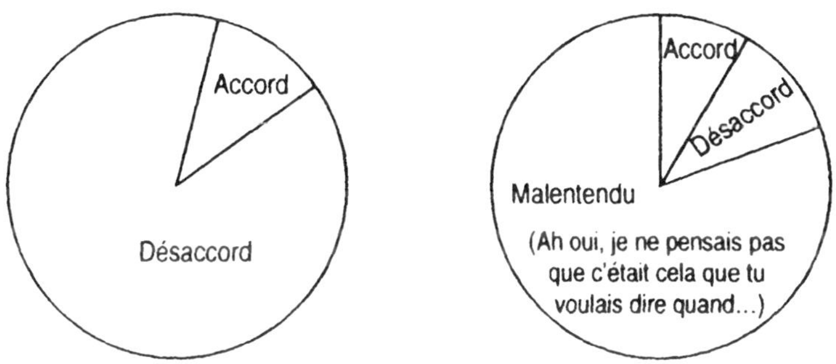

Figure 4.7 : Extrait de V. Lenhardt (4)
Les responsables porteurs de sens

4. Il n'y a pas de communication sans écoute active

Parmi les techniques de l'écoute active figure en premier lieu **le questionnement,** qui outre les spécificités des différentes familles de questions (cf. ci-dessous) est d'abord un art dans la mesure où il permet d'envoyer un double message. **Poser la bonne question au bon moment,** c'est manifester non seulement un savoir-faire précieux pour **rendre l'autre émetteur**, mais c'est également **reconnaître l'autre en se centrant sur lui.** Donner la qualité du questionnement est un élément-clé du passage du symétrique au complémentaire évoqué plus haut. Si on observe les qualités intrinsèques mises en avant par des journalistes de radio lors d'interviews, on perçoit vite les différences entre journalistes qui posent des questions pour obtenir de l'information et des journalistes qui utilisent le questionnement comme un moyen d'interaction. En ce qui concerne la technique du questionnement, rappelons pour mémoire que :

– Les questions ouvertes permettent d'obtenir des informations développées, mais en revanche peuvent avoir un contre-effet de dispersion du sujet.
– Les questions fermées permettent d'obtenir des informations précises mais peuvent être ressenties comme limitatives.
– Les questions influencées permettent d'obtenir une prise de position mais peuvent être ressenties comme intrusives.
– Les questions alternatives permettent de forcer le choix mais peuvent être perçues comme manipulatoires.

Il est à noter que les questions influencées ou alternatives ne sont pas de bons outils pour l'écoute. Elles le sont en revanche pour l'argumentation

Le **silence** est une autre technique d'écoute qu'il est important de cultiver pour accroître la qualité de la communication. Ressource rare s'il en est puisqu'il suppose de prendre le temps de s'arrêter d'agir pour se mettre en position, même quelques instants, de recul.

La grande force de la gestion du silence, technique que les négociateurs connaissent bien, c'est qu'il est en général le signal d'une séquence de l'interaction qui s'achève et l'annonce d'une autre qui commence.

Le silence se traduit par des pauses dans les questions, dans les réponses, et plus profondément par une attention portée sur autrui. Il signe une prise en compte de la relation non verbale et dès lors qu'il est utilisé comme une ressource et non comme une contrainte, il devient un langage à part entière.

La **reformulation** (5) est une technique très pertinente pour ponctuer la communication et permet non seulement de s'assurer de la bonne compréhension du discours de l'autre mais aussi de se centrer sur ce qui se passe dans la relation. Reformuler, que ce soit sous forme d'un résumé ou d'une synthèse, c'est prendre le risque de s'entendre dire, non vous ne m'avez pas compris ou bien vous ne m'avez pas tout à fait compris. Dès lors que la reformulation est utilisée à bon escient, elle signe la relation et crée le lien entre les protagonistes. Les commerciaux connaissent bien cette technique utilisée notamment pour contrer les objections et reprendre l'initiative dans l'acte de vente tout en montrant qu'on a bien compris la logique de son interlocuteur.

La reformulation peut porter sur le contenu, mais elle peut porter également sur la relation. Dans ce cas, elle s'apparente à exprimer ce que l'on ressent à travers la relation qui s'établit, soit pour la renforcer, soit pour la modifier. On n'est plus alors dans le registre du compris, mais dans celui du ressenti. Cela revient par exemple à nommer la colère, la tristesse, la joie que l'on ressent chez l'autre ou chez soi et en nommant ces sentiments, à en faire un objet de dialogue au même titre que le discours.

La prise en compte **du langage non verbal** est une autre ressource de l'écoute active qu'il convient de mentionner ici. Même si cette technique demande une certaine pratique pour dépasser le cadre de l'interprétation des gestes, des mimiques et des postures, il est important de savoir qu'elle entre dans la communication pour une part très importante (jusqu'à 70 % du message). Mais que met-on derrière ce terme « non verbal » ?

Au-delà de la gestuelle, du regard, le non verbal recouvre tout ce qui entre dans la partie souterraine de la relation. Il relève des attitudes qui sous-tendent les comportements (attitudes plus ou moins ouvertes ou fermées), la qualité du climat relationnel instauré (chaleur, tension, confiance, défiance). C'est ce qui va faire que tel interlocuteur va nous mettre à l'aise ou non, nous donner envie ou pas d'entrer en relation avec lui qui caractérisera l'aspect non verbal de la relation. D'une façon générale, c'est ce qui va permettre d'évaluer, par l'intuition plus que par le raisonnement, qu'il y a adéquation entre les messages, les comportements et les attitudes des interlocuteurs en présence. Plus l'adéquation sera ressentie comme forte entre verbal et non verbal, entre ce qui est dit et la manière dont c'est dit, mais plus encore avec la façon d'être de celui qui le dit, plus le message prendra de la force. Ce sentiment d'adéquation entre ce qu'on l'on dit, ce que l'on est et ce que l'on fait s'appelle la **congruence.**

Dans une émission intitulée *« les hommes politiques et la télévision »,* Serge July montre comment un message hésitant, haché, de la part d'un homme politique qui commente sa défaite (en l'occurrence, il s'agissait de Michel Rocard, lors de la défaite de la gauche en 1979) peut être paradoxalement ressenti comme positif par le téléspectateur dès lors qu'il est perçu comme un message congruent, signe d'une émotion juste et, de ce fait, d'une sincérité.

5. Il n'y a pas de communication sans reconnaissance

Issue des théories de l'analyse transactionnelle, le concept de signe de reconnaissance est très riche pour mieux comprendre ce qui se joue dans les relations de communication. En effet, les signes de reconnaissance sont des signes matériels ou immatériels, verbaux ou non verbaux, par lesquels nous indiquons aux autres que nous prenons en compte leur dimension de sujet dans la relation.

Ces signes peuvent revêtir un sens positif ou négatif selon la manière (fond et forme) dont ils sont dispensés. Dans tous les cas, c'est la façon dont ils sont perçus qui en fait la valeur. Ainsi, un signe positif émis avec l'intention de flatter peut être perçu négativement, et un signe négatif émis avec l'intention de recadrer peut être perçu positivement.

Chacun de nous est dépendant, dans les relations sociales qu'il entretient, des signes de reconnaissance qu'il reçoit pour se maintenir en vie. Mais, selon les personnalités, le besoin de signes de reconnaissance est plus ou moins important. Pour tous en revanche, l'absence de signes de reconnaissance représente un risque de dévitalisation.

Même les moyens de communication à distance permettent d'échanger des signes de reconnaissance. Dans la façon de présenter un mail, la manière de prendre en compte la personne à qui on l'adresse, de lui donner une réponse argumentée, de lui signifier qu'on a compris son message, sont autant de signes que nous envoyons et qu'elle percevra, comme on dit, dans et entre les lignes.

Pour qu'un signe de reconnaissance prenne de la valeur, il faut qu'il soit ressenti par celui qui le reçoit comme spécifique, porteur de sens et, dans une certaine mesure, rare.

On peut distinguer **quatre types de signes de reconnaissance :**

– *le signe positif inconditionnel* vise à donner à la personne un feed-back global dans lequel elle est englobée. Le prototype de ce signe est le message d'amour.
– *le signe positif conditionnel* vise à donner un feed-back positif mais contextualisé. Il permet de faire passer des messages de félicitations, d'encouragement liés à des événements, une performance précis.
– *Le signe négatif conditionnel* est également contextualisé, et permet de faire passer des messages à caractère négatif sans pour autant remettre en question la personne entière
– *Le signe négatif inconditionnel* exclut ou rejette l'autre sans appel et

provoque une rupture de l'interaction qui peut être difficile ou impossible à combler.

Tout l'art de la gestion des signes de reconnaissance, c'est d'utiliser à bon escient les second et troisième. Ce que l'on rencontre fréquemment dans les situations de management, c'est la difficulté pour le manager de donner des signes positifs conditionnels, et d'éviter de donner des signes négatifs perçus comme inconditionnels parce que trop chargés d'émotions ou de stress.

Pour mémoire, cinq verbes d'action résument les conditions d'une bonne circulation des signes de reconnaissance :

– On ne peut communiquer sans **donner** des signes de reconnaissance. Positifs ou négatifs, conditionnels plus qu'inconditionnels, ce sont eux qui amorcent la relation et lui donnent sens par rapport à un strict échange d'informations.
– On ne peut communiquer sans **accepter** des signes de reconnaissance de la part d'autrui. C'est aussi une façon de le reconnaître que de lui signifier que les signes qu'il nous envoie ont une valeur pour soi.
– Communiquer, c'est aussi savoir **refuser** des signes de reconnaissance, dès lors que je considère qu'ils ne me sont pas destinés, où qu'ils ne sont pas justifiés. Refuser, c'est remettre le cas échéant une distance dans la relation lorsqu'on estime que celle-ci n'est plus la bonne.
– Communiquer, c'est également **demander** des signes de reconnaissance. Dans beaucoup de milieux pauvres en signes de reconnaissance, il est fréquent qu'on n'ose pas en demander de crainte de paraître déplacé. Or le silence qui s'installe par défaut (ou excès) de signes de reconnaissance ne peut quelquefois être rompu que par la prise de risque de demander à qui de droit ce qu'il pense de la façon dont on collabore avec lui par exemple.
– Enfin, communiquer, c'est savoir **se donner** des signes de reconnaissance, soit parce que ces signes ne peuvent venir que de soi-même (fierté, sentiment de dépassement) ou parce que la situation requiert une relative autonomie et qu'il est difficile d'y trouver des interlocuteurs pour se repérer.

6. Il n'y a pas de communication sans cadrage

La notion de cadrage renvoie à un concept important de la communication telle qu'elle a été théorisée par l'école de Palo Alto, à savoir la notion de **contexte.**

Toute communication est dépendante du contexte dans lequel elle se déroule. Cadrer la communication, c'est prendre l'initiative de la structurer en vue de mettre en adéquation l'objectif visé et le contexte dans lequel on le vise.

Prendre en compte le contexte, cela revient à intégrer les éléments de l'environnement qui nous paraissent importants à faire entrer dans la relation, et avoir conscience que cet environnement, en se modifiant, modifiera en retour toute la relation.

Lorsqu'on anime une réunion ou que l'on conduit un entretien en face-à-face, ce cadre, exposé sous forme de **principes de fonctionnement** par exemple, pourra se concrétiser utilement par les règles suivantes :

– **La confidentialité**, qui permet de garantir une frontière entre ce qui se dit, ce qui se vit dans le groupe ou entre les personnes et l'environnement constitué par l'ensemble des interlocuteurs avec lesquels le groupe est en interaction.
– **La non-remise en cause des personnes**, qui équivaut à une interdiction d'avoir recours à des signes de reconnaissance inconditionnels négatifs.
– La **double écoute**, qui permet de centrer non seulement la communication sur l'écoute mutuelle, mais de renvoyer chacun à la façon dont il se réapproprie cette écoute et s'en nourrit.
– Le **respect des horaires,** selon la façon dont il est présenté, peut être ressenti comme un élément de cadrage positif de la relation dans la mesure où il contribue à l'inscrire dans des repères valables pour l'ensemble des interlocuteurs.

Dans la conduite d'entretiens individuels, ces mêmes principes de cadrage peuvent être facilitants pour la communication. On retrouve ici une illustration de la règle des trois P, issue de l'analyse transactionnelle, à savoir que toute communication ne peut fonctionner que si elle s'inscrit dans un cadre pourvoyeur de **protection, de permission et de puissance.**

– Par *protections*, on entend les règles du jeu sans lesquelles la communication ne peut fonctionner. Pour que le processus engagé fonctionne, il importe non seulement que les règles soient claires mais qu'elles soient ressenties comme utiles et équitables par les différentes parties.

– Par *permissions*, on entend la qualité de l'écoute et de ses effets sur la relation. Plus je vais mettre l'autre en position d'émetteur, et plus je vais l'inclure dans la communication, plus je vais augmenter nos chances d'avancer ensemble. Donner des permissions, c'est s'inciter soi-même et inciter autrui à prendre des initiatives, à prendre une position pro-active dans la communication.

– Par *puissance*, on entend l'ensemble des éléments qui vont mettre en place la dynamique d'influence réciproque sans laquelle il n'y a pas de communication possible. Il n'y a pas de communication sans prise de risque, et plus les deux conditions précédentes seront réunies, plus celle-ci pourra être ressentie comme justifiée par les protagonistes, et plus l'échange pourra gagner en puissance, donc en intensité et en efficacité.

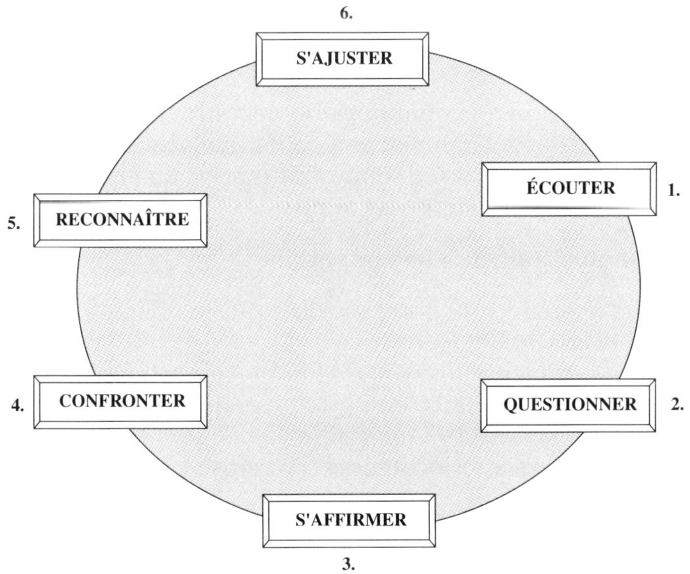

Figure 4.8 : Communiquer efficacement, c'est...

7. Il n'y a pas de communication sans risque de jeux

La notion de jeu psychologique est très utile pour comprendre ce qui se passe quand une communication dysfonctionne alors que tout semblerait, en apparence tout du moins, prouver le contraire. Eric Berne a théorisé la notion de jeu autour d'un concept, **le triangle dramatique,** dans lequel il distingue trois rôles structurels qui se mettent en place dans le cadre d'un jeu : la victime, le persécuteur et le sauveur.

Tout se passe, dans un jeu, comme si, quoiqu'on fasse, quelle que soit l'énergie apportée par les acteurs à modifier le cours des événements, on revenait toujours à cette dynamique dans laquelle les rôles sont tenus respectivement par l'un des protagonistes, pas toujours les mêmes.

Quand un jeu se met en place, on peut être pratiquement certain que toute l'énergie produite va être consommée par les échanges entre ces trois rôles et qu'aucun autre objectif ne pourra être atteint pendant ce temps.

On reconnaît un jeu au fait que :

- les rôles tournent
- l'aboutissement de la communication est prévisible
- qu'ils génèrent des sentiments négatifs (malaise, frustration)
- qu'ils amènent très vite la communication sur un terrain passionnel
- qu'ils sont consommateurs de temps.

Pour désamorcer un jeu, il est important de :

- comprendre quel est le point sensible qui m'oblige à endosser un des trois rôles
- apprendre à ramener l'échange à un niveau rationnel, en reprécisant les objectifs, les faits, en posant des questions
- en explicitant son propre malaise
- en confrontant ses interlocuteurs et en refusant de continuer à jouer
- en ayant de l'humour.

PETIT AIDE-MÉMOIRE
DES QUESTIONS UTILES À SE POSER POUR MIEUX COMMUNIQUER

Lors de mon dernier entretien, de ma dernière réunion :				
J'avais un objectif de communication	- -	-	+	+ +
J'ai été attentif aux signes de reconnaissance échangés entre mes interlocuteurs et moi	- -	-	+	+ +
J'ai été attentif aux signes non verbaux	- -	-	+	+ +
J'ai utilisé la métacommunication	- -	-	+	+ +
J'ai détecté les jeux	- -	-	+	+ +
J'ai utilisé le questionnement de façon appropriée	- -	-	+	+ +
J'ai recentré la communication	- -	-	+	+ +
J'ai géré les différences et les oppositions	- -	-	+	+ +
J'ai fixé le cadre de la communication	- -	-	+	+ +
J'ai fait des synthèses, des reformulations	- -	-	+	+ +
J'ai utilisé le silence	- -	-	+	+ +
J'ai pris en compte mes émotions	- -	-	+	+ +

Par rapport aux points faibles ci-dessus, quelles sont mes options d'amélioration ?

De quoi ai-je besoin pour les concrétiser ?

LA COMMUNICATION INTERNE, UN RÉSEAU ROUTIER À ENTRETENIR

Examinons maintenant la configuration des échanges tels qu'on peut les observer dans les organisations.

La communication interne peut s'apparenter à un réseau sur lequel sont dessinées, au fil des années, des voies de communication. D'un côté, il y a ceux qui décident d'ouvrir (ou de fermer) telle ou telle voie, et de l'autre ceux qui les empruntent. Décideurs et usagers sont les deux pôles de toute politique de communication. La stratégie adoptée par les premiers déterminera la carte des réseaux. La qualité ressentie par les seconds déterminera la vie des réseaux. En privilégiant tel ou tel type d'axe, à plus ou moins grande vitesse, les décideurs influeront de façon décisive sur le comportement des usagers. En empruntant tel axe plutôt que tel autre, ou en préférant sortir des réseaux officiels – c'est ainsi que naissent les rumeurs –, les usagers donneront corps, ou non, à cette politique.

Les architectes de nos communications ont-ils une vision globale de la carte qu'ils veulent dessiner ? Pourquoi privilégieront-ils telle ou telle politique de communication, pourquoi choisissent-ils tel support d'information, tel outil informatique, vidéo, tel type d'événement ? Les utilisateurs que nous sommes ont-ils une vision d'ensemble des différentes voies à leur disposition ? Avons-nous des espaces de liberté pour choisir les modes de communication qui nous conviennent le mieux dans nos entreprises ? Ou sommes-nous contraints, par une série de facteurs que nous maîtrisons mal, à utiliser toujours les mêmes moyens ? Le but de ce chapitre, c'est de nous permettre de décrire ce réseau dans lequel nous communiquons. Il s'agira non seulement de tenter de le représenter, mais également de décrire les moyens de transport y donnant accès, les règles et codes permettant de s'y sentir en sécurité, enfin les comportements à adopter pour en tirer le meilleur usage.

1. À quoi ressemble le réseau de communication d'une organisation ?

Même si cette typologie n'est pas exhaustive, nous distinguerons **trois types de voies de communication** les plus couramment proposées au sein des organisations, à savoir **les autoroutes et les grands axes, les nationales et les départementales**, enfin **les chemins de traverse**.

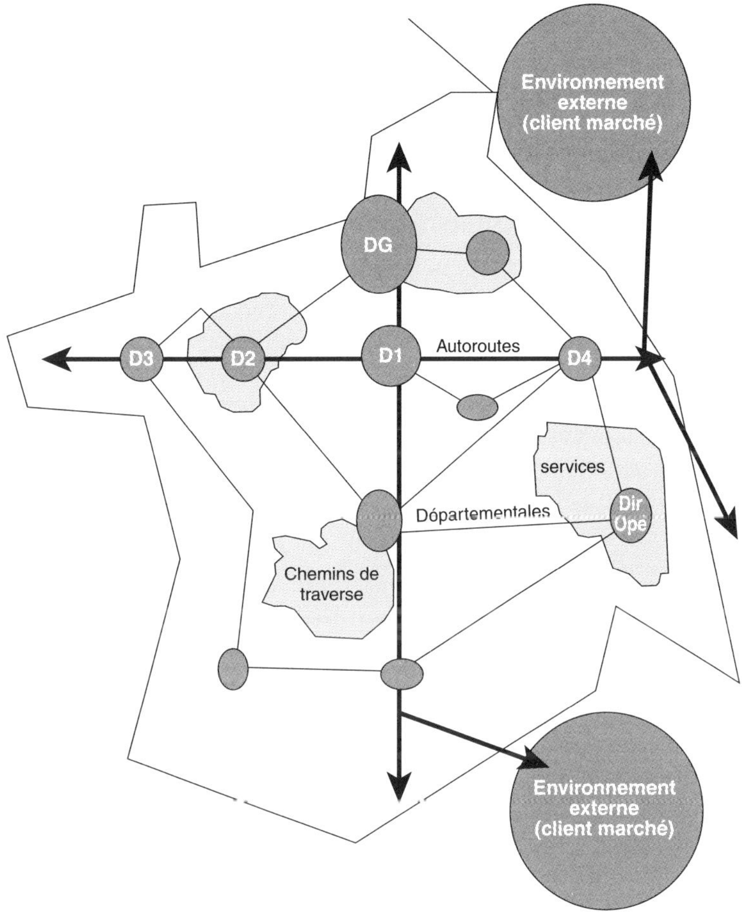

Figure 4.9 : La carte des communications d'une organisation

2. Qu'appelons-nous autoroutes ?

Ce sont toutes les **voies de communications à grande vitesse**, empruntant des axes conçus pour mettre en relation un maximum de personnes en un minimum de temps, sans qu'émetteurs et récepteurs ne se croisent. Ce sont en particulier les **communications institutionnelles** où des messages-clés (politiques, stratégies, changements organisationnels) doivent être communiqués à tout ou partie du personnel en même temps ou dans un laps de temps très court. Ce sont aussi toutes les voies permettant de transmettre, sans délais, une directive, un ordre, une nouvelle sans avoir à créer un échange immédiat entre des personnes.

L'efficacité des relations autoroutières dépendra, pour beaucoup, de la certitude, *a priori*, que l'émetteur aura d'être compris et entendu de sa cible. Leur faiblesse, en revanche, réside dans la difficulté d'obtenir un feed-back fiable, renvoyant l'émetteur au risque de monologuer, non de communiquer.

L'exemple le plus connu de communication autoroutière, c'est la télévision. Sa force est de construire des programmes faits pour une majorité de publics. Sa faiblesse est de disposer d'un feed-back réactif et statistique (audimat) qui a pour effet de développer une logique massive de l'offre, mais ne peut en revanche s'approcher du besoin individuel du téléspectateur. Cela donne tout son sens à la notion de politique audiovisuelle, car elle seule peut influer sur la qualité finale du produit, du service proposé et proposer à l'usager un style de communication qui le rendra spectateur plus ou moins actif ou passif.

C'est la même fonction que remplissent dans les entreprises ce que l'on appelle couramment les « grand-messes ». Elles ont pour fonction de s'assurer que tout le monde a reçu le même message au même moment, mais renvoient également les décideurs à la solitude de leur parole, faute de retour. C'est certainement la raison pour laquelle nombre de responsables d'entreprises aujourd'hui ont une attitude critique vis-à-vis de ce type de communication, exigeant souvent beaucoup de moyens, pour un résultat réel en matière d'information, mais aléatoire en matière de communication. Certains, soucieux de redonner droit de cité à une communication interne mettant le récepteur en position d'acteur, ont transformé ces événements en espace et en temps de parole où les salariés s'expriment et les décideurs écoutent.

3. Qu'appelons-nous nationales et départementales ?

Ce sont toutes **les communications qui vont amener les utilisateurs à se croiser**, éventuellement à s'arrêter pour se rencontrer. Leur caractéristique est que chaque acteur ou groupe d'acteurs va dans une direction particulière, mais qu'il est obligé, pour se déplacer, de tenir compte du mouvement des autres.

Ces communications supposent un travail d'échanges. Puisqu'elles concernent la vie opérationnelle, elles mettent en jeu des intérêts, des objectifs devant se réajuster en permanence. La puissance des moyens à disposition concerne moins la compétence des acteurs à se déplacer que leur talent à le faire en respectant la sécurité des autres. C'est donc bien sur les nationales que la notion de professionnalisme prend tout son sens. En effet l'échange, grâce aux outils tels que réunions, entretiens, mais aussi notes, procédures peut, selon la façon dont il est conduit, provoquer des embouteillages ou fluidifier la circulation.

Les routes nationales de la communication les plus empruntées dans les entreprises sont certainement **les réunions**. La conduite de réunions est un thème que l'on pourrait croire épuisé, tant il appartient aux classiques de la formation continue ; or il est frappant de constater son actualité dans les besoins en formation. En voici trois raisons :

- Malgré la multiplication des moyens d'information permettant de réduire la « consommation » de réunions, celles-ci sont un des derniers lieux « écologiques » de relation, où les personnes peuvent se parler, se confronter, entrer en contact.

- La raréfaction du temps consacré aux réunions exige de leurs participants qu'ils aient intégré les règles de base de la communication, et celles de la dynamique des groupes.

- L'exigence des utilisateurs s'accroît en matière de qualité des réunions, dans la mesure où cette voie de communication peut être remplacée avantageusement par d'autres moyens à partir du moment où elle n'apporte plus qu'un contenant, contre peu de contenu.

4. Qu'appelons-nous chemins de traverses ?

Ce sont toutes **les voies de communication interne conduisant les acteurs à se rencontrer**, à la fois dans leurs fonctions et leurs rôles, mais aussi en tant que personnes. Cela crée des échanges plus ou moins formalisés au cours desquels chacun sera amené à parler de lui, de ce qu'il fait mais aussi de la façon dont il le fait, et de la façon dont il ressent l'action des autres.

Le chemin de traverse le plus emprunté, depuis quelques années, est certainement l'entretien d'appréciation, ou entretien d'activité, ainsi que **le bilan professionnel**. On comprend d'autant mieux les espoirs et les résistances que ces chemins engendrent à la mesure de l'enjeu de communication qu'ils recouvrent. Pour la première fois dans la communication interne, personne et fonction s'expriment en même temps, dans un entretien qui vise à définir des objectifs et des moyens à l'échelle individuelle. Pour la première fois souvent, dans le bilan professionnel, il est question du désir de la personne concernée, de ses aspirations, talents et motivations profondes.

Nous assistons, ni les sceptiques ni les résistants ne s'y sont trompés, à la disparition de la frontière entre personne privée et personne sociale. Même si le cadre de l'entretien reste objectif et professionnel, la subjectivité de l'appréciant sur l'apprécié, leur relation affective, leurs zones d'alliance ou de conflit sont au cœur du processus. D'où l'alternative rencontrée là où ces entretiens sont mis en place : le simulacre ou l'expérimentation d'une expérience de communication interpersonnelle (cf. chapitre 7).

Entretenir le réseau de la communication interne, c'est d'abord, pour les responsables, **avoir une vision clairvoyante de la politique de transports** qu'ils souhaitent mettre en place.

- Est-ce que l'équilibre entre les trois réseaux correspond à la taille, mais surtout aux besoins de l'organisation ?
- Y-a-t-il un réseau sur-développé, au détriment d'un autre laissé à l'abandon, pourquoi ?
- Les utilisateurs de chaque réseau sont-ils en situation de communiquer, autrement dit d'agir, ou subissent-ils la communication qui leur est proposée ?

Si l'on pousse la comparaison à son terme, on peut affirmer que la politique retenue fera de l'utilisateur des voies de communication soit un **consommateur de contenus, soit un acteur de changement.**

Le réseau et ses caractéristiques

À chaque axe correspondent différents types de contenus (informations échangées) ainsi que différents types de processus (modes d'échanges). Emetteurs et récepteurs, pour avoir un maximum de chances de se rencontrer, doivent être attentifs à la façon dont sont utilisés chacun de ces axes. Il ne s'agit pas, dans une communication autoroutière, d'avoir la même relation au temps, par exemple, que lorsque nous empruntons des chemins de traverse. De la même façon, un décideur qui manie beaucoup d'informations qui lui parviennent et qu'il émet sur des axes à grande vitesse, peut se retrouver très déstabilisé lorsqu'il est en situation de face-à-face avec un de ses collaborateurs par exemple. Il se retrouve alors un peu comme celui dont l'habitude est de circuler en voiture, et qui se voit contraint de prendre le métro.

Nous avons besoin, pour **passer d'un mode de communication à d'autres, de sas de décompression.** Ces sas permettent à notre organisme de se préparer à un autre rythme ; à notre sensibilité de ne pas rester figée sur des schémas immuables de communication. Le but de la grille ci-après est de repérer ce qui, d'un axe à l'autre, demande de notre part une adaptation pour nous mettre en intelligence de situation, autrement dit agir en utilisant au mieux le réseau. La grille suivante vous permettra de faire un rapide auto-diagnostic de l'état de votre réseau, et d'en tirer des éléments de réflexion stratégique.

	AUTOROUTES ET GRANDS AXES	**DÉPARTEMENTALES**	**CHEMINS DE TRAVERSE**
NATURE DES INFORMATIONS	Les informations doivent parcourir une distance importante et traverser tout le territoire. Communication institutionnelle avec feed-back en bout de course. *Exemples : politique générale, projets de direction.*	Les informations sont plus centrées : – sur l'opérationnel, – sur les relations. *Exemples : projets de service, définitions de missions, fonctions..., plans de délégation, définitions d'objectifs.*	Les informations sont centrées sur les personnes plus que sur les fonctions. Elles sont très qualitatives. *Exemples : échanges d'idées, recherche créative, entretiens d'appréciation, bilans de compétences.*
QUANTITÉ D'INFORMATIONS	Les informations circulent et en grande quantité.	Les informations doivent être dosées. Elles demandent de prévoir un temps d'intégration.	C'est la qualité du problème posé et la relation entre celui qui le pose et son ou ses interlocuteurs qui priment.
RAPIDITÉ DE L'INFORMATION	Les informations arrivent sans obstacle à leurs destinataires. La communication circule sur une voie à la fois.	La rapidité n'est plus une finalité première. On prend plus le temps de communiquer dans les deux sens (expliquer, écouter).	La priorité, c'est de prendre le temps de la relation.
RÉSULTAT BÉNÉFICE VISÉ	Une communication qui donne du sens à l'action, qui atteint sa cible en temps réel.	Une communication qui est centrée autant sur des objectifs opérationnels que sur les relations qu'ils impliquent.	Une communication autant factuelle qu'émotionnelle (se voir, se parler, ressentir, être ému...).

OBSTACLES À ANTICIPER	Les bouchons (tout le monde communique en même temps sur tout). Les utilisations mal appropriées de l'autoroute (messages mal préparés, confus).	Le manque d'entretien du réseau (non professionnalisme des réunions, des entretiens). Les facteurs négatifs de l'environnement (contradictions entre objectifs et politiques, climat social détérioré...).	L'abandon ou l'absence d'entretien de ce réseau (jugé pas assez rentable par l'entreprise). Le simulacre relationnel (on descend juste de voiture mais on ne s'implique pas).
SIGNALISATION ET ÉQUIPEMENTS À PRÉVOIR	Mesures fréquentes sur la qualité de circulation de l'information et les comportements des usagers.	Des espaces/temps de communication où les points de vue se rencontrent. Des mesures de protection des personnes.	Des boussoles, des cartes d'état-major. Une pratique véritable de l'écoute active, de la relation interpersonnelle. Un professionnalisme de l'échange.

DIAGNOSTIC DE L'ÉTAT ACTUEL DU RÉSEAU SUR LEQUEL VOUS COMMUNIQUEZ						
	ÉTAT ACTUEL DE VOTRE RÉSEAU	– –	–	+	++	**Vos constats et conclusions**
AUTOROUTES	**Rapidité de circulation** **Qualité du retour** (feed-back) après réception des messages. **Capacité du réseau** (couverture du territoire sur lequel vous vous déplacez) **Moyens à disposition** (colloques, journaux, video...) **Modalités de contrôle.**					
NATIONALES	**Professionnalisme de l'animation des réunions.** **Professionnalisme des techniques de communication directe** (écoute, reformulation, questions, métacommunication...). **Professionnalisme des réunions** (règles, ordre du jour, respect des personnes, comptes rendus...). **Professionnalisme de la pédagogie interne au service** (fixation d'objectifs, délégation, etc.).					
TRAVERSES	**Écologie des échanges interpersonnels.** **Capacité à dire les choses.** **Capacité à entendre les choses** (y compris négatives). **Gestion des éléments non rationnels** (affectivité, émotions). **Capacité à développer une dynamique créative** (non critique, association libre d'idées).					

La communication interne, des moyens de transport à gérer

À chaque voie de communication correspondent des moyens mis à disposition des usagers qui doivent, pour être efficaces, leur donner envie de les utiliser. C'est de la responsabilité de l'entreprise de permettre à chacun d'en disposer, et surtout de savoir s'en servir.

1. Grands axes et autoroutes : sécurité et efficacité

Grands axes et autoroutes sont avant tout des voies privilégiées sur lesquelles **l'usager attend un confort, une sécurité et une efficacité** de la communication pour se déplacer sans perte de temps.

Il doit donc disposer de moyens spécifiques pour comprendre, analyser et réagir à une information à sens unique. Cela suppose de l'émetteur qu'il construise son message non seulement en fonction d'un contenu et d'une intention, mais aussi en fonction de la capacité de réception, réelle ou supposée, de l'interlocuteur.

L'art de la communication interne sur les grands axes est non seulement affaire de sélection des messages à faire passer et des moments choisis pour les faire passer mais aussi affaire de qualité du contact entre émetteur et récepteur.

C'est l'art du discours politique, écrit dans la solitude, prononcé dans la solitude, où il faut interpréter les applaudissements comme un feed-back convenu ou l'expression d'un réel intérêt.

LES MOYENS DE COMMUNICATION AUTOROUTIÈRE	QUELQUES CONSEILS POUR LES OPTIMISER
LE MEETING, LE DISCOURS, L'ÉVÉNEMENT	**Bien connaître** les participants, le public. Parler un langage dans lequel ils se reconnaissent. **Préparer** sur le fond et sur la forme auprès de personnes non acquises d'avance à l'objectif. **Construire** l'événement autour d'un seul axe. **Gérer le temps** d'intervention quel que soit le rang hiérarchique. **Provoquer la réactivité**, par des pauses, des tables rondes, animées par des personnes expérimentées. **Produire des synthèses** en temps réel des feed-back recueillis. **Utiliser des supports d'excellente qualité**, simples et non redondants avec ce qui est dit.
LA COMMUNICATION AUDIOVISUELLE, LA NOTE DE SERVICE, LE RAPPORT, LA PROCÉDURE INTERNE	**Savoir pour quoi**, pour quelle finalité, on recourt à la communication écrite, audiovisuelle. Avoir le **souci permanent de la cible**, de son cadre de référence, de sa relation à l'écrit, à l'image, au son. Se donner une **stratégie incluant la relation** à la cible : Que veux-je lui faire comprendre ? Sur quoi, sera-t-il difficile de convaincre ? Quelles seront les objections ? **Clarifier, simplifier** le contenu pour faciliter une compréhension rapide du but visé. **Donner des repères** pour aider la compréhension, la réactivité. **Donner envie d'approfondir** en illustrant, en argumentant, en apportant une réflexion, une vision et non uniquement un constat d'huissier. Lutter contre l'ennui, étonner.

2. Nationales et départementales : ni embouteillages, ni accidents

Les nationales et départementales ayant pour fonction de faire se rencontrer les gens, à tout le moins de les amener à se croiser, il s'agira plus de veiller à ce qu'il n'y ait ni embouteillages ni accidents.

Un des cas les plus fréquents d'embouteillage est la réunionnite, que l'on pourrait assimiler à une habitude prise par les usagers d'utiliser leur véhicule pour un oui ou pour un non. Mais on pourrait également citer les réunions mal préparées, les objectifs non annoncés, le suivi non assuré. Quant aux accidents les plus fréquemment recensés, ils concernent avant tout les dommages causés aux personnes et dûs en particulier au stress causé par la perte de temps, aux réunions inutiles, aux conflits latents ou ouverts non gérés, bref, à tout ce qui donne le sentiment d'une communication dommageable.

LES MOYENS DE COMMUNICATION	QUELQUES CONSEILS POUR OPTIMISER LA COMMUNICATION SUR LES NATIONALES ET DÉPARTEMENTALES
LES RÉUNIONS LES GROUPES DE TRAVAIL LES RENCONTRES IMPROVISÉES	**Connaître et pratiquer l'art de l'animation** et du travail en groupe et s'en servir en toutes circonstances, même dans un cadre hiérarchique élevé (groupe de décideurs ou comprenant des décideurs).
	Préparer sur le fond et sur la forme en s'appuyant sur une méthodologie rigoureuse, et en incluant toute réunion dans une stratégie à moyen terme.
	S'assurer que toutes les personnes savent pourquoi elles sont là et ce qu'on attend d'elles.
	Limiter le cadre de l'échange mais favoriser l'expression des émotions, des sentiments dus à la rencontre des personnes.
	Provoquer la réactivité, par des questionnements, des travaux en sous-groupes.
	Produire un compte rendu en temps réel incluant les objectifs, les résultats, les plans d'actions, les responsabilités, les échéances.
	Systématiser le retour d'expérience, en faisant des retours sur le prévu, le réalisé, les écarts, leur signification.

3. Les chemins de traverses : une affaire de personnes

La valeur accordée à la communication sur les chemins de traverses est fonction de la qualité de la relation qui va s'instaurer entre les personnes. Or les moyens de transports, par leur simplicité – la parole, l'écoute – prennent une importance capitale. Émetteur et récepteur devront, pour optimiser leur rencontre, prendre le temps de « s'équiper » de façon à ne pas être pris au dépourvu au cours de leur échange.

Ces situations de communication où la personne reprend ses droits sont les moments privilégiés où chacun peut, théoriquement, donner son point de vue, parler en son nom. Cependant la tentation est grande de garder le point de vue de l'automobiliste, protégé par l'anonymat de la circulation et de son véhicule, pour éviter de redevenir piéton, autrement dit de rencontrer l'autre dans une relation interpersonnelle.

Hormis la situation d'entretien, il y a, dans ce que nous nommons chemins de traverse, toutes les situations où les personnes sont amenées à parler d'elles autant que de leur rôle. Là, elles sont **en quête d'interlocuteurs capables non seulement de les écouter, mais aussi de les comprendre, de les accompagner, de les conseiller.** Cette partie de la communication interne est plus difficile à mettre « en carte », et pourtant, ne pas s'équiper pour la gérer équivaudrait à ne plus savoir « descendre de sa voiture ».

C'est la situation dans laquelle se retrouvent le décideur, le responsable ou le salarié, confrontés à une situation de changement (mutation, changement de métier etc.), qui sont aux prises avec des émotions (peur, stress, doute, etc.) et se retrouvent dans l'obligation de négocier ces changements sans être préparés à gérer ce qui se passe au fond d'eux. Vers qui peuvent-ils se tourner ? Uniquement vers des personnes capables de les écouter, auprès desquelles ils pourront exprimer et la dimension personnelle et la dimension professionnelle de leur situation. À ce moment, la relation empathique prend tout son sens car elle est au cœur de l'action. C'est sur les chemins de traverse que vie personnelle et parcours professionnels se rencontrent, et il n'est pas toujours aisé de trouver en face de soi des personnes qui aient la compétence de relier les deux.

L'entretien, l'échange sont le moyen privilégié de ce type de communication, à condition qu'ils soient menés avec professionnalisme et humanisme. Ce qui suppose, de la part de celui qui s'exprime, une capacité à faire confiance, et de la part de celui qui écoute, une capacité à la mériter.

LES MOYENS DE COMMUNICATION	QUELQUES CONSEILS POUR OPTIMISER LA COMMUNICATION SUR LES CHEMINS DE TRAVERSE
LES ENTRETIENS, LES INTERVIEWS, LES ÉCHANGES (RELATIONS D'AIDE, DE CONSEIL, DE SOUTIEN, DE COACHING)	**Identifier** avant d'entrer dans le vif du sujet **qui est demandeur** de quoi et pourquoi il formule sa demande auprès de telle personne ou tel groupe. **Connaître et pratiquer les techniques de base de la communication** (écoute active, reformulation, questionnement, métacommunication). **Limiter le cadre** de l'échange : quel est le problème posé ? En quoi les interlocuteurs peuvent-ils le résoudre ? Créer les **conditions optima de confort** psychique et physique pour que l'échange ne soit ni interrompu, ni parasité (allées et venues, personnes non concernées, nuisances sonores, visuelles). **Inscrire l'échange dans le temps** de façon à permettre la rencontre, éviter de tout vouloir voir en une fois et favoriser la confiance.

LA COMMUNICATION INTERNE
DES RÈGLES SPÉCIFIQUES À APPLIQUER

De même que le législateur a prévu une partie code et une partie conduite dans le passage du permis de conduire, la communication interne, pour fonctionner, a besoin de s'appuyer sur des règles et de les actualiser en fonction des besoins.

Qu'est-ce qu'une règle ? C'est un cadre, qui a force de loi, permettant à chacun de se sentir à la fois contraint et protégé. La règle n'a de valeur qu'à partir du moment où elle prouve son efficacité. Elle est, *a priori*, objet de soupçon, du moins dans notre culture.

Souvenons-nous de l'opposition déclenchée au sujet du port obligatoire de la ceinture de sécurité. Qui songerait aujourd'hui à contester cette règle ? Le temps, mais aussi la conscience collective que la protection l'emporte sur la contrainte ont inversé le comportement des automobilistes en modifiant du même coup leurs attitudes défensives. En transposant ce constat à la communication interne, nous serons amenés à nous poser trois questions :

– Qui propose les règles en matière de communication et pourquoi ?

– Quelles sont les règles de base sur lesquelles on peut s'appuyer en toutes circonstances et dans les situations spécifiques de communication (autoroutes, nationales, chemins de traverse) ?

– Par quels résultats concrets les règles vont-elles prouver leur efficacité et donner envie aux utilisateurs de les appliquer ?

1. Qui propose les règles ?

Sur autoroute, les règles ne peuvent être fixées qu'au niveau le plus élevé, celui des décideurs. En effet, c'est de leur volonté politique que dépend la vie du réseau autoroutier. Sur les nationales, les règles incombent aux responsables de l'action de communication, animateurs d'équipes, hiérarques. Sur les chemins de traverse, les règles sont à fixer par les personnes qui prennent l'initiative de la rencontre.

Dans tous les cas, **la règle n'a de valeur que si celui qui l'édicte est crédible.** Un décideur, pris en flagrant délit de contradiction avec les règles de communication interne qu'il propose, abîmerait durablement son image et se discréditerait. Par exemple, il ne peut prôner le respect des personnes s'il n'est pas à même d'en faire la démonstration dans sa propre communication.

2. Quelques règles de base de la communication interne

Les règles de base à décliner en fonction des situations sont de deux ordres : celles qui vont *faciliter la circulation des informations,* et celles qui vont *faciliter les processus.*

Les premières doivent permettre au récepteur de disposer d'une information fiable, d'y avoir accès facilement, et de pouvoir s'en servir. Dans tous les cas de figure, elles supposent des responsables une préparation, un travail préalable de fond et de forme sur les messages à faire passer.

Les secondes doivent permettre au récepteur de devenir émetteur en se sentant à la fois protégé, c'est-à-dire respecté dans sa vision des choses, et sollicité, c'est-à-dire invité à en faire part.

Au nombre de ces règles, citons en quelques-unes pouvant grandement faciliter les communications sur ces différents axes routiers :

– **Le respect des personnes,** exprimé de façon tangible par les usages. Parmi ceux-ci, citons la politesse, la ponctualité, qui créent, lorsqu'elles sont absentes, des parasites compromettant de façon durable toute communication. Ce sont des signes de reconnaissance créant « le fond de la communication ». Ils fixent le cadre de la communication et contribuent, par leur valeur symbolique, à donner à chacun le sentiment d'être reconnu et respecté en tant que personne.

– **Le non-recours au procès d'intention** visant à discréditer quelqu'un pour faire avancer son idée. C'est une règle de communication facilitant largement la vie des groupes. En effet, à partir du moment où chacun sait qu'on cherche, ensemble, à résoudre un problème, non à trouver un bouc émissaire, alors il y a accélération du processus de coopération.

– **La confidentialité des échanges,** (sur chemins de traverse en particulier), peut être indispensable pour permettre à des protagonistes de se dire des choses « de personne à personne », sans lesquelles il sera impossible d'avancer. Cette règle, lorsque chacun a la preuve qu'elle sera respectée, permet de ne communiquer que le résultat à l'extérieur, et de protéger le processus par lequel on y est parvenu.

– **L'invitation à communiquer à la première personne** (dire « je »). Authentifier une parole est un puissant accélérateur de communication. Cela oblige l'émetteur à prendre la responsabilité de sa parole, à ne pas partir dans des digressions, des généralités le plus souvent destinées à occuper le terrain de la communication.

– **La contractualisation.** C'est une façon de métacommuniquer sur le cadre dans lequel on construit la communication. Ceci est d'autant plus efficace que les termes du contrat auront été négociés puis intégrés préalablement à toute situation de communication. Ainsi les parties auront fait les liens entre celui-ci et les enjeux spécifiques à chacun.
Par exemple, on peut fixer par contrat les règles ci-dessus, de façon à pouvoir s'y référer, en situation d'animation ou de conduite d'entretien, à tout moment.

Conclusion : la communication, un jardin ou une jungle ?

Ou comment Tarzan a appris à se faire entendre et respecter de tous

Tarzan, c'est le prototype du chef d'Entreprise qui est en train de lire ces lignes. C'est un leader qui communique. Il a été plongé dans la jungle depuis toujours. Ce qu'il sait, il le sait de l'intérieur. Son génie, c'est d'être passé d'une compétence à maîtriser un territoire, du matériel, du concret, à celle de se déplacer d'un territoire à un autre.

Tarzan est un bon communicateur parce qu'il sait se faire entendre de toutes les espèces vivant dans la jungle. Il sait parler aux animaux, mais aussi écouter leurs langages et les mettre en relation. Il sait faire les liens entre les particularités, les sensibilités, les susceptibilités de chacun. Il fait communiquer la jungle, et fait sortir chaque espèce de son isolement. Parce qu'il couvre tout le territoire, il n'a plus de territoire. Ce qui le protège, c'est qu'il est en permanence exposé.

La maîtrise qu'il a de la communication interne de « l'organisation jungle » lui permet de remplir une fonction qui suffit amplement à le mettre en position de patron respecté. On l'écoute parce que, sans lui, chacun serait renvoyé aux frontières de l'espèce dont il fait partie.

Tarzan est un leader qui sait se faire respecter en communiquant parce qu'il contribue à produire du sens. II contribue à ce que des langages coexistent et prennent sens les uns vis-à-vis des autres. A-t-il besoin d'en savoir plus ? À l'évidence, il a tout compris en matière de communication, mais aussi en matière de management. Pour se faire respecter, il communique et fait communiquer, il sait emmener vers des buts intéressants.

D'une compétence à maîtriser un territoire, il est passé à une compétence à gérer de la relation, et à communiquer, c'est-à-dire à se déplacer dans la relation de territoire en territoire. Sa force, ou plus exactement **sa puissance, c'est qu'il couvre à la fois tout le territoire, mais qu'il n'a plus de territoire à proprement parler.** Il a davantage de puissance, donc plus de pouvoir, au sens du charisme, de l'énergie, de l'influence, mais il a moins de pouvoir au sens de propriété, hiérarchie, autorité, statut.

Tarzan est le prototype du leader qui passe d'une dynamique où on s'accroche à des repères, du connu, des habitudes, à une dyna-

mique où on prend le risque en permanence d'aller vers du nouveau. C'est une dynamique d'aventurier, de changement, qui fait de l'art de communiquer non une fin mais un moyen, au service de la découverte de nouveaux territoires.

Tarzan sait d'autant mieux communiquer qu'il se centre en permanence sur cette **capitalisation de la relation**. C'est ce qui assoit véritablement son autorité. Dans la jungle, ne peuvent coexister que ceux qui se ressemblent, ou sont mutuellement dépendants les uns des autres pour subsister. L'intervention de Tarzan permet de sortir de cet équilibre pour créer un progrès : modifier l'ordre des relations entre les espèces.

Si Tarzan ne faisait qu'émettre et recevoir des informations (en adoptant tour à tour le langage des animaux pour leur faire passer des messages et en recevoir), il n'aurait pas la même autorité. II serait un bon interprète des langages existants mais pas davantage.

Si Tarzan voulait se former, ce serait à quoi ? Pas à apprendre de nouvelles techniques, de nouveaux outils. Il est parfaitement au point. II ne faut pas changer un chef qui gagne. En revanche ; apprendre à certains de ses compagnons de route comment se passer de lui quand il n'est pas là, les aider à construire des réseaux qui fonctionnent sans passer par lui, et leur apprendre à s'en servir lui serait très utile.

L'objet de cette métaphore est de mieux comprendre ce qui fait qu'un responsable, même s'il est un communicateur né, a intérêt à organiser son entreprise, son service, pour qu'ils communiquent avec lui, mais aussi sans lui. C'est exactement ce qui permet à Tarzan de se faire respecter d'animaux cent fois plus puissants que lui. Il est reconnu parce qu'il donne accès au sens, non seulement dans ce qu'il dit mais dans ce qu'il permet à l'autre d'exprimer. Sa force n'est pas physique, elle est relationnelle.

La reconnaissance qu'on lui renvoie, c'est d'abord celle qu'il se donne à lui-même. Il a une vision et il s'en sert. En cela il remplit une des conditions qui en font un leader. Chacun se sent, sous son influence, partie prenante d'un ensemble. De ce point de vue, **savoir communiquer, c'est savoir créer de la communauté, autrement dit des liens rationnels et affectifs.**

Quelles transpositions pouvons-nous tirer de cette image ?

Pour favoriser la communication interne, il ne faut pas viser les mots, il faut viser le sens. Ce n'est pas la peine, ou peu, de perdre du temps à dire les choses, il vaut mieux les faire sentir, ou toucher, parce que c'est l'expérience de communication qui fait mémoire et non le discours sur l'expérience. **Chacun de nous aspire à être reconnu, à se reconnaître** et la communication interne doit, pour être crédible, apporter des **preuves de cette reconnaissance**. Par exemple, le fait que les personnes se sentent réellement respectées dans leur vision des choses, le fait que leur point de vue soit écouté et pris en compte, le fait que les réunions démarrent à l'heure, qu'elles soient suivies de plans d'actions fait partie de ces preuves. De ce point de vue, les actions de communication internes les plus efficaces ne sont pas forcément celles qui feront le plus appel à des discours, mais celles qui laisseront dans la mémoire l'image d'une rencontre réussie.

Pour favoriser la communication interne, il faut également que les personnes puissent **se référer aux qualités « communicantes » de ceux qui les dirigent**. Il y a, dans la relation d'autorité, une fonction de modèle à laquelle on ne peut échapper, et on a souvent constaté que les entreprises communiquent à l'image de leurs dirigeants. Par leurs fonctions réelles de décision, mais aussi par leur fonction symbolique de rassembleur, les responsables sont le point de convérgence de toute communication interne. On communique d'autant mieux qu'ils « autorisent », par leur attitude, la communication. Osent-ils donner forme à leur vision, décrire le futur tel qu'ils le visualisent, écouter, prendre conseil, et c'est l'ensemble du système qui se donne la permission d'en faire autant. Non par imitation, mais parce que la communication doit, pour s'alimenter, partir d'une source.

La communication interne, quel qu'en soit le niveau, mérite une politique, non par souci de mode, mais par souci d'efficacité. Investir des moyens et des ressources dans la mise en place de réseaux et la formation des personnes à leur utilisation, c'est parier sur le fait que l'échange d'expériences, le dialogue créeront de la richesse au sens propre, c'est-à-dire de la valeur ajoutée. C'est également parier sur le fait que l'accès au sens, autrement dit à ce qui fait la raison d'être, la finalité d'une organisation, ne se décrète pas, et ne peut être, surtout en période de turbulence, que le résultat d'une confrontation permanente des visions de chacun. S'il y a un temps pour décider, il y a aussi un temps pour communiquer, et c'est ce dernier qu'il faudra, si l'on veut gérer les communications, faire passer en premier.

Guy AMOUREUX

BIBLIOGRAPHIE ET RÉFÉRENCES

(1) WIENER (N.) : *Cybernetics*, New York, 1948, John Wiley & Sons.

(2) COLLIGNON (G.) : *Comment leur dire*, Paris, InterEditions, 1994.

(3) WATZLAWICK (P.), HELMICK BEAVIN (J.), JACKSON (D.) : *Une logique de la communication*, Éditions du Seuil (collection Points), 1972.

(4) LENHARDT (V.) : *Les responsables porteurs de sens*, Paris, Insep Éditions, 1992.

(5) ROGERS (C.) : *Le développement de la personne*, Paris, Éditions Dunod, 1972.

Chapitre 5

SAVOIR RÉUSSIR UNE NÉGOCIATION

Nous venons de voir, dans le chapitre précédent, que lorsque nous nous adressons à un interlocuteur, nous émettons une quantité d'informations impressionnante. Nos gestes, nos attitudes, sont pourvoyeurs de messages. La communication non verbale, souvent très dense, est complexe à décrypter. Parmi cette masse d'informations, nous n'avons pas toujours les mots qu'il faut pour transmettre ce qu'intimement nous pensons ; les décalages sont possibles. Notre interlocuteur ne saisit pas toujours ce que nous voudrions lui adresser et n'est pas forcément disponible au moment où nous le souhaiterions. Nous-mêmes ne sommes pas toujours attentifs à ses réactions. Essayer de faire passer son message, en trouvant les bons dosages, suppose une prise en compte d'un certain nombre de données ; le schéma qui suit tente de les repérer.

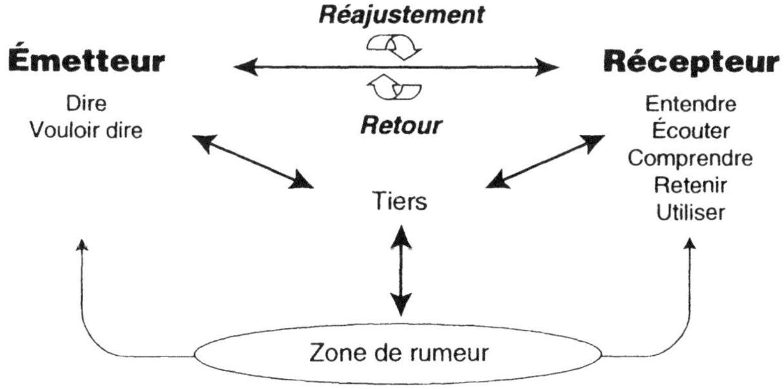

Figure 5.1 : Les pertes dans la communication

Ce schéma nous rappelle les pertes possibles d'information dans le passage du message jusqu'à sa réception : entre ce que l'emetteur veut dire et ce qu'il dit réellement, il existe déjà un écart. Entre ce qu'il dit et ce que le récepteur entend, ce qu'il écoute réellement et, *a fortiori*, ce qu'il comprend puis ce qu'il retient et enfin ce qu'il utilise, il y a bien d'autres écarts possibles. Ces pertes peuvent encore augmenter si d'autres barrages (1) surviennent, en particulier dans les situations de conflit et de négociation. Rappelons donc quels sont les principaux obstacles qui viennent troubler la communication et sont susceptibles d'engendrer des situations conflituelles.

Les obstacles dans la communication

1. Le barrage sémantique

La sémantique est l'étude du langage du point de vue de la signification des mots. Les mêmes mots n'ont pas la même signification pour tout le monde, ce qui peut conduire le récepteur à donner aux phrases, aux mots entendus, des acceptions différentes. Le passage du **signifiant** (le mot utilisé) au **signifié** (le mot tel qu'il est compris) peut donc être source de conflit.

2. Le barrage organisationnel

Il recouvre trois univers :

- **Un univers personnel :** la façon d'organiser sa pensée, de conduire son raisonnement apparaît toujours logique en soi, mais il y a plusieurs logiques : pour n'en citer que quelques-unes, la pensée déductive logique, la pensée intuitive, la pensée normative, la méthode cause-conséquence, la méthode thèse – antithèse – synthèse, la pensée par critères ou paramètres, la méthode cybernétique (penser par régulation des écarts)... sont toutes à l'œuvre dans les discours. Nous devons donc tenir compte de ces logiques chez nos interlocuteurs, et ne pas estimer trop vite qu'ils pensent et raisonnent comme nous.

- **Un univers groupal :** là encore plusieurs éléments interviennent : le groupe est-il organisé pour atteindre son objectif ? Y a-t-il un animateur, un rapporteur ? Y a-t-il un niveau d'écoute permettant la communication ? Les participants sont-ils suffisamment motivés pour apporter leur contribution ? Y a-t-il une synergie positive ou négative dans le groupe ?

– **Un univers structurel :** les structures et (ou) l'organisation dans lesquelles interviennent les processus de communication sont importantes. La structure est rarement neutre. Elle est toujours inductrice d'un certain type d'attitude et de comportement. Prenons un exemple simple : si nous sommes dans la salle d'audience d'une cour d'assises pour suivre le déroulement d'un procès, nous pourrons écouter les débats, mais nous ne pourrons pas intervenir. Si nous manifestions notre présence en voulant interrompre l'audience, nous risquerions au minimum l'expulsion. Le public de ces salles se doit théoriquement de rester silencieux.

3. Le barrage individuel ou du système de valeurs

C'est le barrage le plus difficile à gérer. Nous avons tous plus ou moins consciemment des valeurs auxquelles nous tenons et qui constituent notre système de valeurs. Souvent, nos jugements ne sont finalement que la projection de notre système de valeurs et de croyances qui refuse à autrui sa propre façon de vivre le problème. Nous devons donc essayer de prendre en compte le système de valeurs de nos interlocuteurs pour ne pas heurter inutilement leur sensibilité et entraver les relations que nous voudrions poursuivre avec eux.

4. La confusion de la forme et du fond

Il s'agit d'une source très classique de « dérapage » de la communication dégénérant souvent en conflit. Pour la comprendre, observons le schéma 5.2 ci-après :

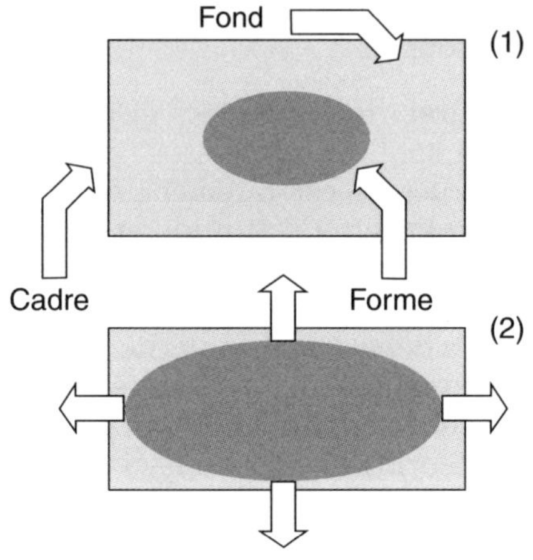

Figure 5.2 : Cadre, fond, forme d'après Philippe Carette, Gérard Chalut-Natal, Christian Lujan

Ce schéma se décompose en deux parties distinctes (1) et (2).

En (1) les choses sont clairement posées : par exemple vous aviez rendez-vous avec quelqu'un à 9 heures dans un lieu précis, vous êtes là, lui aussi. Vous aviez prévu de traiter un problème particulier, vous l'abordez sans crainte. Votre interlocuteur vous écoute, vous l'écoutez à votre tour. Vous constatez que le problème pour lequel vous aviez décidé de vous rencontrer est résolu dans les temps que vous vous étiez mutuellement fixés. Tout va bien.

Le cadre est une délimitation, une construction mentale, la représentation que l'on se fait d'un problème ou d'une action en terme de périphérie. Vous aviez prévu de traiter un problème avec quelqu'un, ce problème constitue déjà un premier niveau de cadre. Si vous avez pu le régler rapidement, on peut considérer que votre interlocuteur avait envisagé le problème d'une façon peu éloignée de la vôtre, une solution est donc vite apparue. Vous avez choisi un espace, un temps pour vous rencontrer c'est un deuxième niveau de cadre. Cet espace était approprié au problème à traiter, la circulation de sens a donc été favorisée. Si vous rencontrez votre plombier dans votre salle de bain pour un problème de fuite de baignoire, on peut considérer que cette situation est très normale.

Le fond réfère à ce pourquoi nous sommes là, les objectifs que l'on s'est assignés. Si nous gardons l'exemple facile du plombier : le fond sera lié au problème de fuite et aux solutions prévues pour y répondre.

La forme réfère à tous les parasitages possibles dans la relation de communication, y compris les prises de positions butées ou procédurières. Essayons d'imaginer un scénario avec notre plombier. Vous l'attendiez pour 9 h 00, il arrive à 9 h 45.

Dring !
- Bonjour monsieur Durant !
- Bonjour monsieur le plombier, nous avions convenu 9 h 00 ?
- Vous n'y êtes pas, j'avais dit que je passerais avant 10 heures.
- Mais ce n'est pas possible, à cette heure-là je dois être impérativement à mon bureau.
- C'est pourtant ce que j'avais dit, mais ce n'est pas grave.
- Comment ça ce n'est pas grave, mes clients m'attendent, moi !
- Ne vous fâchez pas.
- Je ne me fâche pas, mais vous avouerez qu'attendre 45 minutes pour un problème de fuite, il y a de quoi perdre son calme.
- Vous voulez me vexer ?
- Comment ça vous vexer ?
- Les fuites, monsieur, c'est mon pain quotidien, et je n'en ai pas honte...

Laissons là nos deux compères et intéressons-nous à ce qui vient de se passer. Pour qu'un **cadre** soit respecté, cela sous-entend que chacun s'engage d'abord à en respecter les contours à partir du moment où l'information préalable a été partagée et comprise. Le cadre de l'exemple était donc à un premier niveau le problème de fuite et à un deuxième niveau le rendez-vous avec le plombier à une certaine heure. **La forme** vient surgir quand la bagarre sur l'horaire se déclenche et qu'elle se poursuit par des réflexions interprétatives. On finit par oublier ce pourquoi on est là, la pendule a continué de tourner, et le problème de fuite (**le fond** du problème) n'a toujours pas commencé à être traité. Chacun s'est rapidement enfermé dans son **cadre de référence** et chacun se situe à des niveaux de problèmes différents.

En (2) nous voyons l'étendue des dégâts : le cadre n'a plus de limite, la forme a envahi le fond et s'apprête à le submerger. Cette situation est fréquente quand on s'est laissé entraîner sur les pentes savonneuses de l'affrontement verbal, par des positions butées, ou des réactions épidermiques systématiques. On finit par ne plus savoir ce que l'on voulait traiter. On constate que les objectifs n'ont pas été privilégiés, les véritables enjeux ont été oubliés, un temps précieux a été gâché.

Pour mettre un terme à ce type de situation, il faut apprendre à se centrer sur l'essentiel, sur le fond du problème et, pour cela, savoir ne rien dire quand la forme se présente avec tous les dangers d'envahissement que nous avons évoqués. Cette attitude peut nous permettre de découvrir que la forme en question constitue à elle seule le fond du problème. Il faudra donc essayer de l'aborder pour essayer de traiter le problème initial.

5. Le rôle du symbolique et de l'imaginaire

Jean Renoir, le cinéaste, donnait cette définition de la caméra cinématographique : « **La caméra, c'est un œil qui interprète.** » Derrière la caméra il y a bien sûr un individu qui nous donne sa version de la réalité même si le canevas du scénario est très serré. Le metteur en scène choisira, parmi les images, celles qui rejoignent le mieux ce qu'il aura voulu dire, celles qui colleront à sa réalité.

Nous pouvons poser comme hypothèse qu'une réalité ne prend sens que du point de vue de celui qui la regarde. Cette affirmation n'est pas une nouveauté, nous savons tous combien nos propres filtres sont les meilleurs du monde. Le problème, c'est que nous sommes souvent plusieurs à penser ainsi et que ce type de situation peut conduire à des échanges parfois explosifs.

Nous considérerons la **réalité** (2) comme les faits et événements vécus « ici et maintenant » dans lesquels chaque individu est impliqué concrètement et à la production desquels il participe avec les autres. **L'imaginaire** (3) sera la résultante de notre capacité à produire des images ou des signes qui peuvent exister en dehors d'une réalité et se jouer de la rationalité du monde physique. Quant à la dimension **symbolique**, nous la comprenons à partir de la racine grecque du mot symbole : le « sumbolon » désignait un signe de reconnaissance : « à l'origine un objet coupé en deux dont deux hôtes conservaient chacun une moitié qu'ils transmettaient à leurs enfants ; on rapprochait les deux parties pour faire la preuve que des relations d'hospitalité avaient été contractées » (4). Le symbolique représente donc le domaine des symboles, il n'existe qu'à partir du moment où chaque partie engagée a respecté les termes du préalable à l'accord ou de la convention. Si un élément manque, il ne peut tenir sa place.

Si nous donnons rendez-vous à quelqu'un et que nous ne sommes pas là au moment prévu, cette absence aura une signification qui va très au-delà du simple fait matériel de la perte de temps et de la nécessité de reporter le rendez-vous. Elle peut exprimer symboliquement – pour notre interlocuteur – le manque d'intérêt ou d'attention que nous manifestons à son égard. La fonction symbolique sera donc considérablement altérée, surtout si nous n'avons pas pris soin de prévenir. À moins d'un événement exceptionnel, les relations futures avec ce partenaire porteront le sceau de cette absence non dite. L'imaginaire, dans ce cas précis du rendez-vous manqué et non parlé, peut être destructeur. Notre partenaire pourra considérer que nous ne tenons pas ce que nous disons, que nous ne sommes pas sérieux, etc. Il pourra à loisir tout imaginer et voir ailleurs.

NÉGOCIER LE DÉNOUEMENT DES CONFLITS

Le terme conflit prend en compte au XVIIe siècle (5) l'antagonisme sur le plan abstrait entre forces intellectuelles, morales, affectives, sociales (1686). Ce terme sera ensuite placé sur le terrain du droit pour parler de conflit de juridiction. Beaucoup plus tard, la psychanalyse, vers 1895, nous parlera de conflit psychique : « On parle de conflit lorsque, dans le sujet, s'opposent des exigences internes contraires (6). » Nous ne voulons pas faire ici un cours d'épistémologie (7) mais nous pensons qu'aller voir dans l'histoire d'un mot, c'est comme se renseigner sur l'histoire d'un conflit ou d'une négociation. C'est prendre en compte ce que nous appellerons le **contexte et les différents enjeux qu'il recouvre**.

Selon Larousse, un conflit est « une opposition d'intérêts entre deux ou plusieurs parties dont la solution peut être recherchée soit par des mesures de violence, soit par des négociations, soit par l'appel à une tierce personne ». On peut dire, d'une manière générale, que la situation de conflit se rencontre quand il y a divergence entre deux acteurs (individus ou groupes) qui sont en relation, parce que leurs intérêts, leurs objectifs, leurs valeurs, leurs méthodes, leurs rôles ou leurs statuts sont contradictoires ou exclusifs l'un de l'autre. Le conflit dans une entreprise peut ainsi être engendré par l'organisation générale de l'entreprise et les processus de pouvoir qui en découlent, par l'organisation du travail, par le système de récompense, ou encore par la politique de motivation des personnels..., bref par tout ce qui, dans l'entreprise, peut prêter à divergence entre les différents acteurs (8).

Nous considérerons donc le terme conflit dans le champ de l'activité professionnelle au sens de divergence entre acteurs en relation (individus ou groupes), sans limiter les niveaux de divergences possibles.

Il faut souligner d'ailleurs que le style de management dans l'organisation n'est pas étranger à la manifestation des conflits, car ceux-ci prennent une importance plus ou moins forte selon les contextes et selon l'espace qu'on leur réserve. On peut énoncer sans se tromper que le conflit vient nous parler du système de relations que les individus entretiennent entre eux, ou des moyens que l'organisation met à leur disposition. Dès lors, le problème majeur est celui de l'envahissement, de l'infiltration, de la « gangrénation » lente et progressive, de l'affaiblissement des énergies. Nous allons donc devoir explorer le **contexte** des conflits pour envisager des solutions possibles. **La négociation en est une.**

1. Y a-t-il une méthode pour dénouer les conflits ?

Nous avons vu que la communication pouvait être sujette à de nombreux barrages. Nous avons posé les dimensions Réalité-Symbolique-Imaginaire comme des fondations nécessaires au bon déroulement des relations entre individus, si leur équilibre est préservé et entretenu.

Nous avons rappelé les trois dimensions mises en jeu dans la communication : personnelle, groupale, structurelle. Ce sont ces dimensions que nous retrouvons pour tenter d'esquisser une méthodologie de dénouement des conflits. Une telle méthodologie implique la prise en compte des trois niveaux interdépendants que sont (figure 5.3.) :

- **l'individu (le cercle)**
- **le groupe (le carré)**
- **l'organisation (le triangle)**

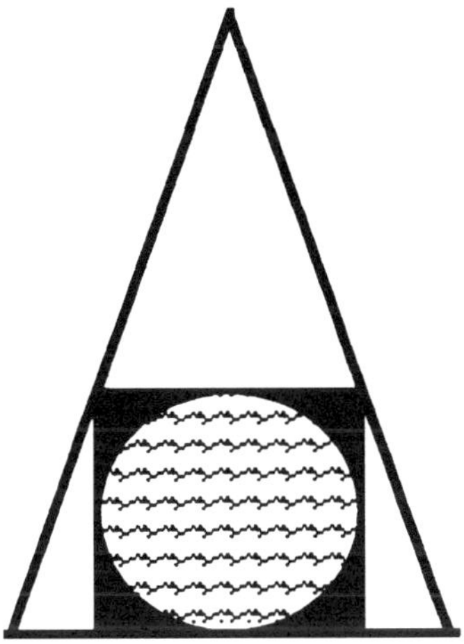

Figure 5.3 : Les 3 niveaux d'un conflit

Prenons un exemple : Vous avez décidé de confier à un collaborateur le dossier suivant : nous sommes en septembre, il doit recenser les vœux des salariés en matière de congés annuels pour l'année suivante, ensuite il vous remettra une proposition de calendrier qui devra tenir compte d'une bonne répartition des effectifs afin d'assurer un niveau de qualité de prestation maximum. Nous considérerons qu'il existe cinq services distincts et que le collaborateur à qui la mission est confiée est responsable d'un service.

Si le collaborateur privilégie **le niveau individuel**, il aura peut-être tendance à se ménager sa plage de vacances en priorité.

S'il privilégie **le niveau groupal**, peut-être trouverez-vous dans sa proposition que les membres de son service bénéficient d'une répartition plus souple que pour les autres services.

Si au contraire **le niveau organisation** prime, vous constaterez un réel équilibre dans la répartition des congés, tenant compte de votre souci de préserver un contexte de prestation de qualité quels que soient les effectifs présents.

Votre collaborateur aura peut-être su prendre en compte équitablement les niveaux **Individu-Groupe-Organisation**, réduisant les sources de conflits, tout en préservant les intérêts vitaux de l'entreprise. Ce savant dosage n'est pas impossible à réaliser. Dans ce cas, les enjeux auront été réfléchis en tenant compte de l'environnement interne et externe de l'entreprise avec cette délicate équation à résoudre : une clientèle à satisfaire, un équilibre dans la gestion des personnels à préserver.

La prise en compte de ces trois niveaux nous est utile pour :

- **Essayer de définir les niveaux de problèmes et les hiérarchiser.** Pour définir clairement la situation et déterminer la nature du conflit, on considérera comme données du problème : les faits, le contexte, les acteurs en présence (formels et informels), les incidences (ressources humaines, budgétaires, matérielles).
- **Envisager des hypothèses**, ouvrir le dialogue et poursuivre le questionnement, les personnes impliquées pouvant produire des hypothèses leur permettant de dégager des lignes d'action. On pourra éventuellement poser ce type de questions : À votre avis, que s'est-il passé ? Comment faudrait-il s'y prendre pour éviter que ce problème se renouvelle ? Pensez-vous qu'il puisse y avoir d'autres manières d'envisager cette question ? Seriez-vous prêt à vous engager sur un point particulier ? Pourriez-vous faire une proposition concrète, chiffrée, que l'on étudierait avec les personnes concernées ? Seriez-vous prêt à suivre tel aspect du déroulement de l'action ? etc.
- **Sélectionner les hypothèses les plus opérationnelles et les plus satisfaisantes pour les parties concernées.**
- **Redéfinir, c'est-à-dire recadrer** en indiquant les décisions prises et en insistant **sur qui fait quoi et à quel titre, comment, quels sont les objectifs, les moyens, les échéanciers.**

2. Traces de conflits

Henri Laborit dans le film « Mon oncle d'Amérique » d'Alain Resnais, nous apportait un commentaire sur le comportement de l'individu en situation de stress. Il distinguait, dans ce cas, trois comportements possibles de l'individu : **la fuite, la lutte, et l'inhibition.**

La lutte peut apparaître sous la forme du : « c'est pas moi c'est l'autre », il n'est pas question d'envisager une quelconque part de responsabilité, la cause est entendue d'avance, l'autre a d'abord tous les torts. Dans ce genre de relation, on se dirige vers un gagnant et un perdant ; quelquefois, le principal concerné s'en tire à bon compte mais il s'agit là d'une attitude rarement efficace à long terme. Toutes les formes d'intimidation et de manipulation peuvent surgir, la mauvaise foi, la projection, la corruption, les pressions, sont de rigueur.

La fuite peut parfois ressembler à la politique de l'autruche, et il faut bien être conscient qu'on ne manage guère longtemps la tête dans le sable. Si le responsable d'un service repousse les échéances pour traiter ou arbitrer les différends, il a toutes les chances de fabriquer un gros problème dont les coûts peuvent aller bien au-delà des limites acceptables. Mais la fuite peut constituer une manière de se sortir de situations complexes, voire dangereuses, et elle peut donc, parfois, être salutaire. Par conséquent, le contexte dans lequel elle intervient est à prendre en compte avant de porter un quelconque jugement de valeur.

L'inhibition se marque par le repli sur soi : l'individu devient victime et persécuteur de lui-même. Souvent, il en vient à « somatiser », c'est-à-dire que son corps vient faire trace des différends non parlés, non traités. Parfois la coupe est pleine, l'implosion est proche avec son lot de dépression, d'angoisse ou de symptômes invalidants.

Ces trois comportements sont générateurs de frustrations et d'agressivité. Il faut donc trouver une solution pour les dépasser. **La négociation reste une des formes les plus efficaces pour traiter les conflits.**

LE PROCESSUS DE LA NÉGOCIATION

De nombreuses définitions de la négociation ont été données. Celle de Lionel Bellenger « trouver un chemin entre s'imposer et subir » (9) nous semble bien résumer la disposition d'esprit à essayer de trouver.

1. Trois chemins possibles

Imaginons que nous avons un gâteau à nous partager et que nous sommes tous très gourmands. Il est là sur la table, chacun de nous le regarde avec convoitise car tous nos parfums et ingrédients préférés y sont réunis. Comment allons-nous gérer ce délicat problème ?

– **Première hypothèse**

Le plus rapide ou le plus habile de nous deux profite de l'inattention ou de l'hésitation de l'autre pour s'approprier les 3/4 du gâteau. Le quart restant est pris avec rage ; la frustration ou la colère fait tomber l'appétit, une seule petite bouchée est avalée et recrachée. Le mépris gronde chez le mangeur lésé, il laisse son partenaire festoyer en lui souhaitant une bonne indigestion. C'est ce que l'on appelle la **négociation distributive**, elle fabrique de la rancœur, de l'opposition, de l'affrontement, de la frustration. C'est une vision à courte vue des affaires. Si le bénéfice est immédiat pour le plus malin temporairement, les effets à long terme sont dévastateurs. **Dans la théorie des jeux, nous sommes dans un cas de jeu à somme nulle,** avec un gagnant et un perdant. « Tout pour nous, peu ou rien pour les autres », tel est le slogan préféré des partisans de cette logique destructrice.

– **Deuxième hypothèse**

Nous discutons des parties préférées de chacun, les bords ou pas les bords, le centre ou pas le centre, chacun aime les mêmes parties et n'a pas très envie de céder trop facilement à l'autre, la discussion s'éternise, il faut trancher : une découpe par moitié est décidée. Ce genre d'accord est proche du **compromis**, il n'y a ni vainqueur, ni vaincu.

Dans cette hypothèse, aucun des gourmands ne peut exercer son art avec passion et délectation. Il n'y a pas d'enjeu véritable et la solution finale, un peu « molle », est aussi un peu frustrante. Ce style d'accord ne devrait être qu'un **passage vers la troisième étape pour arriver au consensus.**

– **Troisième hypothèse**

C'est l'opportunité de festoyer ensemble. On regarde le gâteau d'un autre œil, on se dit même qu'il fera un merveilleux dessert pour le repas que nous déciderons d'entreprendre. Nous sommes là dans la logique **intégrative**, chacun sait ce qui est bon pour l'autre, tout en étant bon pour soi. Le gâteau est pensé et agi au-delà des limites qu'il représente. C'est l'heure de la contextualisation et de la vue à longue échéance, une rencontre où l'on s'investit personnellement pour forger une collaboration durable, dans un climat de confiance et de responsabilité ; une logique qui privilégie les enjeux sans négliger les individus concernés, ni leurs représentants ; une logique qui s'apparente au **conflit réussi**. Il faut donc essayer de situer l'enjeu réel de la négociation au-delà des limites du gâteau, voire du gâteau lui-même, même si cette perspective n'est pas toujours facile ou possible.

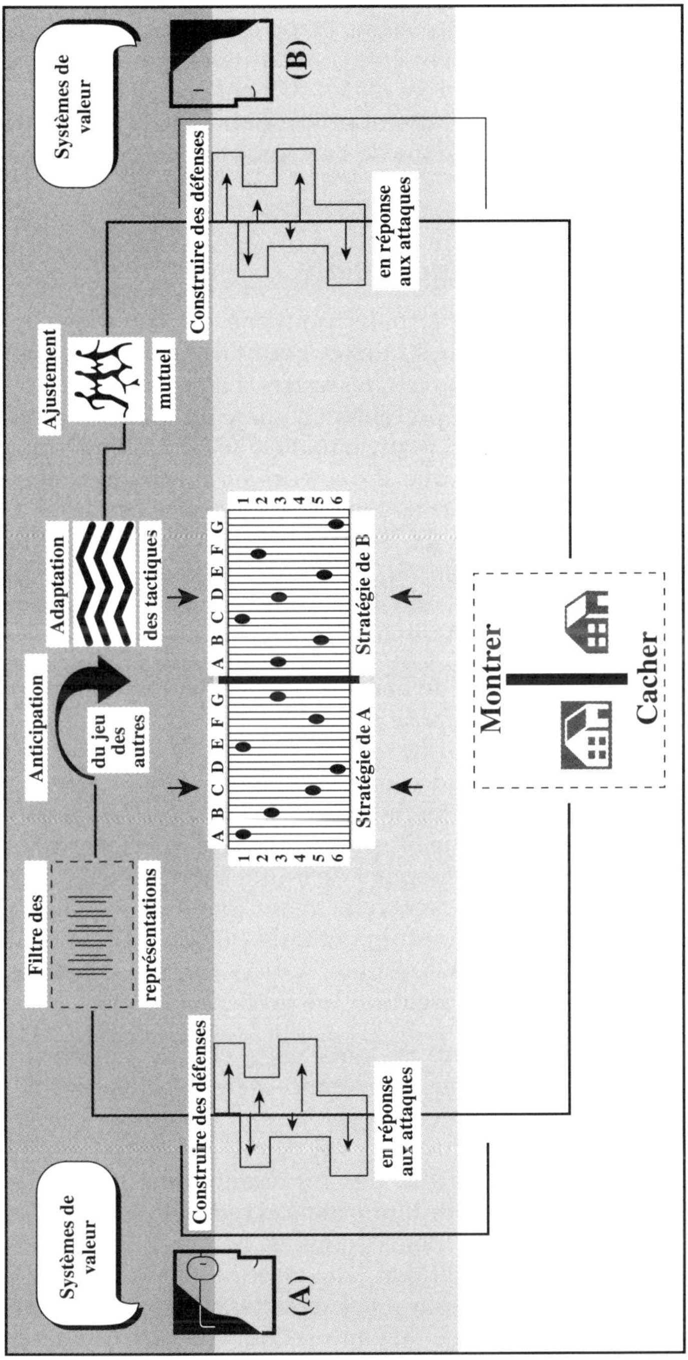

Réalité Symbolique Imaginaire

Ces trois niveaux (réalité, symbolique, imaginaire) **sont interactifs**

Figure 5.4 : Le processus et la dynamique de la négociation

Le chemin pour arriver à cette troisième étape est semé d'embûches. Si la naïveté et la candeur doivent être combattues vigoureusement, il ne faut pas pour autant oublier les règles élémentaires de **l'éthique**. La démarche que nous allons à présent proposer intègre cette dimension et tente de poser les conditions de la transparence et du respect des partenaires.

2. La dynamique de la négociation

Si nous observons la figure 5.4, nous pouvons constater que les acteurs A et B n'ont pas la même stratégie. Pour l'instant, le filtre des représentations, l'anticipation du jeu des autres, l'adaptation des tactiques et l'ajustement mutuel se présentent comme des passages obligés pour parvenir à un accord. Les niveaux Réalité-Symbolique-Imaginaire seront à l'image de ce que les acteurs en feront. Si chacun reste sur ses positions et s'enferme dans son système de valeurs, la logique du « montrer-cacher » (cf. § suivant) l'emportera et aucune rencontre productive n'aura lieu. Si, par contre, chacun accepte de prendre en compte la logique de l'autre et de construire dans la recherche d'un intérêt commun, un accord pourra être envisagé.

En quoi consiste cette logique de l'acte de « montrer-cacher », dont nous venons de parler ? Elle repose sur le fait que chaque acteur a des cartes dans son jeu et n'est pas forcément disposé à les montrer toutes. L'imaginaire peut prendre une place considérable, chacun peut laisser croire à l'autre qu'il a de nombreux atouts, que ses propositions sont les meilleures, que les preuves ne manquent pas pour prouver son bon droit. C'est le moment de toutes les ruses, de toutes les intimidations, celui où l'on recherche avant tout son positionnement face à l'adversaire. La question centrale que chacun se pose durant cette phase pourrait se résumer ainsi : **Quelle intention l'autre me prête-t-il ? Quelle intention lui prêter ?**

Les systèmes de valeurs étant présents chez chaque partenaire, l'ouverture d'esprit, l'intelligence, la tolérance, seront indispensables pour que ces systèmes puissent composer ensemble, sans se heurter de façon irrémédiable. Pour s'ajuster, ces systèmes de valeur devront obligatoirement passer par **le filtre des représentations** de chacun qui peuvent porter aussi bien sur l'information recueillie que sur les pratiques et les règles plus ou moins connues, les jugements ou les croyances plus ou moins explicites ou encore les catégories plus ou moins partagées. À partir de ces représentations, chacun devra parvenir à composer avec la logique de l'autre. Pour ce faire, l'anticipation du jeu de l'autre et l'adaptation des tactiques seront indispensables. Anticiper, s'adapter, c'est accepter de se mettre dans la peau de son adversaire et de se dire : « si je suis à cette place, comment réagir ? Quelle est ma marge de manœuvre ? Quels sont mes intérêts ? C'est seulement après que nous pourrons essayer de répondre à cette question : « **Quels sont nos intérêts communs ?** »

3. L'inter-activité des trois niveaux : Réalité, Symbolique et Imaginaire

La construction de défenses en réponse aux attaques ne doit pas avoir pour conséquence l'enfermement dans une forteresse. Certes il faut se prémunir, mais sans se rigidifier. Quand on décide de s'accrocher à ses positions, on finit par oublier les enjeux véritables et ne rester que sur la forme (voir figures 5.1 et 5.2).

Être très ferme sur les enjeux et souple sur la manière d'y parvenir, voilà le défi à relever. C'est pourquoi les trois niveaux *réalité – symbolique – imaginaire* sont présents dans notre tableau du processus et de la dynamique de la négociation. Ils sont placés, pour les besoins de l'explication, à part égale. Aucun ne devra être négligé. Ils seront mis en permanence à contribution, à chaque étape de la préparation et durant le déroulement de la négociation.

- **Le niveau de la réalité** est volontairement placé en haut du schéma, pour montrer que le cheminement des systèmes de valeurs des acteurs A et B doit transiter par une série d'étapes (le filtre des représentations, l'adaptation au jeu des autres, l'adaptation des tactiques, l'ajustement mutuel), pour qu'il y ait une rencontre possible qui puisse faire sens pour chacun dans une perspective de construction en commun.

- Si le sens circule entre les acteurs A et B, et que s'opère le constat d'un respect mutuel, alors **le niveau symbolique** aura trouvé sa place et nous pourrons dire que chacun a fait ce qu'il avait prévu de faire en accord avec l'autre. Les acteurs auront accepté de sortir de leurs univers cloisonnés (construire des défenses en réponse aux attaques) pour édifier une règle et une stratégie communes quant à la partie à tenir.

- **Le niveau imaginaire** pourra donc être consacré à la créativité des acteurs dans un objectif de construction, plutôt qu'à une tactique (Montrer – Cacher) visant à déstabiliser le ou les partenaires.

– **Les trois niveaux, réalité – symbolique – imaginaire**, sont donc interactifs et peuvent à tout instant se chevaucher ou se recouvrir, ils participent au maintien de l'équilibre complexe de la partie engagée entre les différents acteurs.

Le tableau qui suit (10) est destiné à nous aider à repérer les niveaux de questionnements afin d'éviter :

– que la réalité ne dépasse la fiction,
– que l'imaginaire ne soit un gouffre de perdition,
– que le symbolique ne soit trop éparpillé.

Il nous indique les premières questions à se poser pour préparer une négociation :

	DIAGNOSTIC	STRATÉGIE	DÉROULEMENT PONCTUEL
Questions clés	D'où part-on ?	Où veut-on aller et par quels moyens majeurs ?	Comment s'organiser pratiquement et ponctuellement ?
Axe du contenu	Quoi ? Pourquoi ? Qui ?	Et si ? Où ? Comment ? Quand ?	Comment ? Avec qui ? Avec quoi ?
Fonctions	Clarifier Identifier Apprendre S'informer Cerner	Imaginer Inventer Risquer Prioriser Cibler Dépasser Se mobiliser S'investir Décider Ordonnancer Agir	Préparer l'exécution Organiser Mettre en place

***Figure** 5.5 :* La préparation d'une négociation
(Extrait de C. Dupont : La négociation, Dalloz)

Les étapes de la négociation

Si nous voulons que l'imaginaire des acteurs soit pleinement consacré à la recherche de solutions avantageuses pour les parties en présence, nous aurons tout intérêt à particulièrement travailler la phase préparatoire. C'est par elle que nous débuterons ce paragraphe.

1. La phase préparatoire

Une négociation se prépare et le résultat dépend souvent du sérieux des conditions de cette phase préalable. Nous retiendrons :

a) Cinq points de vigilance (11)

– **Bien connaître les dossiers pour assurer sa crédibilité.**

– **Évaluer les rapports de forces** (repérages des enjeux psychologiques, économiques, politiques, conjoncturels, etc).

– **Définir sa marge de manœuvre :** Le niveau de la première offre positionne celui qui la fait par rapport à son partenaire. On n'oubliera pas de se poser les questions suivantes :

- Quelle est mon hypothèse haute ?
- Quelle est mon hypothèse basse ?
- Quel est mon seuil de délégation ?
- Quel est le poids des tiers ?

– **Organiser son argumentation** (12) :

- Faire la liste des arguments dont on dispose pour appuyer chacune de ses positions.
- Essayer d'anticiper en devinant les arguments de l'adversaire, et réfléchir aux réponses qu'on leur apportera.

Se mettre dans la peau de l'adversaire est un passage obligé pour une approche ouverte et constructive.

– **Mettre au point une stratégie :** La stratégie repose sur le concept de **choix majeurs** (13) tournés vers l'avenir. La stratégie est d'abord réflexion et ensuite action. Avant de négocier, il s'agira donc de :

- *Définir le type d'issue souhaitée*

Il importe d'être bien au clair sur ce que l'on veut retirer du processus qui s'engage. Veut-on aboutir à un accord total ou simplement partiel ? À une promesse écrite ou simplement verbale ? À des clauses concrètes et détaillées ou à un simple accord sur les principes ? À un accord immédiat ou à une mise en attente ?

- *Définir les objectifs et les options prioritaires*
II s'agit d'aborder une négociation en ayant bien dégagé les options que l'on estime prioritaires et, *a contrario*, celles sur lesquelles on est prêt à faire des concessions.

- *Délimiter le choix du cadre et du terrain de la négociation*
Avant de s'engager dans une négociation, il importe d'abord de bien en délimiter le champ et de distinguer ce qui est clairement négociable de ce qui pourrait l'être (en cas de besoin) et, enfin, de ce qui ne l'est en aucun cas (points de rupture).

De même, il convient de choisir la position que l'on adoptera dans le processus qui s'amorce : faudra-t-il prendre l'initiative ou « voir venir » ? Privilégier l'occupation du terrain ou rester en position d'attente ?

Enfin, il s'agira d'arrêter une stratégie par rapport au temps : est-il nécessaire de conclure vite ou non ? Comment peut-on faire jouer le temps en sa faveur ? Quelle attitude adopter vis-à-vis des délais ? Quel rythme accorder aux débâts ?, etc.

Sur l'ensemble de ces choix stratégiques, s'il importe d'être au clair, il convient cependant de ne pas s'enfermer dans un cadre préalable trop rigide : une certaine souplesse doit être possible afin de ne pas se retrouver « prisonnier » de soi-même.

b) Préparer sa solution de rechange (14)

Si tout ne se passe pas comme prévu, mieux vaut se prémunir. La négociation est souvent faite d'imprévus, notre capacité d'adaptation est durement mise à l'épreuve, mais une bonne préparation à ce niveau-là peut éviter des désagréments : il s'agit donc d'inventer une série de solutions de repli auxquelles on pourrait raisonnablement se résoudre si l'accord est impossible, puis de sélectionner les meilleures et enfin d'envisager, leur application pratique. Mais, ce faisant, **il ne faut surtout pas oublier d'étudier la solution de repli de l'adversaire. Sur ce point, l'anticipation est indispensable.**

D'une manière générale, et pour conclure sur ce point, nous rappellerons que, dans cette phase préparatoire, quatre niveaux sont à prendre en compte.

– **Les individus :** Essayer de traiter séparément les questions de personnes et le différend.

– **Les intérêts :** Se concentrer sur les intérêts en jeu et non sur les positions. Nous avons abordé cet aspect avec la figure 5.2 (cadre / fond / forme).

– **Les solutions :** Réserver un temps donné pour la mise au point de solutions qui devront à la fois servir les intérêts communs aux deux parties et harmoniser les intérêts divergents.

– **Les critères :** Négocier, autant que faire se peut, sur des critères objectifs (valeur marchande, avis d'expert, traditions, lois, etc.).

Le schéma (15) suivant présente une manière d'envisager sa marge de négociation, à partir d'une échelle de critères pour les parties concernées.

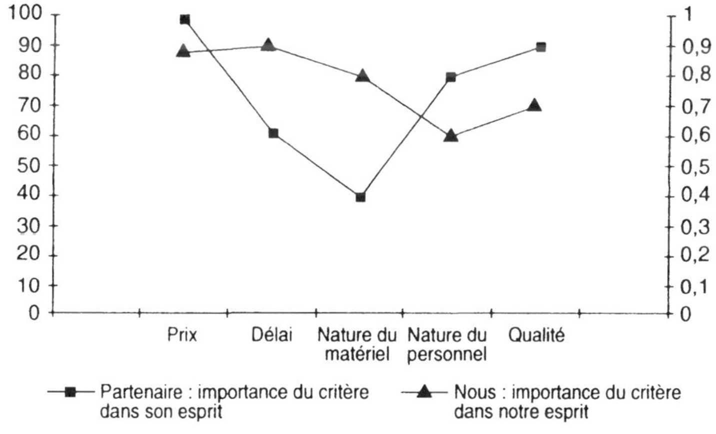

Figure 5.6 : Fonction d'utilité des différents critères (16)

Ce schéma nous indique que notre marge de négociation pourra se situer entre les différences de critères et qu'il nous faudra jouer sur les compensations possibles. En particulier, nous pouvons constater qu'il nous faudra être très convaincant avec notre partenaire sur les questions de délai et de nature de matériel, et qu'il nous faudra porter une attention plus rigoureuse aux problèmes de qualité et aux choix de personnels. Par ailleurs, toujours d'après ce schéma, nous observons que chacun d'entre nous place le problème du prix dans son champ de préoccupation majeur et que la discussion sur ce plan pourra donc être difficile.

Notre stratégie pourra donc consister à tenir compte des intérêts généraux du partenaire afin d'essayer de le satisfaire sur ses autres axes de priorités, pour espérer jouer sur le prix.

c) La consultation préalable (17)

Nous pouvons considérer qu'à ce stade, le processus de négociation est déjà engagé. L'écoute devra être à son maximum d'ouverture. C'est le moment de se souvenir de la maxime de La Rochefoucault : **« On ne convainc jamais quelqu'un qu'à partir de ses arguments à lui. »**

Il faudra donc écouter les autres, être à l'écoute des événements, découvrir les besoins, sentir les opinions, repérer les attentes et envisager la logique du partenaire avec qui l'on négociera. L'idéal serait de pouvoir faire preuve d'un maximum de transparence et pouvoir partager préalablement les attentes, les besoins, les limites, afin d'affirmer sa volonté d'aboutir. Il importe bien entendu de s'être d'abord posé la question essentielle sur ce point, est-il indispensable de parvenir à un accord ? Si l'accord est plus avantageux que le statu quo, on acceptera de rechercher un accord.

2) La confrontation

Nous avons donc une bonne connaissance de nos dossiers et de nos partenaires ; nous avons préparé nos arguments, nous allons devoir les développer.

a) L'argumentation : les principales techniques

Si nous sommes dans une logique de composition avec les arguments de notre partenaire et si nous voulons éviter les blocages inutiles, donc les rationalisations, nous devrons nous adapter aux conditions du terrain que nous aurons préalablement étudiées. Si l'on pouvait imaginer le déroulement parfait d'une négociation, celle-ci n'aurait plus de raison d'être : l'argumentation « béton » n'existe pas, même dans les livres spécialisés. Tout ce qui pourra mettre en doute le climat de confiance – par exemple l'intimidation, le passage forcé, la suspicion... – sera à proscrire.

Au cours de cette phase, nous serons conduits à utiliser un certain nombre de pratiques et de techniques et nous serons nous-mêmes confrontés à certaines d'entre-elles. Examinons en quelques-unes.

– **L'argumentation factuelle**

Il s'agit là d'une pratique de bon sens : dès qu'il est possible d'apporter des faits vérifiables ayant valeur de preuve, on aura intérêt à s'appuyer sur eux. De même, la mise au point de critères objectifs, c'est-à-dire indépendants de la volonté des parties en présence, permet, quand elle est possible, de progresser rapidement dans la voie d'un accord raisonné.

– **La technique « point par point** » (dite aussi **méthode du « salami** »)

Elle consiste à découper la négociation point par point, thème par thème et à chercher des séries de compromis permettant d'aboutir à des accords partiels. Cette technique présente l'avantage de ne pas effrayer l'adversaire et, en « grignotant » petit à petit ses positions, de créer des brèches dans sa défense. Connaître cette technique permet soit de l'utiliser, soit de la reconnaître avant qu'il ne soit trop tard.

– **Les techniques de maniement du temps**

Elles consistent à jouer avec le temps en allongeant la durée de la négociation pour user l'adversaire puis à exiger brutalement des délais et à fixer des ultimatums. C'est la technique classique de « guerre des nerfs » destinée à destabiliser l'adversaire. Mieux vaut la connaître pour n'être pas pris au dépourvu.

– **La technique des quatre marches**

Il s'agit d'une démarche de repli dans laquelle on évoque les solutions de manière progressive. Elle consiste à présenter d'emblée quatre solutions (quatre « marches ») et non pas deux, comme on le fait souvent.

– **Marche 4 :** Il s'agit d'une solution au-delà de son propre point de rupture, elle est habituellement formulée de manière excessive. (exemple : Vous imaginez bien qu'un tel prix ne serait pas raisonnable, je n'aurais plus qu'à mettre la clé sous la porte).

– **Marche 3 :** Il s'agit d'une solution peu avantageuse pour soi, tout à fait acceptable pour l'autre partie. Elle peut constituer en dernier ressort une solution de repli. (exemple : On pourrait bien envisager un tel prix, ce serait une affaire exceptionnelle pour vous, mais les conséquences seraient très dures pour mon entreprise, surtout en ce moment, si nous devons continuer à travailler ensemble...).

- **Marche 2 :** Il s'agit de la solution acceptable pour soi et probablement pour l'autre partie.

- **Marche 1 :** Cette solution est idéale pour soi, mais probablement très difficile à admettre pour la partie adverse (exemple : C'est sûr, à ce prix, nous serions prêts à signer sans autre discussion).

Dans la pratique, l'enchaînement est le suivant : 4, 3, 1, 2. Si un partenaire utilise ce mode d'argumentation avec vous, il essaiera d'abord de jouer avec vos cordes sensibles d'entrée de jeu (marche 4), la solution proposée vous sera faite dans « l'émotion », pour que vous ne puissiez accepter qu'il se range vers une solution si désastreuse pour lui. Ensuite il tentera de vous intéresser par une proposition réajustée mais avec toujours une dimension misérabiliste pour lui, histoire de vous culpabiliser un maximum (marche 3). L'étape suivante consistera pour lui à vous mettre sur la défensive en énonçant alors une solution à votre désavantage (marche 1), l'objectif étant en fait de vous attirer vers « sa » solution 2 (marche 2) qui vous apparaîtrait alors d'autant plus « possible » que la crainte de la solution 1 aura été écartée.

Ce dont il faut en fait être bien conscient, face à une tactique comme celle-ci, c'est que pour parvenir à ce qui constitue, pour soi, sa solution 2 (solution acceptable pour les deux mais plus favorable pour soi que la solution 3), il faut se rappeler que la marche 3 présentée par le partenaire de façon misérabiliste, dans la foulée de la marche 4 inacceptable, **constitue en fait une marche de repli possible pour lui.** Une fois que vous aurez bien repéré cette solution de repli-là, (marche 3), il s'agira pour vous de miser sur celle-ci, qui constitue en fait, pour vous, « votre » solution 2.

– Le bon ou le méchant

Il s'agit, là encore, d'une technique classique particulièrement courante, si vous devez rencontrer plusieurs partenaires. Chacun s'est réparti les rôles à l'avance et le but du jeu est de vous tester ou de vous déstabiliser. Vous vous retrouvez donc face à quelqu'un qui prendra un malin plaisir à jouer les méchants, en affichant des positions toujours très dures, en interprétant vos réactions, ou en vous obligeant à vous justifier sur tout. Un deuxième partenaire pourra paraître beaucoup plus souple, ayant des intentions à votre égard toujours attentives et pondérées. Vous l'avez compris, il s'agit là de vous amener à une position médiane, celle recherchée par les deux compères. Une tactique très proche est celle de **la douche écossaise** : le principe consiste à passer d'un registre conciliant à un registre dur, le mélange « hard-soft » devant vous déstabiliser suffisamment pour que vous réexaminiez vos positions. On essaiera sûrement d'exploiter vos erreurs en vous menaçant et, là encore, il s'agira de vous jauger et de vous amener à vous découvrir. Certains partenaires se buteront même volontairement pour vous affoler. À vous de comprendre la tactique mise en jeu.

Bien d'autres formes de résistances volontaires pourront être mises en jeu. **Si nous devions faire une dernière remarque sur cet aspect de la négociation, nous dirions qu'il vaut mieux éviter de prendre son interlocuteur pour un « enfant de chœur ». Les arguments ne manquent pas pour expliquer qu'en parlant le même langage que son partenaire, en se mettant au diapason avec lui, en ayant les mêmes cordes sensibles... etc, on aura toutes les chances de l'emporter. Un accord ne se pense pas à court terme, il pose des jalons pour l'avenir. Le sérieux, la compétence, la sincérité sont des arguments solides, si l'on respecte ce que l'on a convenu.**

Le « plus de la même chose » – c'est-à-dire utiliser le même niveau d'argument que son partenaire avec un esprit de surenchère – , le « jeu de miroir » – qui consiste à jouer à être et penser comme lui –, l'« illusion » – consistant à donner dans l'artifice –, sont des vernis fragiles, et n'offrent aucune assurance à moyen et à long terme. Mieux vaut donc bannir ces comportements de son répertoire.

Enfin, rappelons que si une négociation réclame, en amont, une préparation de qualité, elle réclame, en aval, un suivi de qualité. Il ne suffit pas de signer les termes d'un accord, encore faut-il assurer et vérifier la mise en place et le bon déroulement de cet accord. Un suivi terrain s'impose pour valider les efforts entrepris.

b) Difficultés prévisibles

Si la partie adverse refuse de jouer le jeu, reste sur ses positions et négocie sur des critères subjectifs (18), vous vous trouvez alors dans la phase classique où votre partenaire tente de vous « tester ». Il n'est pas question pour vous de céder à la panique, il s'agit au contraire d'essayer de **rompre le cercle en refusant de réagir** : esquivez l'attaque et faites-la dériver sur la question en cours. Discutez avec l'adversaire comme si ses propositions étaient susceptibles d'être mises en pratique, pour l'amener à s'intéresser à l'amélioration des textes. Recherchez la critique et les conseils de la partie adverse, sans, pour le moment, défendre vos propres idées. Posez des questions, évitez les affirmations. Laissez le temps pour réfléchir et répondre, supportez les silences. **Il s'agit, à ce stade, d'essayer de comprendre l'attitude si opposée de vos interlocuteurs. Pourquoi ont-ils un jugement si négatif ?**

Pour sortir de ces impasses, on peut avoir recours à la procédure du **texte unique,** dans laquelle on ne fera pas ressortir les positions (la forme), mais où on listera les intérêts (le fond). On rédigera donc un projet et on sollicitera sa critique en laissant son amour-propre de côté. Cette situation n'a pour objectif que de s'adapter au partenaire dans l'objectif d'arriver à un accord satisfaisant pour les parties.

Le chemin vers un accord peut alors passer par les étapes suivantes :

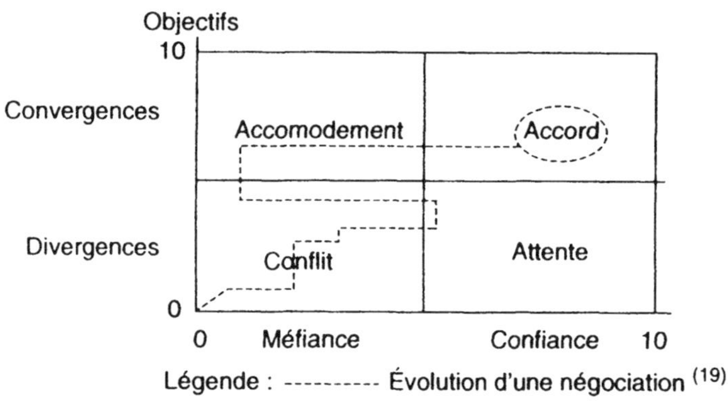

Figure 5.7 : Le cheminement de la négociation

Imaginons que nous soyions en pleine négociation, et que nous voulions trouver un accord sur un point particulier. Dans un premier temps, les positions sont divergentes. Un conflit éclate suite à nos propositions jugées inacceptables par notre partenaire. Nous essayons de garder notre calme, nous savons qu'il nous faudra argumenter davantage pour permettre à la confiance de retrouver sa place. La méfiance est donc de rigueur. Il va nous falloir convaincre, et prendre en compte les intérêts de la partie adverse. Nous nous centrons sur les enjeux.

À présent, nos propositions sont envisagées d'un œil plus attentif, notre réalisme et notre prise en compte des intérêts de chaque partie commencent à porter leurs fruits. Notre partenaire passe de l'attentisme à la discussion, puis à la recherche d'ajustements. Nous écoutons attentivement ses propositions, la confiance gagne du terrain. Nous passons de la zone de divergences à celle de convergences. Chacun d'entre nous considère qu'il a les garanties suffisantes pour accepter les données de l'accord. L'accord peut donc être signé.

RÉSUMÉ DES ÉTAPES DE LA NÉGOCIATION (20)

1) Vouloir négocier – vouloir gagner
2) Préparer la négociation
- **sur un plan psychologique**
- **sur un plan technique**

3) Créer un climat
4) Procéder à une reconnaissance mutuelle
5) Établir les premiers consensus
- **Objet**
- **Méthode**
- **Temps**

6) Rester centré sur ses objectifs
- **connaître les attentes de l'interlocuteur**

7) Échanger les informations
- **faire preuve de maturité relationnelle**

8) Optimiser les découvertes
- **faire des synthèses partielles**

9) Argumenter
- **informer**
- **convaincre**
- **faire agir**

10) Décider
- **synthétiser**
- **valider**
- **formaliser**

11) Suivre
- **organiser la suite... autres rendez-vous, courrier, etc.**

Le moment de conclure

On peut imaginer qu'aucun accord ne survienne. La situation est bloquée. Une solution pour en sortir pourra consister à tenter de se mettre d'accord sur les points de désaccord, en rédigeant la liste de ces points. Cette trace pourra servir de base de travail pour les discussions suivantes et formalisera le point où les partenaires en seront restés.

La conclusion est censée être **l'aboutissement à un résultat.** Il faudra donc ne pas se précipiter, et utiliser la reformulation pour s'assurer des éléments de l'accord et les mettre en forme. Lors des réunions de travail, une technique consiste à noter et à faire approuver par les participants, au fur et à mesure, les informations prises, en les reformulant et en utilisant les synthèses partielles. Cette technique a le mérite de réaliser et de faire approuver le compte rendu de réunion, avant que les participants ne se séparent. Elle évite les retours d'arguments, car chacun a participé à la validation de ce qui se sera dit et décidé. Cette technique peut avoir sa place dans la négociation.

Roger Launay (21) nous invite à réfléchir sur les raisons ou les insuffisances qui expliquent le non-respect des accords. Il nous signale les points suivants :

- l'imprécision de certaines clauses,
- les faiblesses ou les insuffisances dans le contenu de l'accord,
- le trop grand déséquilibre entre les négociateurs,
- la base qui peut ne pas suivre un accord signé par ses représentants.

Vous constaterez que la négociation est affaire d'équilibre ; les spécialistes ont tendance à dire qu'une négociation qui commence mal a toutes les chances de bien se terminer. Méfions-nous donc des négociations dont les résultats sont obtenus dans la précipitation, et ne nous affolons pas si le démarrage de certaines de nos rencontres est un peu « musclé ». Laisser une colère s'exprimer, quand un espace et un temps sont prévus pour ça, quoi de plus normal ? La bonne distance s'applique à tous les moments de la négociation, des préalables jusqu'à la conclusion finale.

Ne pas se confondre à l'autre, mais prendre en compte sa psychologie et ses intérêts, être conscient de la réalité et de son champ d'action tout en laissant un espace pour la créativité, vivre les paradoxes et les faire produire, la négociation est une merveilleuse école de relations humaines, tout en étant imprégnée des intérêts qui la sous-tendent.

La position intégrative que nous proposons n'est bien sûr pas possible à tous les coups. Vous pouvez rencontrer des points de rupture. Si vos partenaires vous entraînent hors du domaine de l'acceptable, si les tentatives de réajustement que nous avons évoquées ne donnent aucun résultat, c'est tout le processus de négociation qui sera remis en question. Les parties engagées devront tirer les conséquences à moyen et à long terme de ce genre de situation. Notre approche a tenté de fournir au lecteur de ce livre quelques outils pour éviter ces déconvenues.

Nous espérons que vous ne vous engagerez plus dans des batailles impossibles, et que vous saurez repérer, avant tout engagement, les enjeux et les possibilités d'évolution. Nos cartes de voyage sont à présent à votre disposition pour sortir des conflits que vous rencontrerez et mener des négociations réussies.

Christian LUJAN

Quelques outils pour préparer et conduire une négociation

OUTIL D'AIDE POUR IDENTIFIER L'EXPERTISE DES NÉGOCIATEURS

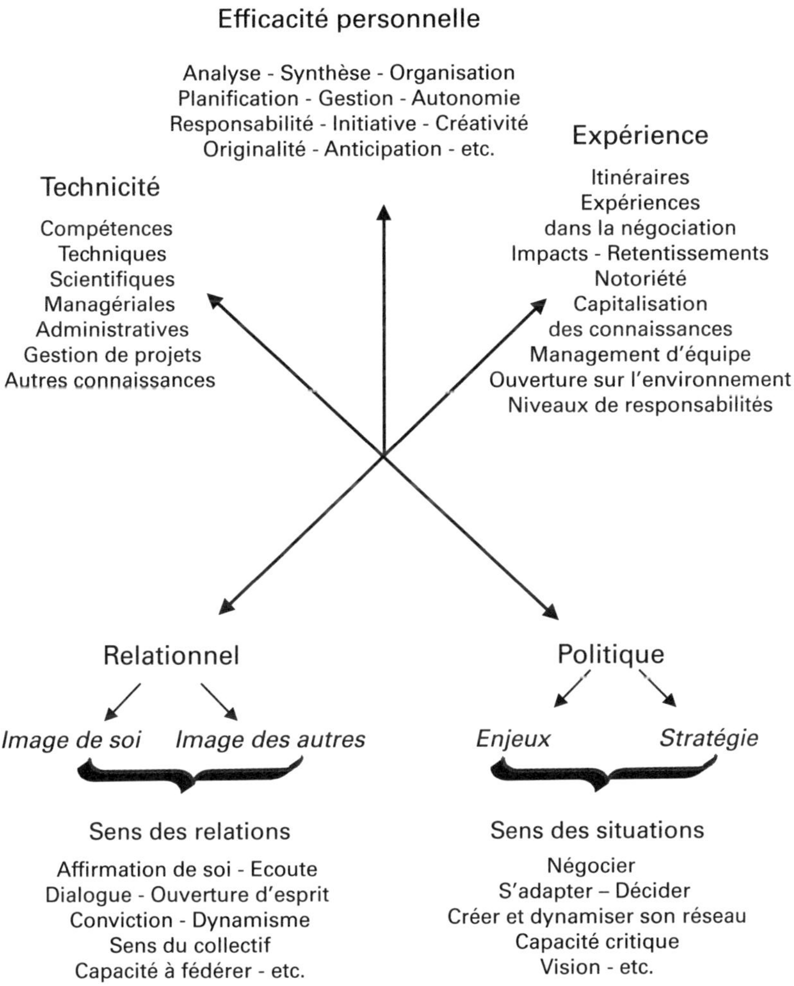

LA THÉORIE DES CÔNES SUR LA NÉGOCIATION

Fonctionnement de la théorie des cônes

Sur chaque axe, vous pouvez vous positionner avec vos **points forts** et vos **points à améliorer**.

Vous pouvez également identifier les potentiels de **vos partenaires** et détecter **leurs points forts** et **leurs faiblesses**.

Vous pouvez également essayer de vous constituer une **équipe pluridisciplinaire** qui puisse vous aider à mettre toutes les chances de votre côté pour la réussite de votre négociation.

► Exemples :

« L'idéal narcissique »

5 dominantes :

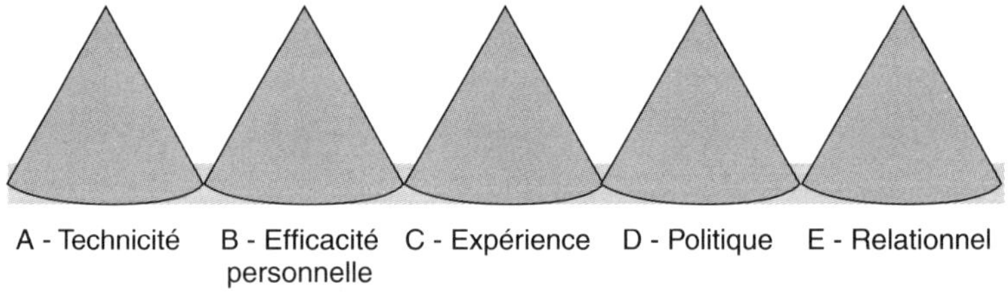

Ne rêvons pas, le profil idéal n'existe pas, restons humbles.

« L'expert franc-tireur »

Dominante A

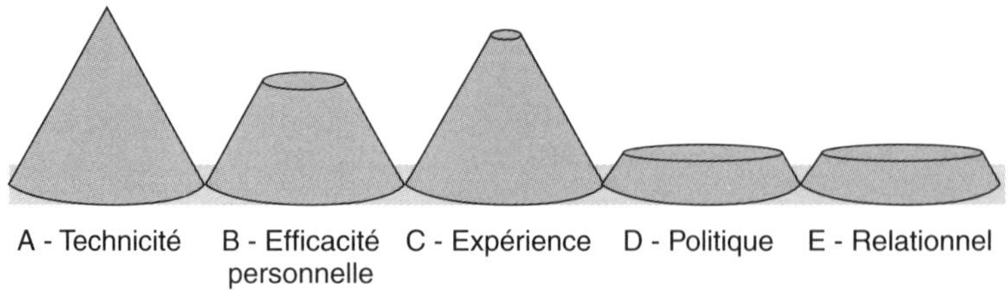

Peut-être pourriez-vous utiliser l'expertise et l'expérience de ce partenaire pour affiner l'argumentaire technique de vos dossiers.

Il serait peut-être plus sage de lui éviter la table de négociation pour se garder de toute déconvenue.

Autres exemples de scénarios

« Le technicien efficace »

Dominantes A-B :

Il manque d'expérience dans la négociation et ne peut être utilisé comme négociateur principal. Il a peu de sens politique et relationnel. Il ne peut être qu'un apport ponctuel et doit toujours être cadré.

« Le concret »

Dominantes A-C :

Sa technicité et son expérience lui permettent essentiellement de négocier avec ses pairs. Il sera donc très à l'aise avec des partenaires faisant le même métier que lui ou occupés aux mêmes problématiques. Son champ d'action peut être utile mais forcément restreint.

« Le technicien séducteur »

Dominantes A-E :

Il sait utiliser sa technique et créer le relationnel suffisant. Il séduira son interlocuteur, mais pourra aussi être séduit par lui. Le résultat de la négociation pourra en pâtir par perte de sens critique.

« Le technocrate »

Dominantes A-D :

Il pense que son sens politique et sa technicité lui permettront toujours de résoudre l'ensemble des problèmes. Il s'inquiète peu de son manque d'expérience et de son incapacité à créer la relation. Il devrait être plutôt un homme de dossier qu'un négociateur terrain.

« Le méthodologue »

Dominantes B-D :

Il brille par ses méthodes de travail. Sa façon de traiter les problèmes et son expérience terrain peuvent même faire illusion. Il privilégie la forme sur le fond et les solutions trouvées à la négociation n'étant ni techniques ni politiques, les dégâts peuvent être à terme considérables.

« Le manipulateur »

Dominantes B-D :

Sa manière efficace de structurer les problèmes et son sens politique aigu, lui permettent de se sortir de n'importe quelle situation. Le fond lui importe peu du moment que les apparences sont préservées. Tant que son jeu n'est pas découvert, tout va bien, sinon...

« La fin justifie les moyens »

Dominantes D-E :

Avant tout politique et relationnel, il se moque du contenu de la négociation, à partir du moment ou cela ne nuit ni à sa carrière, ni à son réseau relationnel. Il sera difficile d'intervenir avec lui ; il gère la négociation sur le long terme et pourrait être prêt à sacrifier les résultats immédiats et même les acteurs concernés.

Vous pouvez à présent poursuivre vous-même cette galerie de portraits en vous gardant de jamais trop schématiser...

EXEMPLE DE QUESTIONNEMENT POUR PRÉPARER SES NÉGOCIATIONS

Vous pourrez utiliser le tableau diagnostic après ces questionnements

Stratégie d'action : Clarté sur les objectifs

- Ai-je une stratégie de négociation ?
  - Ai-je une bonne connaissance des enjeux et du contexte de la négociation ?
  - Ai-je bien analysé les différents enjeux (financiers – humains – sociaux – syndicaux – matériels – culturels – autres) des acteurs en présence tant au niveau interne qu'au niveau des partenaires extérieurs ?
    - Ai-je connaissance de leur(s) stratégie(s) ?
    - Ai-je identifié les écarts et les points d'accord possibles ?
    - Ai-je préparé un argumentaire approprié, tenant compte des litiges et des barrages culturels ou sémantiques éventuels ?
  - Ai-je identifié les menaces, les freins et les opportunités ?
  - Ai-je établi les différents scénarios ?
    - Ai-je identifié les avantages et les inconvénients de chacun de mes scénarios ?
    - Me suis-je fixé des priorités ?
- Saurai-je faire preuve de sens politique en adaptant ma stratégie en fonction du contexte et des situations ?
  - Que dois-je faire pour consolider cette aptitude ?

Connaissance, choix et rôles des acteurs : Rapports de force

- Quelle connaissance ai-je du rôle et du niveau d'intervention des différents acteurs en présence ?
  - Qui émet, qui réceptionne, qui relaie l'information, qui facilite, qui décide, qui freine, qui manipule ?
- Quels sont les rôles d'influence sur la négociation qui peuvent se dégager, en dehors des acteurs identifiés de premier niveau ?
- Quel(s) rôle(s) auront les partenaires en amont – pendant et après la négociation ?
  - Qui doit ou peut intervenir, quand, comment, pourquoi ?

- ▶ Qui sera tenu informé des avancées de la négociation ?
  - Sous quelle forme ?
- ▶ Sur qui s'appuyer ?
  - Pourquoi ?
  - Comment ?
- ▶ De qui proviendront les éventuels points de blocage ?
  - Ai-je une idée de qui pourra présenter une résistance affichée ou latente ?

Méthodes et outils : Recueillir les données

- ▶ Quelle formalisation de l'information ?
  - Quelles bases de données et quelles structurations de celles-ci ?
    - • Quelle optimisation des données recueillies ?
    - • Quels historiques ?
    - • Quels outils à privilégier ?
- ▶ Quelle logistique et quelles vérifications pour les réunions de préparation ?
  - Exemples :
    - • Période, lieu, salle, prise de notes, paperboard, feutres, crayons, papier, rétroprojecteur, boissons, etc.
- ▶ Quelles garanties de confidentialité dans les informations recueillies ou échangées ?
- ▶ Quelles sont les techniques d'analyse de problème, sont-elles les mieux indiquées pour garantir la qualité et l'efficacité de la réflexion et de l'action ?
- ▶ Si je dois faire appel à un expert extérieur sur un domaine particulier, lors d'une réunion, ai-je préparé et validé avec lui son moment et son temps d'intervention ?

Connaissance et suivi de l'expertise : Savoir-faire

- ▶ Quelles compétences à actualiser ou à enrichir en matière de négociation ou dans un autre domaine complémentaire ?
- ▶ Quelles compétences internes ou externes faut – il utiliser en fonction des domaines spécifiques abordés ?
- ▶ Si j'interviens en cours de préparation ou de négociation :
  - Quelle connaissance de l'historique de la négociation ?
    - • Quels temps forts et quelles difficultés rencontrées ?

- Durant les réunions préparatoires à la négociation :
  - Ai-je été suffisamment pragmatique et rationnel sur le plan méthodologique ?
  - Ai-je bien géré le relationnel au sein du groupe ?
  - Sommes-nous parvenus aux résultats attendus ?
    - Sinon, pourquoi ?
- Quel point après les réunions de travail, des éventuels déficits de compétence ressentis tant à mon niveau personnel qu'au niveau de mes partenaires immédiats ?
  - Quelles solutions pour pallier ces déficits ?
    - Quels moyens et quels délais ?
    - Quelle stratégie d'action ?
    - Quels résultats attendus ?
- Quelle connaissance des potentiels et des expertises des acteurs de la négociation ?
  - Quelles forces ?
  - Quelles faiblesses ?

Style de leadership : Conduire la négociation

- Quel style d'animation globale adopter lors de cette négociation ?
- Quelle connaissance du style des acteurs de la négociation ?
  - Quelles marges de manœuvre ?

Comment aborder les éventuels points sensibles envisagés avant les réunions de préparation ou pendant la négociation ?

- Quel diagnostic de mes interventions lors des relations avec les acteurs de la négociation :
  - Facilitation ?
  - Opposition – freinage ?
  - Dispersion ?
  - Quels ajustements ?
    - Dois-je consolider mon sens des situations et des enjeux ?
    - Dois-je améliorer mon relationnel ?
    - Dois-je consolider mon organisation personnelle ?
- Avant les réunions préparatoires à la négociation ou durant ses différentes phases :
  - Quelle part à l'information ascendante, descendante, transversale ?
  - Quelle part à la diffusion ?
  - Quelle part à la consultation ?
  - Quelle part à la concertation ?

- Après les réunions de travail quel équilibre et quels écarts entre :
  - Les objectifs
  - Le relationnel
  - L'affirmation de mon autorité
  - La formalisation des données recueillies

Mobilisation des acteurs : Tactiques

- Avant les séances de préparation de la négociation, ai-je une bonne connaissance des attentes et des besoins des participants sollicités ?
- Sur quoi devrai-je m'appuyer pour mobiliser mes partenaires sur les dossiers à défendre et renforcer la cohésion d'équipe ?
- Les latitudes d'action de chacun des acteurs avant et pendant la négociation sont-elles prises en compte ?

Valeurs partagées : Se comprendre

- Quelle connaissance des principales valeurs guident l'action quotidienne des partenaires rencontrés ?
- Ai-je une idée des points de jonction ou de friction possibles sur des valeurs ou des principes forts ?
- Ai-je réfléchi à mon niveau personnel aux valeurs ou aux principes qui sous-tendent mon action ?
  - si oui, ai-je pu faire passer ces valeurs ou ces principes ? Ai-je rencontré des résistances ? Ai-je rencontré de l'adhésion ?

TABLEAU DIAGNOSTIC

	Identifiez vos 3 points forts	Identifiez vos 3 points sensibles	Quelles priorités pour la négociation ?
Stratégie d'action : Clarté sur les objectifs			
Connaissance, choix et rôles des acteurs : Rapports de force			
Méthodes et outils : Recueillir les données			
Connaissance et suivi de l'expertise : Savoir-faire			
Style de leadership : Conduire la négociation			
Mobilisation des acteurs : Tactiques			
Valeurs partagées : Se comprendre			

Christian LUJAN

BIBLIOGRAPHIE ET RÉFÉRENCES

(1) Source : STERN (P.), Cours Négociation (E.S.C.P).

(2) LACAN (J.), « *Écrits* », Éditions du Seuil, Paris, 1966. Ce paragraphe a été élaboré à partir des travaux de recherche de Gérard Chalut-Natal, Philippe Carette, Christian Lujan, *op. cit.*

(3) CHALUT-NATAL (G.), CARETTE (P.), LUJAN (C.), *op. cit.*

(4) *Dictionnaire historique de la langue française,* Le Robert, sous la direction d'Alain REY, Maxeville, 1992.

(5) *Dictionnaire historique de la langue française,* Le Robert, op. cit.

(6) LAPLANCHE (J.) et PONTALIS (J.B.) : « *Vocabulaire de la psychanalyse* », sous la direction de LAGACHE (D.), Paris, Presses universitaires de France, Vendôme, 1973.

(7) Sur ce point, on peut lire les quelques pages consacrées par GOQUELIN (P.) : « *La négociation frein et moteur du management* », Les Hommes et l'Entreprise, E.S.F. éditeur, Paris, 1993.

(8) Cf. Sur ce point, Michel (S.), « Conflits et Négociations » in *Management, aspects humains et organisationnels*, AUBERT (N.), GRUERE (J.-P.), JABES (J.), LAROCHE (H.), MICHEL (S.), P.U.F, Paris, 7e édition 2001.

(9) Définition utilisée par BELLANGER (L.), « *La Négociation* », P.U.F, 1984.

(10) DUPONT (C.), *La Négociation, conduite, théorie, applications*, Paris, Dalloz, 1986.

(11) BELLANGER (L.), *op. cit.*

(12) LE POOLE (S.), « *Négocier c'est simple !* », Guide pratique, Top Éditions, Paris, 1993.

(13) DUPONT (C.) , *op. cit.*

(14) FISHER (R.) et URY (W.), « *Comment réussir une négociation ?* », Le Seuil, Paris, 1982.

(15) Source du schéma « Fonction d'utilité des différents critères », STERN (P.), I.C.S Interconsultants Services – Paris.

(16) STERN (P.), *op. cit.*

(17) BELLANGER (L.), *op. cit.*

(18) FISHER (R.) et URY (W.), *op. cit.*

(19) Adapté de Patrice Stern, *op. cit.* Cours de négociation École Polytechnique, 1991.

(20) Adapté d'I.C.S – Interconsultants, STERN (P.), *op. cit.*

(21) LAUNAY (R.), « *La Négociation* », Séminaire, 3e édition, ESF éditeur, Paris, 1990.

PARTIE 2

CONDUIRE L'ACTION, EN INTÉGRANT LA DIMENSION HUMAINE

Chapitre 6

METTRE EN MOUVEMENT LES « RESSOURCES HUMAINES » : OUTILS ET MOYENS[1]

Description de poste, politique de rémunération, management par objectifs, gestion des carrières... autant de termes familiers aux professionnels du management des ressources humaines. Autant également de processus qu'il est nécessaire de bien comprendre et de maîtriser pour « manager » au mieux ces ressources que constituent les hommes et les femmes qui composent l'entreprise et rendre ainsi cette dernière plus performante.

Mais le management des ressources humaines ne peut lui-même se concevoir qu'en étroite articulation avec l'évolution de l'organisation telle qu'elle est projetée et voulue par ses dirigeants au travers d'un processus de réflexion stratégique. C'est une vérité première que de rappeler que c'est seulement si une entreprise continue à être profitable qu'elle pourra se pérenniser et continuer à fournir du travail aux hommes et aux femmes qui la composent et qui auront à charge de gérer son continuum. C'est donc d'abord en fonction de l'évolution future que l'on prévoit pour l'entreprise que doit être mise en place la structure interne de l'organisation avec les différents postes qui la composent, la politique de rémunération que l'on adopte puis le système de management et le système d'appréciation que l'on instaure.

Il s'agira donc, dans un premier temps, de mettre en place un système de gestion des ressources humaines approprié à l'évolution stratégi-

1. Ce chapitre a été conçu par Mickaël Hoffmann-Hervé et rédigé par Nicole Aubert.

que définie pour l'entreprise et, dans un deuxième temps, de le mettre en action afin de « manager » les hommes et les femmes de l'entreprise en adéquation avec l'évolution ainsi projetée (cf. figure 6.1).

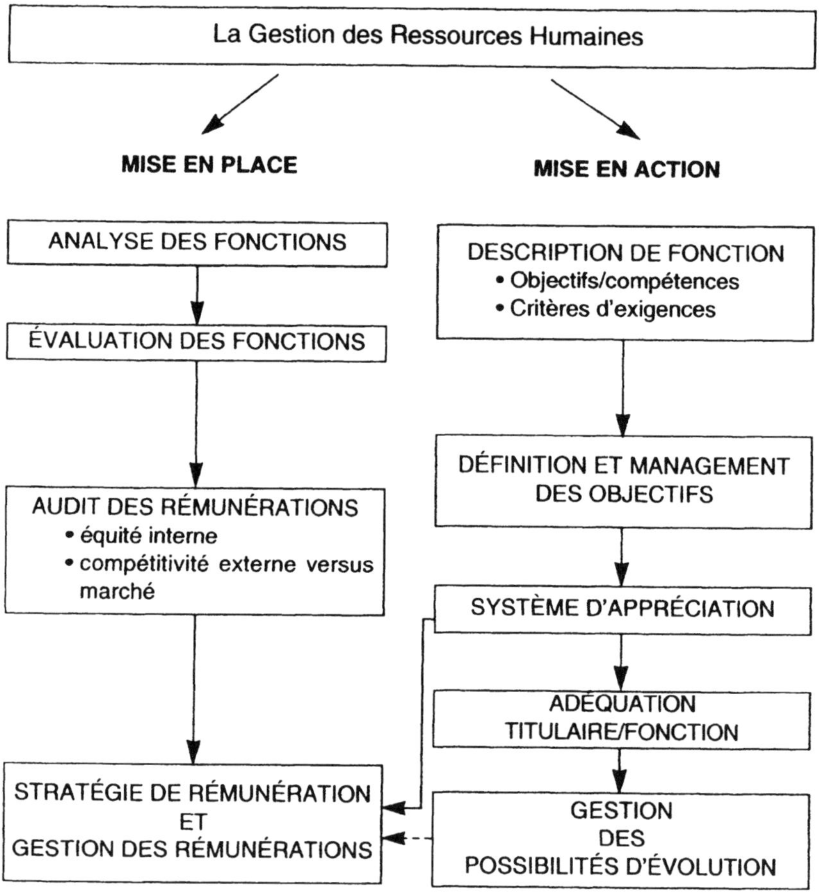

Figure 6.1 : La Gestion des Ressources Humaines
(schéma inspiré par le Cabinet Hay et modifié par l'auteur)

La mise en place du système de gestion des ressources humaines

1. La réflexion stratégique préalable

Prenons l'exemple du dirigeant d'une entreprise de peinture qui tente de définir l'orientation future qu'il souhaite donner à son entreprise. Les lignes directrices auxquelles cette réflexion stratégique devrait aboutir se traduiront, pour le responsable des ressources humaines, par la nécessité de procéder à une projection dans le futur de la situation actuelle de l'entreprise :

- **Bilan de l'actuel :** Comment se présente la situation actuelle ? Comment l'entreprise est-elle organisée (départements, directions...) ? Quel est le montant actuel de la masse salariale ? Celui de la politique de formation ? Quel est le style actuel de management de l'entreprise ? etc.

- **Projection à 5 ans :** en fonction du métier et du secteur d'activité de l'entreprise, comment peut-on projeter l'entreprise dans un avenir à 5 ans ?

Si, par exemple, l'entreprise détient aujourd'hui 20 % du marché national en peinture décoration avec un personnel de 450 employés et que l'objectif retenu par la Direction est d'accroître à 25 % cette part de marché en gardant constants les effectifs et en prévoyant une évolution de la masse salariale limitée à 9 % maximum, comment sera-t-il possible de parvenir à ce résultat et quelles devront être les lignes directrices vers lesquelles mobiliser l'ensemble des énergies de l'entreprise ?

À partir, donc, du bilan de l'actuel, puis du futur projeté, il sera possible de mesurer les écarts à combler et, pour ce faire, il sera nécessaire de procéder « à rebours », par une analyse séquencée que l'on peut représenter sous la forme d'un Z inversé.

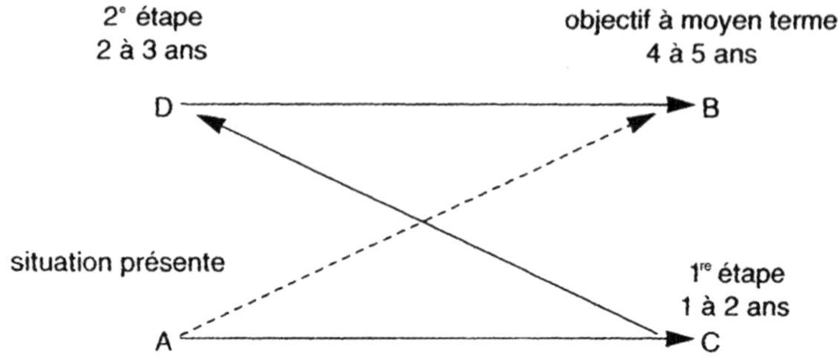

Figure 6.2 : L'anayse « à rebours » de l'évolution de l'Entreprise

Autrement dit, une fois connu l'objectif à atteindre dans 5 ans, il faudra se demander quelle devra être la position de l'entreprise dans 3 ans, puis d'ici 1 à 2 ans et déterminer, à partir de là, autant d'étapes à franchir et de progrès à accomplir pour atteindre l'objectif visé. Pour ce faire, il faut tout d'abord établir un diagnostic de la situation existante.

2. Le bilan-diagnostic de la situation existante

2.1. L'analyse des activités professionnelles

La mission du gestionnaire des Ressources Humaines consistera, à partir de là, à effectuer un travail très exhaustif d'analyse et de description des fonctions existant actuellement en se demandant, pour chacune d'entre elles, si les objectifs de l'entreprise peuvent être atteints avec les postes restant en l'état ou s'il est nécessaire de les faire évoluer tant au niveau de leur description qu'à celui des compétences de leurs titulaires.

Rappelons tout d'abord qu'une activité professionnelle remplit au niveau de l'entreprise une double fonction :

- assurer ce pour quoi elle existe : c'est sa **raison d'être**
- créer de la valeur ajoutée pour l'organisation : c'est la **performance**

Parler de la raison d'être d'une activité professionnelle signifie que son existence doit pouvoir être justifiée par rapport aux exigences des différents processus d'activité de l'entreprise. Il s'agira donc de positionner la fonction au sein de ces différents processus (conception, transformation, gestion, etc.) et de la considérer comme une cellule au centre d'une dynamique systémique comprenant des **inputs** (situations et problèmes se présentant au titulaire du poste), des **activités propres** (que le titulaire doit assumer) et des **outputs** (résultats obtenus).

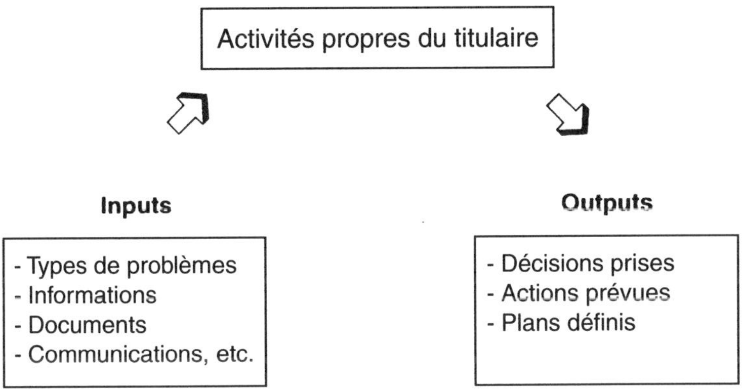

Cette approche inscrit d'emblée l'activité du titulaire de la fonction dans une double exigence de **professionnalisme** et de **performance** (création de valeur ajoutée) dont nous reparlerons à propos de la description de fonction. Ce qu'il importe ici de souligner, c'est que l'analyse des activités professionnelles, première étape du bilan-diagnostic de la situation existante, doit s'attacher non seulement à la justification de chaque fonction (sa raison d'être dans l'entreprise), mais également aux exigences qui pèsent sur celui qui l'assume en termes de professionnalisme et de performance. Ce travail d'analyse, qui doit être mené en étroite collaboration avec le responsable de la fonction considérée et avec son supérieur hiérarchique, constitue ainsi la pierre angulaire de la mise en place de tout système de gestion des Ressources Humaines.

Une fois effectué ce travail d'analyse des activités professionnelles en fonction de l'évolution définie pour l'entreprise, il nous paraît indispensable de procéder à une évaluation de la contribution de chacune de ces activités à la réalisation des objectifs de l'entreprise. Cette démarche obéit à l'un des principes de base de la motivation que nous rappelions plus haut (cf. chapitre 1) et qui repose sur la nécessité d'un équilibre entre la rétribution de chacun et la contribution fournie par lui.

2.2. *Le nécessaire équilibrage Contribution/Rétribution*

Une telle démarche, consistant à apprécier (« peser », dit-on en termes techniques) le poids de la contribution de chaque fonction, a en effet pour objectif de permettre la mise au point d'un système de reconnaissances (sous diverses formes) permettant d'apprécier à sa juste mesure la contribution de chacune des fonctions à la réalisation des objectifs de l'organisation. Elle repose sur l'idée que, pour que chaque collaborateur continue à apporter la contribution attendue de lui, en fonction des activités qui lui ont été confiées, il faut qu'il ait le sentiment d'obtenir une juste reconnaissance de ce qu'il accomplit au travers de sa fonction.

Nous retrouvons là ce principe que nous venons de rappeler du **nécessaire équilibre entre contribution et rétribution**. Plus précisément, il paraît intéressant ici de développer la relation qui existe entre les deux aspects de la motivation que nous avions appelés motivation « intrinsèque » et « extrinsèque » (cf. chapitre 1) et le couple « contribution/rétribution ».

On peut penser qu'un collaborateur qui présente un niveau de **motivation intrinsèque** élevé aura, s'il possède les compétences requises et l'expérience nécessaire pour la fonction qui lui est confiée, une contribution optimum. Cette **contribution** l'amènera non seulement à assumer la totalité de sa fonction, mais également à créer de la « valeur ajoutée » sur laquelle nous reviendrons plus loin.

En contrepartie, et pour maintenir cette motivation intrinsèque, l'organisation (l'entreprise) doit veiller à l'équité de la **rétribution** (sous toutes ses formes) qui alimentera la **motivation extrinsèque.**

Parler de rétribution s'entend au sens large et intègre toutes les formes de reconnaissance que l'entreprise peut proposer aux collaborateurs ; cela inclut naturellement la rémunération, mais également les systèmes de gestion et de motivation des hommes dans l'entreprise : promotion, mutation, formation, niveau de délégation et d'autonomie laissé aux collaborateurs, etc.

Il est évident que c'est souvent la politique de rémunération de l'entreprise qui est mise en avant pour évaluer le niveau de rétribution, mais cela ne suffit pas toujours, car une entreprise qui se contente de reconnaître les résultats par la seule rétribution financière court le risque de n'attirer que des « mercenaires » ou ne retient que ces derniers. La rétribution, au sens large du terme, est en fait bien plus complexe. Elle consiste en l'assurance que chaque acteur de l'entreprise aura le pouvoir de se développer dans son activité professionnelle propre, au travers des systèmes de management où son potentiel sera pris en compte et au travers des axes de progression qui lui seront proposés. De même, la latitude d'actions qui sera laissée aux collaborateurs pour mettre en œuvre leurs idées, les moyens mis à leur disposition, en temps, en budget, ainsi que le droit à l'erreur qui peut exister, font partie de la reconnaissance.

Telle est la complexité subjective de la rétribution : certaines personnes ne changeront pas d'entreprise, même avec une offre extérieure sérieuse leur donnant 20 % de rémunération en plus, car ces 20 % ne compenseront pas la rétribution « organisationnelle » globale dont nous venons de parler. En revanche, on peut voir certains collaborateurs accepter, alors qu'ils sont en poste, des propositions extérieures moins bien rémunérées, mais dans des entreprises qui présentent à leurs yeux l'intérêt de pouvoir valoriser leur **potentiel** et leur **développement.**

Quoi qu'il en soit, ce mécanisme subtil peut être représenté sous la forme du schéma suivant montrant l'équilibre nécessaire entre les deux éléments intrinsèques/extrinsèques et leurs poids respectifs dans l'équilibre contribution/rétribution.

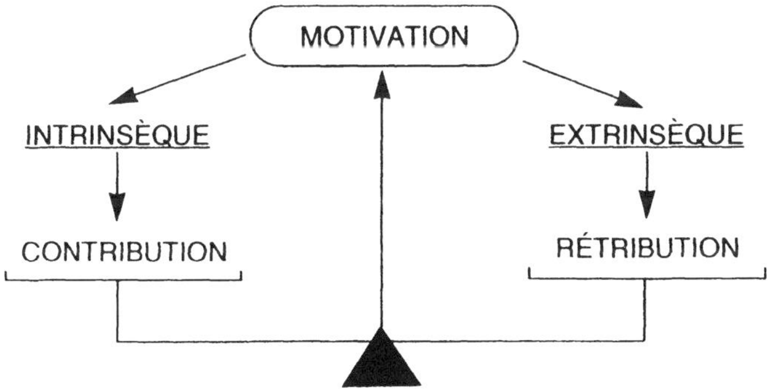

Figure 6.3 : Principes de gestion de la motivation

Si l'on admet que l'une des conditions de la performance de l'entreprise réside dans la motivation de tout son personnel, cette nécessité, que nous avons soulignée au niveau de la motivation individuelle, doit donc être prise en compte à l'échelle de toute l'entreprise. Or, pour obtenir un personnel motivé, il importe, nous venons de le dire, que la « contribution » fournie par chacun et la « rétribution » reçue par lui soient perçues comme équilibrées : il est donc nécessaire de disposer d'une gamme d'outils, tant pour mesurer la contribution attendue de chaque fonction, que pour délivrer la rétribution que chaque titulaire est en droit d'attendre. **L'évaluation des fonctions** est le premier des outils destinés à mesurer la contribution ; la **description de fonctions et le management par objectifs** ont la même finalité. Le **diagnostic de rémunération**, la **gestion des rémunérations, la gestion des carrières** (que nous étudierons ultérieurement) permettront, quant à eux, de donner à chacun une rétribution équitable en fonction de ce qu'il apporte à l'entreprise.

Le Management des Ressources Humaines est donc sous-tendu par ce schéma d'équilibre entre contributions et rétributions et consiste, pour une bonne part, à mettre en place des outils qui seront mis à la disposition des managers pour leur permettre d'équilibrer les deux plateaux de la balance contribution/rétribution.

Examinons à présent quelles sont les techniques de l'évaluation des fonctions, premier des outils de mesure de la contribution de chacun.

2.3. *L'évaluation et la classification des activités professionnelles*

Un certain nombre d'outils paritaires, tels que les conventions collectives par exemple, sont à la disposition du gestionnaire de ressources humaines pour lui permettre de positionner les fonctions les unes par rapport aux autres en les affectant chacune d'un certain coefficient. Ils peuvent toutefois rester quelque peu théoriques et ne pas correspondre à la réalité interne de l'entreprise.

D'autres techniques, plus centrées sur la situation précise de l'entreprise, permettent de mesurer de façon plus exacte la contribution des différentes fonctions aux résultats de l'entreprise. La plus connue est sans conteste la « méthode Hay » élaborée par le Cabinet Hay, qui consiste à conférer des poids précis aux différents postes en fonction de leur niveau de contribution. Trois principaux critères sont pris en compte pour cela : le critère **Compétences**, correspondant au niveau de connaissances et au niveau d'expériences requis pour occuper le poste, le critère **Finalités**, correspondant au niveau d'impact du poste, mesuré en termes financiers et le critère **Initiative créatrice**, correspondant à la complexité des problèmes que le poste est en général amené à résoudre. Chacun de ces critères est mesuré très finement, en tenant compte de toute une série de variantes auxquelles correspondent des coefficients multiplicateurs de points.

Figure 6.4 : Les 3 principaux critères de mesure d'un poste selon la méthode Hay

Cette méthode a le mérite de constituer une mise à plat, la plus objective possible, des différents postes dans l'organisation et d'aboutir ainsi à l'établissement d'une grille de classification se traduisant par exemple par des « grades » et permettant à chaque collaborateur de se positionner dans la hiérarchie de l'ensemble des postes de l'entreprise. Cette classification objective justifie alors que, chaque poste n'ayant pas le même « poids » de contribution, il soit légitime qu'il ne reçoive pas la même rétribution. Ce diagnostic de la situation existante, effectué au travers de l'analyse puis de l'évaluation et de la classification des postes, doit donc se poursuivre par un diagnostic des rémunérations pratiquées dans l'entreprise.

2.4. *Le diagnostic des rémunérations*

Ce diagnostic est indispensable aussi bien pour « asseoir » et établir l'équité interne entre les différents collaborateurs que pour positionner l'entreprise en termes de compétitivité externe.

Pour obtenir de façon simple une vue d'ensemble des rémunérations pratiquées dans l'entreprise, on peut construire un tableau (cf. schéma 6.5) comportant en abscisse la classification choisie pour positionner les activités professionnelles les unes par rapport aux autres (les grades par exemple) et en ordonnée les différents niveaux de rémunération de l'entreprise, des plus faibles jusqu'aux plus élevés. Une fois le tableau construit, il sera possible de positionner chaque collaborateur à l'intersection du « grade » (ou coefficient selon la terminologie choisie) qui est le sien et de la rémunération qui lui est affectée. La lecture du tableau fera apparaître des phénomènes d'**amplitude** : amplitude des rémunérations pratiquées pour un même « grade » ou « coefficient » ; amplitude des grades ou coefficients pour un même niveau de rémunération.

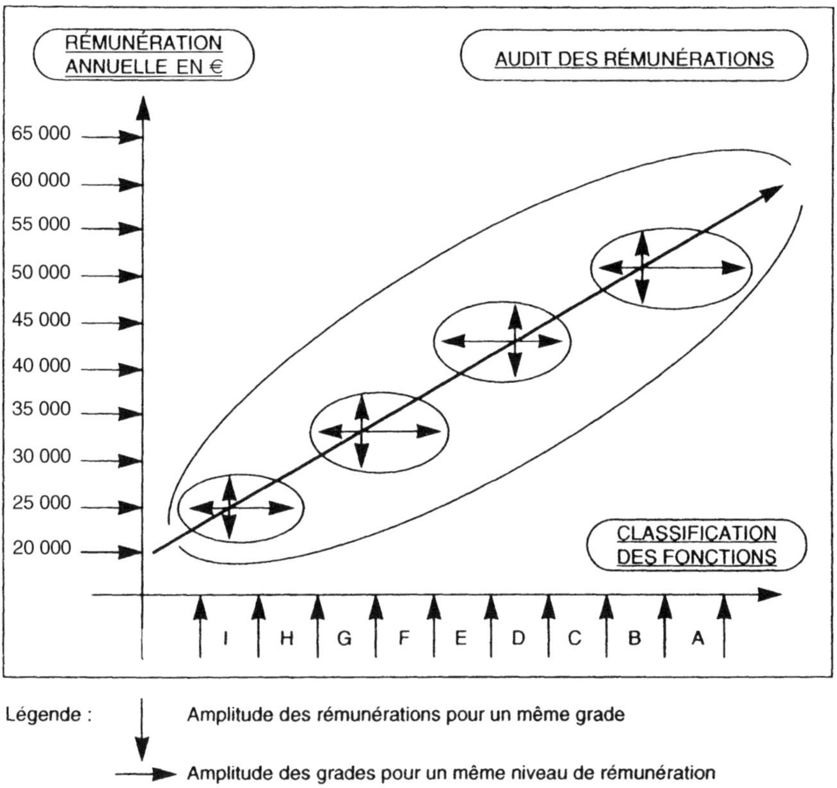

Figure 6.5 : Le diagnostic des rémunérations

L'analyse de ce tableau, avec les phénomènes d'amplitude qu'il révèle, permet d'opérer un certain nombre de constats nécessaires pour une bonne gestion de l'équité interne. Si la lecture du tableau révèle, par exemple, que des collaborateurs positionnés classe G sont au même niveau de rémunération (25 000 € par exemple) que des collaborateurs relevant de la classe H, nous devrons nous poser la question de l'équité d'une telle situation : la situation peut être jugée équitable si le collaborateur payé 25 000 € en classe G se trouve dans une situation de démarrage de sa carrière et occupe une fonction dans laquelle peut se dérouler une bonne partie de celle-ci. Elle ne peut pas l'être si le collaborateur occupant le poste depuis un certain temps peut prouver un niveau de compétences et de performances acceptable, ce qui semblerait alors démontrer que sa rémunération n'a pas été revalorisée ou que le système d'appréciation annuel n'a pas joué correctement son rôle.

En partant des échelles de rémunération ainsi établies à partir d'une analyse statistique, niveau de rémunération par niveau de rémunération et grade par grade, de la situation des différents collaborateurs, il sera possible de déterminer une **ligne médiane de rémunération** permettant de définir une rémunération moyenne par grade. Dès lors, si je constate par exemple qu'un collaborateur positionné au grade G est rémunéré 24 400 €/an, alors que la rémunération moyenne du grade G est de 32 000 €, nous devrons essayer de déterminer s'il est justifié que ce collaborateur gagne 7 600 € de moins que la moyenne correspondant à ce grade et, si tel n'est pas le cas, à prendre les mesures qui s'imposent sur le plan de l'équité interne.

Tel est le premier objectif de ce diagnostic des rémunérations : assurer l'équité interne entre tous les collaborateurs. Il en est un second, qui concerne la compétitivité externe de l'entreprise : en effet, le tableau diagnostic une fois établi peut être envoyé à une base de données centrale afin de pouvoir comparer la situation de l'entreprise à celle d'autres groupes du même secteur et de déterminer comment l'entreprise se situe par rapport au marché. À partir de là, il sera possible de prendre des décisions en fonction du projet stratégique défini pour l'entreprise : décide-t-on, et pourquoi, de rester délibérément en dessous du marché ? Choisit-on de s'aligner ou, au contraire, de se positionner en tête du marché sur ce terrain des rémunérations ? Quel type de rémunération choisit-on d'adopter ? Pour bien comprendre ces enjeux, il nous faut d'abord rappeler quels sont les différents éléments d'une politique de rémunération ?

2.5. Les différents éléments d'une politique de rémunération

Définir une politique en matière de gestion des ressources humaines et, plus précisément, en matière de rémunération dépend, en premier lieu, de la situation dans laquelle se trouve l'entreprise.

- **Les 5 « scénarios de vie » d'une entreprise**

Toutes proportions gardées, il semble que l'on puisse, sur certains aspects, comparer le cycle de vie d'une entreprise au cycle de vie d'un produit. Une entreprise peut en effet se trouver en situation de :

– lancement

– stabilisation

– récession

– stabilité/récession

– redémarrage

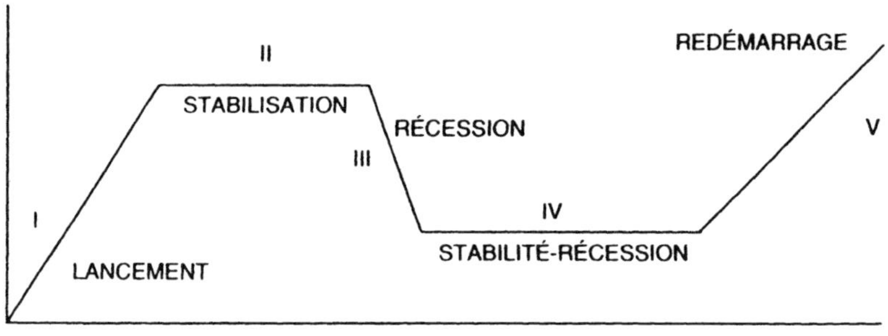

Figure 6.6 : Les scénarios de vie d'une entreprise

Chacun de ces cinq scénarios implique pour l'entreprise une politique de gestion des Ressources Humaines (recrutement, motivation, rémunération, etc.) adaptée.

– Ainsi, en scénario I (lancement), l'entreprise doit recruter et s'efforcer, bien sûr, d'attirer les meilleurs. Cette nécessité peut correspondre à une attitude plus ou moins « inflationniste » en matière de rémunération.

– En scénario II, l'entreprise est amenée à stabiliser ses effectifs. Elle a tendance à limiter l'évolution de ses salaires et à développer une politique de stabilisation de ses collaborateurs en utilisant des outils de fidélisation du type plan d'épargne d'entreprise, plan de retraite captif, etc.

– En scénario III, l'entreprise est dans une situation de récession. Si elle peut se permettre de laisser partir un certain nombre de collaborateurs, elle doit, en revanche, s'efforcer de garder les meilleurs : cette nécessité la conduira à développer une politique de rémunération très discriminante, ce qui n'était pas le cas en scénario I.

– En scénario IV, ayant en quelque sorte « fait le ménage » durant la phase précédente, l'entreprise doit stabiliser sa récession et, pour cela, s'efforcer de conforter les collaborateurs qui restent et de les conserver afin qu'ils puissent l'aider à « relancer la machine ». Elle aura alors besoin de mettre en place une politique de fidélisation plus accentuée que dans le scénario II.

– Enfin, en scénario V, l'entreprise se retrouve un peu dans le cadre du scénario I et doit, en général, se positionner de façon plus agressive sur les salaires.

Ceci étant, une fois repéré le « scénario » dans lequel se trouve l'entreprise, une fois identifiés, au travers du diagnostic de rémunération, les problèmes d'équité interne à régler, une fois arrêtée la position sur le marché que l'entreprise souhaite adopter, quels sont donc les instruments dont dispose le gestionnaire des ressources humaines pour mettre en place la politique de rémunération définie pour l'entreprise ?

- **Les instruments de la politique de rémunération**

Une politique de rémunération se construit en général de manière modulaire, chaque module correspondant à des registres différents de la motivation : registre de la rémunération individuelle, registre de la rémunération collective, registre de la rémunération différée (cf. figure 6.7).

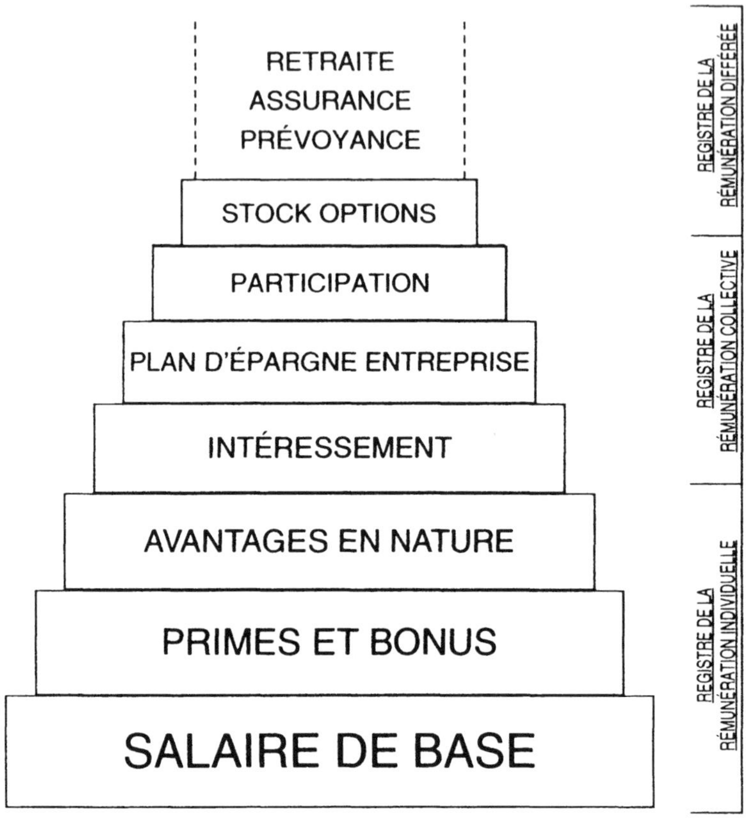

Figure 6.7 : Les différents éléments d'une politique de rémunération

Détaillons les différents éléments du tableau ci-dessus qui correspondent aux différents instruments permettant d'établir une politique de rémunération.

– **Le salaire de base** : il est le socle sur lequel est assise toute politique de rémunération. Il est là pour reconnaître ce que le collaborateur apporte de manière **stabilisée** à l'entreprise : par exemple ses connaissances, son expérience, son professionnalisme. Le salaire de base renvoie directement à cette notion, que nous reprendrons plus loin, de **professionnalisme.**

– **Les primes et bonus** : constituant une forme de rémunération fondamentalement variable, les primes et bonus sont là pour reconnaître les contributions ponctuelles et/ou annuelles des collaborateurs. Elles renvoient directement à la notion de **performances**.

– **Les avantages en nature, l'intéressement, les plans d'épargne entreprise, la participation** : étant connectés, pour les 3 derniers éléments tout au moins, aux résultats collectifs de l'entreprise, ils appartiennent au registre de la motivation collective. Ils ne rentrent en ligne de compte qu'à partir du moment où l'entreprise veut fidéliser ses collaborateurs. Ils sont en effet très difficiles à négocier en cas de changement d'entreprise ; ainsi, par exemple, la prise en charge par l'entreprise d'une partie du loyer personnel du collaborateur constitue un puissant instrument de fidélisation...

– **Les systèmes de retraite, d'assurance, de prévoyance ou encore les « stock options »** qui constituent le haut de la pyramide correspondent à une rémunération différée et rentrent, eux aussi, dans le cadre d'une politique de fidélisation à long terme. Assurer aux collaborateurs une retraite complémentaire, les faire bénéficier d'un plan d'assurance ou de prévoyance spécifique, ou encore d'une mutuelle beaucoup plus intéressante que celles que l'on peut trouver à l'extérieur constituent de sûrs instruments de fidélisation : une retraite complémentaire, par exemple, pour laquelle l'entreprise verse des cotisations, peut être perdue pour le collaborateur en cas de départ, l'entreprise récupérant alors, en général, les fonds versés.

Une fois bien identifiés les différents instruments dont on dispose, il reste à adapter le choix de ces instruments à la politique définie pour l'entreprise, en fonction du plan stratégique et en fonction du « scénario » dans lequel elle se trouve. S'agit-il de conforter les collaborateurs dans leur professionnalisme ?... auquel cas, il s'agira de revaloriser les salaires de base. S'agit-il de les dynamiser ponctuellement par rapport à des objectifs précis ?... auquel cas il faudra mettre en place un système de rémunération variable connecté aux objectifs (primes ou bonus). A-t-on besoin de s'attacher durablement certains collaborateurs déjà très bien payés ?... il sera alors possible de réfléchir en termes de rémunération défiscalisée : avantages en nature par exemple. Le problème consiste-t-il à renforcer la motivation collective de l'entreprise, la situation exigeant que « tout le monde rame dans le même sens » ?... il sera alors nécessaire de réfléchir en termes de plan d'épargne d'entreprise, intéressement, etc. Importe-t-il de fidéliser à long terme certains collaborateurs ? Les différentes possibilités de rémunération différées devraient alors permettre d'atteindre cet objectif.

Une fois effectué le bilan de la situation actuelle de l'entreprise, et défini le type d'organisation à mettre en place en fonction du plan à long terme, une fois envisagée l'évolution nécessaire des différentes activités professionnelles et évalué leur contribution respective, une fois réglés, au travers de la mise en place d'une politique de rémunération, les problèmes d'équité et la question de la compétitivité externe, il s'agit à présent de mettre en action l'ensemble du système afin d'obtenir des hommes et femmes composant l'entreprise qu'ils réalisent au mieux les missions qui leur sont imparties.

La mise en action du système

Pour que l'entreprise atteigne ses objectifs, il faut qu'elle puisse s'appuyer sur des collaborateurs qui soient non seulement compétents et professionnels, mais également performants et efficaces. Nous résumerons ces exigences en utilisant, pour le premier groupe d'exigences, le terme de **professionnalisme** et, pour le second, le terme de **performance**.

Ces deux types d'exigence doivent être concrétisés et détaillés pour que chaque acteur puisse avoir de son rôle une vision aussi claire que possible. Le meilleur outil pour ce faire reste aujourd'hui, selon nous, la description de fonction.

1. La raison d'être de la description de fonction

Certains dirigeants, s'appuyant sur l'argument : « Définir, c'est limiter » sont résolument hostiles à cette démarche. Ainsi, un dirigeant, rencontré un jour par l'auteur de ce chapitre, expliquait par exemple : « jamais je ne définirai les postes de mon entreprise de peur de voir mes collaborateurs se retrancher derrière leur « bout de papier » : sous-entendu « *Monsieur vous me demandez de faire cela, je vous fais remarquer que ce n'est pas dans ma description de poste... Que comptez-vous faire ?* ».

La crainte de ce « chantage à la rallonge » continue à paralyser des générations de dirigeants. La conséquence en est, malheureusement, qu'en attendant, les collaborateurs flottent dans un environnement flou et plus ou moins confortable. C'est la raison pour laquelle nous estimons que pour mettre fin à ce flou souvent néfaste et pour tenter d'obtenir, de la part de chaque collaborateur, ces deux aspects nécessaires de la compétence et de l'efficacité, la première chose à faire est d'établir pour chacun une description aussi précise que possible des activités qui lui sont confiées. Cette description doit, à notre sens, détailler d'une part les compétences techniques, les connaissances professionnelles et les comportements attendus du collaborateur (c'est ce que l'on regroupe sous le terme **professionnalisme** qui constitue une composante de base de la fonction), d'autre part les **performances** qui lui sont demandées et qui sont, à la différence du professionnalisme, variables et remises en jeu chaque année.

Il faut bien voir que ces deux composantes – professionnalisme et performance – sont strictement complémentaires : il est en effet tout aussi difficile d'imaginer des collaborateurs performants sans un minimum de professionnalisme, qu'il est inutile de disposer de collaborateurs compétents sur le plan « professionnel » (possédant les aptitudes nécessaires à leur fonction), mais incapables de générer la moindre performance (tel est pourtant souvent le drame de certaines administrations).

Une organisation qui fonctionne bien est donc une organisation qui demande à ses collaborateurs de créer de la performance, en adéquation avec le niveau de professionnalisme qu'ils apportent à l'entreprise ; ces deux éléments doivent être clairement détaillés dans une description de fonction. On verra, dans le schéma qui suit, la distinction entre les **critères de maîtrise de la fonction** qui correspondent au professionnalisme exigé et la **contribution attendue** de la fonction qui correspond à la performance demandée. Dans la colonne de droite, le collaborateur apprend comment il doit développer son professionnalisme ; dans celle de gauche, on lui indique comment ce professionnalisme doit servir l'entreprise en apportant une contribution qui constitue, pour l'entreprise, une valeur ajoutée fondamentale.

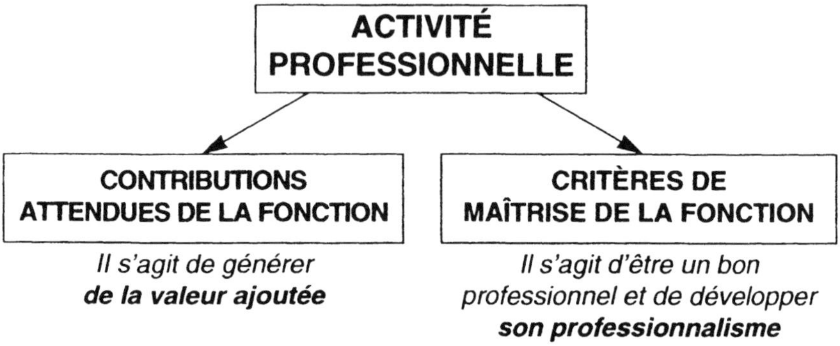

Figure 6.8 : Les composantes de la description de fonction (1)

Nous allons à présent détailler plus précisément ces deux composantes de la description de fonction.

1.1. Le professionnalisme

Le professionnalisme peut schématiquement se décliner en cinq éléments qui constituent les critères de maîtrise de la fonction :

1. Le SAVOIR : ce premier élément correspond aux **connaissances théoriques nécessaires** pour tenir la fonction (scolaires, universitaires, techniques, etc.).

2. Le SAVOIR-FAIRE : correspond à l'expérience permettant la mise en pratique adaptée des connaissances acquises, à la capacité que l'on a, à travers son expérience, de mettre en œuvre les connaissances acquises.

3. Le SAVOIR-ÊTRE : désigne toute la **dynamique comportementale** nécessaire pour remplir une fonction (par exemple si un très bon professionnel fait preuve d'un comportement en décalage par rapport à la culture ou aux besoins des clients, son professionnalisme ne sera pas reconnu : *voir, sur ce point, l'identification et le management des compétences, page 201*).

4. Le SAVOIR-FAIRE-FAIRE : on désigne par là les **capacités à transmettre** son savoir et ses compétences pour faire en sorte que les autres agissent dans le sens souhaité. Ce n'est pas automatique : un bon vendeur ne sera pas nécessairement un bon chef de Vente...

5. Le SAVOIR-FAIRE-SAVOIR : recouvre les **capacités stratégiques de communication**, le sens politique, la stratégie d'influence.

Les critères de maîtrise de la fonction doivent être clarifiés avec le collaborateur afin que celui-ci cerne bien toutes les compétences dont il lui est demandé de faire la preuve et tous les comportements que l'on attend de lui. Ils seront repris au moment de l'appréciation du collaborateur afin d'évaluer les points forts et surtout les points à améliorer qui seront à développer par la formation et les actions d'accompagnement spécifiques. Le développement de ces critères pourra donner lieu à la fixation d'objectifs de maîtrise de la fonction qui permettront au collaborateur de parfaire son professionnalisme et de mieux maîtriser son activité professionnelle.

Ces objectifs sont souvent de type qualitatif et se travaillent sur le moyen et le long terme (on n'acquiert pas forcément de nouvelles compétences ou de nouveaux comportements du jour au lendemain).

1.2. Les contributions attendues

Incontestablement, ce sont les modèles anglo-saxons qui nous proposent aujourd'hui les meilleurs approches de la description de fonction, bien qu'il existe de nombreuses méthodes sur le marché.

La plus structurante est, selon nous, celle que propose la méthode HAY qui part du principe que tout collaborateur dans une entreprise est un promoteur au sens large du terme, avec quatre finalités propres que nous préférons, quant à nous, dénommer : « contributions attendues » : chaque titulaire doit faire face à **un certain marché**, à un **environnement monétaire et financier déterminé** ; il dispose d'un certain **potentiel logistique et matériel** et enfin il doit répondre d'un **potentiel humain** placé sous sa responsabilité. Détaillons plus précisément ces différentes contributions pour lesquelles nous garderons l'appellation anglo-saxonne du groupe Hay :

1°) Les contributions **MARKET** : chaque titulaire doit faire face à un certain « marché » (ses clients, ses pairs, ses fournisseurs). Il s'agit d'abord d'identifier ce marché, puis de déterminer ce qui doit être fait vis-à-vis de ces différents interlocuteurs.

2°) Les contributions **MONEY** : chaque titulaire doit gérer un certain environnement financier. Il s'agit de saisir si la contribution correspond à un centre de profit (je vends, je fais rentrer du cash, je négocie), un centre de gestion (j'ai 100, je dois en préserver la pérennité), un centre de rentabilité (j'ai 100 et je dois en faire 120 ou 130 par mes actions, décisions, etc.) ou un centre de coût (je coûte 100 mais je dois leur en donner – à mes clients – pour leur argent) ?

3°) Les contributions **MACHINE** : elles correspondent aux outils mis à disposition des titulaires, le terme « outils » étant pris ici d'une manière exhaustive : ce sont les « moyens » en général, c'est-à-dire l'immobilisation, le traitement de l'information, les biens matériels de l'entreprise que le titulaire doit gérer, entretenir et optimiser (chaîne de production, parc micro informatique, circuit de communication, etc.).

4°) Les contributions **MEN** : Chaque titulaire doit gérer un certain potentiel humain placé sous sa responsabilité : MAN s'il est seul, sans responsabilité hiérarchique (et ce n'est pas le plus facile à gérer !) ; MEN s'il a une équipe à encadrer et s'il doit faire travailler des collaborateurs, forcément différents, pour atteindre le même but.

Cette approche est, à notre sens, celle qui se rapproche le plus des finalités d'une organisation. En effet, toute organisation a :

- Un marché **(MARKET)** : sur lequel elle désire développer un impact (pénétration, part de marchés, chiffre d'affaires, rentabilité,...)
- Un environnement monétaire **(MONEY)** : elle doit être profitable, gérer ses flux financiers et assurer son ROI[1] ou ROE[2].
- Une structure de biens **(MACHINE)** : elle possède des machines, des chaînes de fabrication, un parc automobile, etc. qui représentent ses actifs et sont nécessaires au bon fonctionnement de l'organisation.
- Un environnement humain **(MEN)** : elle a un potentiel humain avec des compétences, des aspirations, des idées qui peuvent transcender les trois finalités précédentes, sans les rendre stériles, en fonction des modes de gestion qui seront adoptés.

Lorsque les contributions attendues ont été correctement détaillées dans la description de fonction, chaque titulaire doit être en mesure de savoir parfaitement ce qu'il doit faire sur ce qui constitue son

1. ROI : Return on investment.
2. ROE : Return on equity.

« marché » et quels sont les résultats attendus de lui. Il doit avoir compris comment gérer son environnement financier et de quelle manière optimiser la logistique qui lui sera confiée. Il doit enfin avoir intégré quels sont les objectifs qu'il doit atteindre en matière de management des hommes. À ces diverses contributions correspondent donc des résultats attendus à court terme et révisables chaque année.

Nous pouvons à présent compléter la figure précédente et synthétiser cette double exigence de la façon suivante :

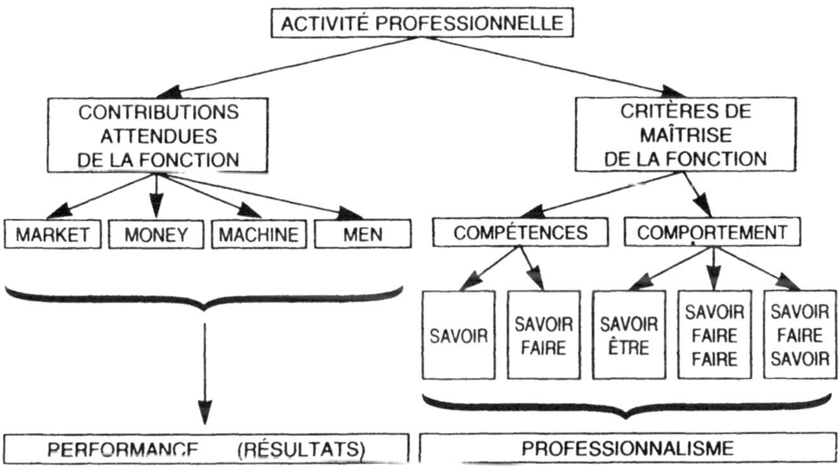

Figure 6.9 : Les composantes de la description de fonction (2)

Cette démarche de la description de fonction permet ainsi de décliner, année après année, d'une part les objectifs de maîtrise de la fonction qui vont permettre au collaborateur de développer son professionnalisme, d'autre part les objectifs opérationnels qui permettront de manager sa performance. La maîtrise de cet outil permet de sensibiliser les responsables hiérarchiques au fait qu'**un collaborateur performant doit à la fois développer son professionnalisme et apporter à l'entreprise cette valeur ajoutée qu'est la performance**. C'est là la base du management par objectifs que nous pouvons représenter de la manière suivante, à partir du schéma suivant :

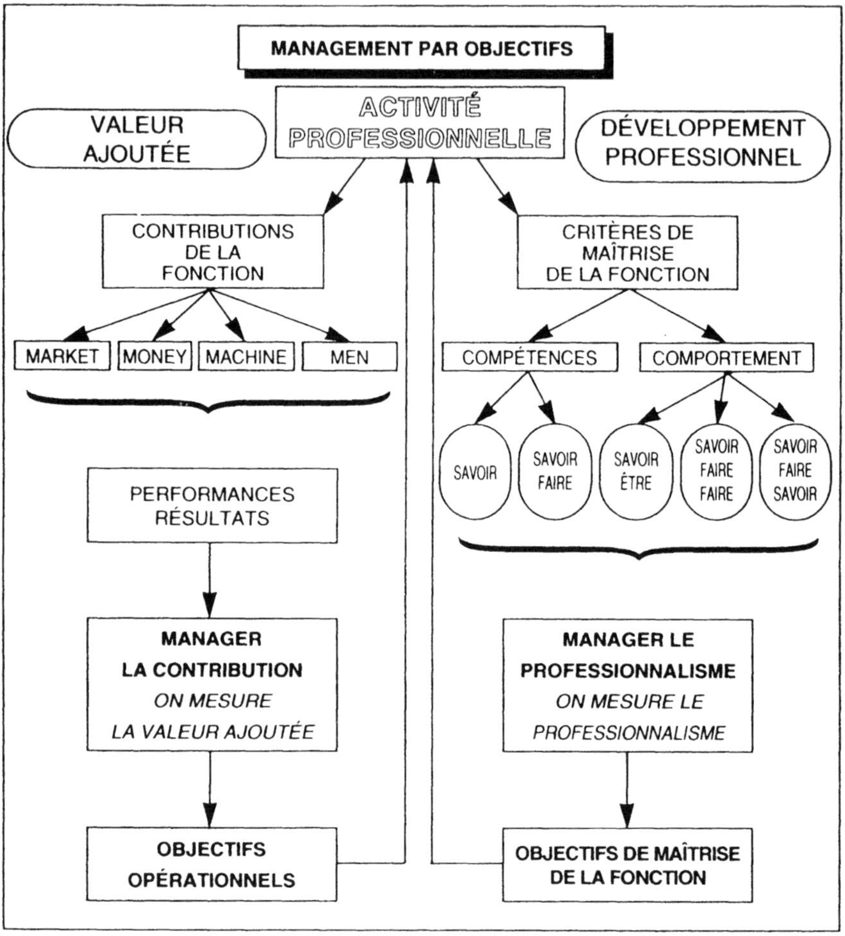

Figure 6.10 : Le management par objectifs

C'est aussi cette démarche de la description de fonction, qui permet, une fois qu'elle est bien mise en place de mettre en œuvre tout naturellement un système d'appréciation du personnel, puisqu'on a désormais la possibilité d'évaluer chaque année, à partir de l'activité du collaborateur, la manière dont il aura développé son professionnalisme au travers de l'évolution de ses compétences et de l'adaptation de ses comportements et la manière dont il aura créé de la performance pour l'entreprise.

2. La corrélation nécessaire avec le système d'appréciation : la clarification préalable des fonctions et des responsabilités

Pour que la description de sa fonction permette à chaque collaborateur de savoir comment développer au mieux son professionnalisme, tout en fournissant chaque année les contributions attendues par l'organisation, il importe d'avoir au préalable parfaitement clarifié les fonctions et responsabilités du collaborateur : cette précaution permet en principe de limiter les écarts entre ce qu'il croit être les attentes à son égard, et ce que l'organisation attend en fait réellement de lui. Bref, elle permet une plus juste adéquation entre la demande de l'organisation et la réponse du collaborateur.

Or, entre la façon dont l'organisation confie une activité à son collaborateur et la façon dont cette activité est effectivement remplie et assumée par lui, peuvent se produire de multiples écarts dus notamment à des problèmes de compréhension, à des problèmes d'adhésion, à des problèmes de compétence, de motivation ou de moyens. La figure ci-après tente de représenter ces distorsions possibles et indique les moyens d'y remédier :

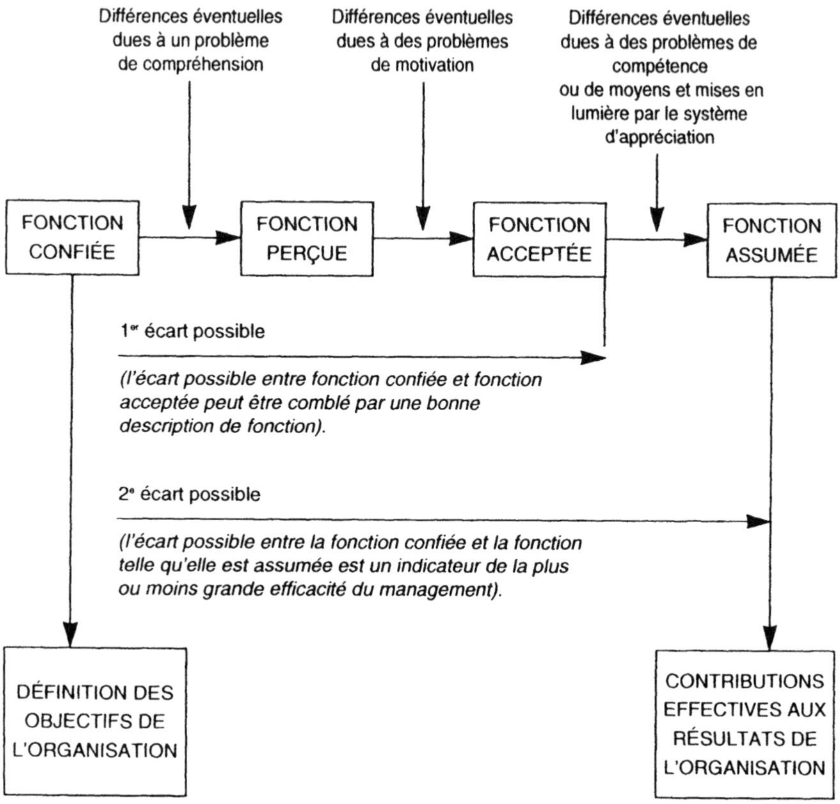

Figure 6.11 : Clarification des fonctions et des responsabilités (schéma inspiré par le cabinet Hay)

Avant la mise en place d'un système d'appréciation, il importe d'être sûr que chaque collaborateur perçoit bien le rôle que l'organisation attend de lui, c'est-à-dire la **fonction confiée**. Une fois que l'on est bien certain qu'il ne reste plus de problèmes de compréhension entre l'organisation et son collaborateur et que, par conséquent, la fonction confiée est bien perçue par lui, il faut pouvoir être certain que le collaborateur est suffisamment motivé pour adhérer à ce nouveau rôle et en accepter totalement le niveau de responsabilités et le positionnement dans l'organisation : la fonction est alors acceptée. Ce sont, à ce niveau, des problèmes de *motivation* et *d'adhésion* qui peuvent éventuellement empêcher de passer de la **fonction perçue** à la **fonction acceptée**. Et c'est seulement lorsque toutes les étapes ont été franchies, qu'il n'existe plus d'ambiguïté entre la fonction confiée et la fonction perçue, et que le collaborateur accepte cette fonction, que l'on peut mettre en place un système d'appréciation destiné à mesurer les écarts entre la manière dont le collaborateur aura intégré ce que l'organisation attend de lui et ce qu'il est réellement capable de faire, c'est-à-dire la **fonction assumée**.

La première étape de la mise en place d'un système d'appréciation consiste donc dans cette clarification des attentes de l'organisation par rapport aux volontés des collaborateurs. Si beaucoup d'entreprises mettent en place des systèmes d'appréciation qui ne fonctionnent pas ou peu de temps, c'est parce qu'il existe trop souvent ce « gap », cet écart entre les attentes de l'organisation concrétisées par les missions confiées aux collaborateurs au travers des postes et la manière dont les collaborateurs en question vont être capables d'assumer et de prendre en charge leurs responsabilités.

La condition *sine qua non* et première de la réussite d'un système d'appréciation réside dans la nécessité absolue que, au moment de la discussion à propos des résultats, collaborateurs et hiérarchiques parlent bien de la même chose. **La description de fonction**, qui se concrétise par un document formalisé scellant l'accord entre le collaborateur et l'entreprise, est donc bien, comme le montre la figure 6.11 ci-dessus, **l'instrument qui permet de minimiser l'écart entre fonction perçue, fonction confiée et fonction acceptée. Par contre, c'est l'efficacité du management et des managers qui permet de réduire l'écart entre fonction confiée et fonction assumée.** Il nous faut donc à présent détailler ces étapes essentielles du management que sont la définition des objectifs et le suivi des objectifs.

3. L'identification et le management des compétences

Pour manager les compétences, il s'agit d'abord de pouvoir identifier celles qui sont nécessaires à l'accomplissement d'une tâche déterminée. Pour cela, il faut :

- repérer le type de situations professionnelles auxquelles est confronté un collaborateur, c'est-à-dire celles dans lesquelles il ne peut pas échouer sans mettre en jeu le cœur de sa fonction.
- identifier les compétences que le collaborateur doit posséder pour aborder les situations professionnelles en question, en relation avec les interlocuteurs qui sont les siens dans l'exercice de ses fonctions (autrement dit, identifier les comportements critiques de réussite

qui doivent être maîtrisés en termes de savoir, savoir-faire, savoir-être, savoir-faire-faire et savoir-faire-savoir (cf. § 1.1 de ce chapitre).
– connaître le réseau relationnel du collaborateur, c'est-à-dire les interlocuteurs auxquels il est confronté dans les différentes situations qu'implique sa fonction.

3.1. Identifier les différents types de situations professionnelles

Chaque poste est confronté à trois types de situations professionnelles :

I – **Les situations individuelles** : Ce sont celles où le titulaire travaille seul.
a) Traitement du courrier
b) Analyse des problèmes
c) Rédaction (rapports, comptes rendus, etc...)

II – **Les situations duelles** : Ce sont celles où le titulaire travaille avec une tierce personne.
a) Au niveau de la ligne hiérarchique
b) Au niveau des interlocuteurs internes
c) Au niveau des interlocuteurs externes

III – **Les situations de groupe** : Ce sont celles qui mettent en relation le titulaire du poste et plusieurs autres interlocuteurs.

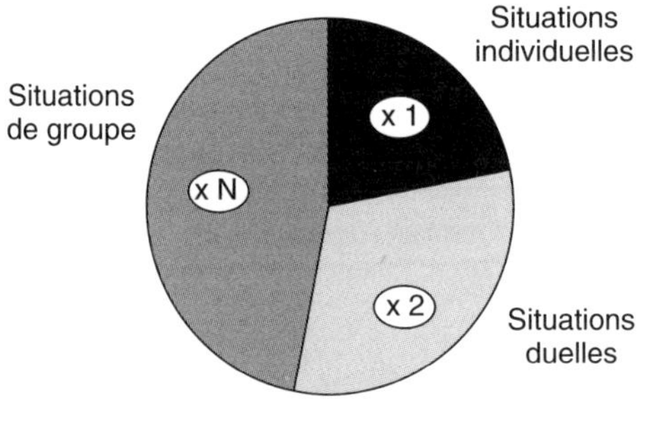

Figure 6.12 : Les situations professionnelles – Incidents critiques

Commentaire : cette figure sert à visualiser quantitativement la manière dont le poste « fonctionne » au niveau de la répartition des différentes situations professionnelles qu'il implique.

3.2. Identifier les compétences requises : le guide des compétences

Une fois qu'on a identifié les situations professionnelles auxquelles le collaborateur est confronté et dans lesquelles il ne doit pas échouer, on s'efforcera d'identifier le type de compétences qu'il devra posséder pour aborder ces situations professionnelles.

Ces compétences peuvent être classées selon leurs différentes dimensions :

A – Dimensions liées à l'action

1. PRÉVISION : À partir d'une situation actuelle, évaluer les réalisations possibles et définir les objectifs à atteindre.

2. ORGANISATION : Préparer les actions, en agencer les étapes (pour soi ou pour d'autres), de façon à ce qu'elles se déroulent dans les conditions les meilleures pour atteindre l'objectif, en tenant compte des contraintes existantes.

3. COORDINATION : Relier les informations, les événements et les actions, à bon escient telles que celles-ci ne soient pas dispersées.

4. PRISE DE DÉCISION : Choisir entre plusieurs solutions et en adopter une dont on pourra rendre compte et assumer les conséquences.

5. TRANSMISSION DE L'INFORMATION : Faire circuler de manière ascendante et descendante les données concernant la vie de l'organisation.

6. INITIATIVE : Entreprendre, proposer ou organiser des actions nouvelles plutôt que seulement réagir aux événements.

7. STRATÉGIE : Entreprendre des actions dont l'issue prévisible est cependant incertaine mais peut apporter des avantages.

8. TÉNACITÉ : Persévérer dans la résolution d'un problème jusqu'à l'atteinte de l'objectif ou bien jusqu'à la mise en évidence que celui-ci n'est plus raisonnablement valable.

9. TOLÉRANCE À LA PRESSION : Rester efficace dans des situations décevantes et/ou hostiles, malgré les pressions.

10. AUTONOMIE : Mener les actions jusqu'à leur terme, de manière indépendante et en se contrôlant soi-même au fur et à mesure.

B – Dimensions d'ordre intellectuel

11. ANALYSE DES PROBLÈMES : Discerner et comprendre les différents éléments d'un problème en les situant les uns par rapport aux autres.

12. SYNTHÈSE : Regrouper les éléments essentiels d'un problème.

13. COMPRÉHENSION : Assimiler des informations et des connaissances et savoir les intégrer dans l'action.

14. JUGEMENT : Porter une appréciation qualitative et/ou quantitative sur des faits ou des hommes.

15. MÉTHODE : Aller jusqu'à la finalisation des actions en se préoccupant de chaque étape avec rigueur.

16. SENS CRITIQUE : Apprécier et dégager les éléments positifs et négatifs d'une situation ou d'un problème dans un but constructif.

17. ATTENTION À L'ENVIRONNEMENT : Être attentif aux changements économiques, sociaux ou politiques, susceptibles d'influer sur la fonction ou l'organisation.

18. PERCEPTION DES ORGANISATIONS : Prévoir l'impact et les conséquences d'une décision ou d'une action sur le reste de l'organisation.

19. CAPACITÉ NUMÉRIQUE : Analyser, organiser, présenter et exploiter des informations chiffrées, par exemple financières ou statistiques.

20. CRÉATIVITÉ : Concevoir dans l'action des solutions nouvelles (innover).

C – Dimensions d'ordre relationnel

21. IMPACT : Donner ou créer une première impression favorable aux autres, se faire reconnaître comme un interlocuteur fiable

22. PERSUASION : Écouter, argumenter et conclure pour convaincre les interlocuteurs de penser et d'agir dans le sens voulu.

23. ADAPTABILITÉ : Maintenir son efficacité en modifiant son comportement, en fonction des changements d'environnement, de tâches, de responsabilités, d'interlocuteurs.

24. ÉCOUTE : Capacité à maintenir son attention en laissant s'exprimer les idées d'autrui jusqu'au bout quelles que soient ses propres positions.

25. SOCIABILITÉ : Aller au devant des autres, créer aisément le contact.

26. SENS DES RELATIONS INTERPERSONNELLES : Capacité à appréhender les relations duelles ou de groupe et agir afin d'atteindre les buts fixés.

27. ESPRIT D'ÉQUIPE : Manifester de la solidarité, participer en tant que membre à un groupe et y contribuer effectivement, même si le résultat n'est pas d'un intérêt direct pour soi.

28. COMMUNICATION ORALE : S'exprimer efficacement quel que soit l'individu ou le groupe auquel on s'adresse.

29. COMMUNICATION ÉCRITE : Exprimer clairement ses idées par écrit dans une forme correcte.

D – Dimensions d'encadrement

30. LEADERSHIP : Favoriser l'activité d'un groupe en le dynamisant de telle sorte que les buts fixés soient atteints.

31. MOTIVATION/SIMULATION DE SON ÉQUIPE : Reconnaître les besoins de ses collaborateurs, trouver et appliquer les stimulants permettant d'atteindre les objectifs à la satisfaction de tous.

32. DÉLÉGATION : Confier des tâches (qui normalement incombent à celui qui délègue) à un collaborateur capable de les assumer.

33. SUIVI-CONTRÔLE : Vérifier ce qui a été fait en s'assurant de la bonne exécution des tâches confiées à d'autres (subordonnés ou non).

34. APPORT D'UNE AIDE : Faciliter la réalisation d'une action menée par un subordonné en choisissant le moyen le plus adapté à celui-ci (exemple : par une approbation, une participation active ou une remise en cause de l'action).

35. DÉVELOPPEMENT DES SUBORDONNÉS : Manifester le souci du développement de la compétence et du savoir-faire des subordonnés par la formation ou l'entraînement.

36. FORMATION : Savoir transmettre ses connaissances et expériences dans le but de rendre ses collaborateurs autonomes.

37. DISPONIBILITÉ : Quand cela est vraiment nécessaire, prendre en compte les attentes de ses collaborateurs avant ses propres préoccupations.

38. TRANSMISSION DE DIRECTIVES : Trouver les moyens adéquats pour faire passer et faire admettre positivement les décisions quelles qu'elles soient.

E – Dimensions liées à la structure

39. CONSCIENCE PROFESSIONNELLE : Mettre tout en œuvre pour atteindre les objectifs fixés par l'organisation.

40. EXIGENCE : Fixer des standards de résultats élevés pour soi-même, ses subordonnés et les autres. Ne pas se contenter d'une performance moyenne.

41. IMPLICATION : Être confiant dans la valeur de son rôle pour l'organisation. Accomplir des efforts supérieurs à la normal même si ce n'est pas pour y trouver un avantage personnel.

42. ADHÉSION : Approuver et faire sienne la politique et les procédures de la société.

43. INTÉGRITÉ : Respecter les normes sociales et les règles de l'organisation dans l'exercice de sa fonction.

44. CAPACITÉ DE TRAVAIL/ÉNERGIE : Établir et maintenir un niveau d'activité élevé. Faire preuve de dynamisme et de résistance.

45. AMBITION PROFESSIONNELLE : Montrer la volonté d'améliorer sa situation personnelle ou professionnelle (sur le plan financier et/ou par son statut social ou par un niveau de responsabilité supérieur).

Pour avoir une approche complète des différentes compétences requises pour tel ou tel poste, on peut repérer toutes les situations professionnelles du poste dans lesquelles telle ou telle dimension apparaît nécessaire et, à l'aide du tableau ci-après, comptabiliser le nombre de fois où telle dimension est mentionnée. On pourra ainsi, toutes situations professionnelles confondues, sélectionner par exemple les dix ou douze dimensions critiques les plus demandées pour un poste déterminé.

HIÉRARCHISATION DES DIMENSIONS

DIMENSIONS LIÉES À L'ACTION

1	2	3	4	5	6	7	8	9	10

DIMENSIONS D'ORDRE INTELLECTUEL

11	12	13	14	15	16	17	18	19	20

DIMENSIONS RELATIONNELLES

21	22	23	24	25	26	27	28	29

DIMENSIONS D'ENCADREMENT

30	31	32	33	34	35	36	37	38

DIMENSIONS LIÉES À LA STRUCTURE

39	40	41	42	43	44	45

Une fois identifiés les types de situation auxquelles un collaborateur est confronté dans l'exercice de ses fonctions, ainsi que les différentes dimensions de compétences nécessaires pour y faire face, il s'agira de repérer les différents interlocuteurs avec lesquels il est amené à entrer en relation et à échanger dans l'exercice de ses fonctions

3.3. Identifier le réseau relationnel

Un poste nécessite en effet un certain nombre d'échanges à l'intérieur de l'entreprise et à l'extérieur de l'entreprise. Réfléchir au réseau relationnel permet de situer les interlocuteurs d'un poste et les situations professionnelles auxquelles ils participeront.

On distingue trois niveaux d'interlocuteurs :

1 – La ligne hiérarchique
- Les hiérarchiques N+1 et N+2 du poste
- Les collaborateurs (nombre, qualité, etc...)

2 – Les interlocuteurs internes (de l'entreprise)
- Ceux qui sont sollicités par le titulaire du poste
- Ceux avec lesquels le titulaire échange
- Ceux qui sollicitent le titulaire du poste

3 – Les interlocuteurs externes
- Ceux qui sont sollicités par le titulaire du poste (ex : clients)
- Ceux avec qui le titulaire échange (ex : les pairs)
- Ceux qui sollicitent le titulaire du poste (ex : les fournisseurs)

Afin de mieux appréhender tous les aspects des situations professionnelles auxquelles le titulaire du poste sera confronté, on identifiera, à l'aide des tableaux figurant ci-après, les interlocuteurs internes et externes, c'est-à-dire ceux qui sont les plus sollicités par le titulaire du poste, ainsi que ceux qui vont le solliciter, bref tous ceux (avec leur titre, leur fonction, etc...) avec lesquels le titulaire est amené à échanger dans l'exercice de ses fonctions.

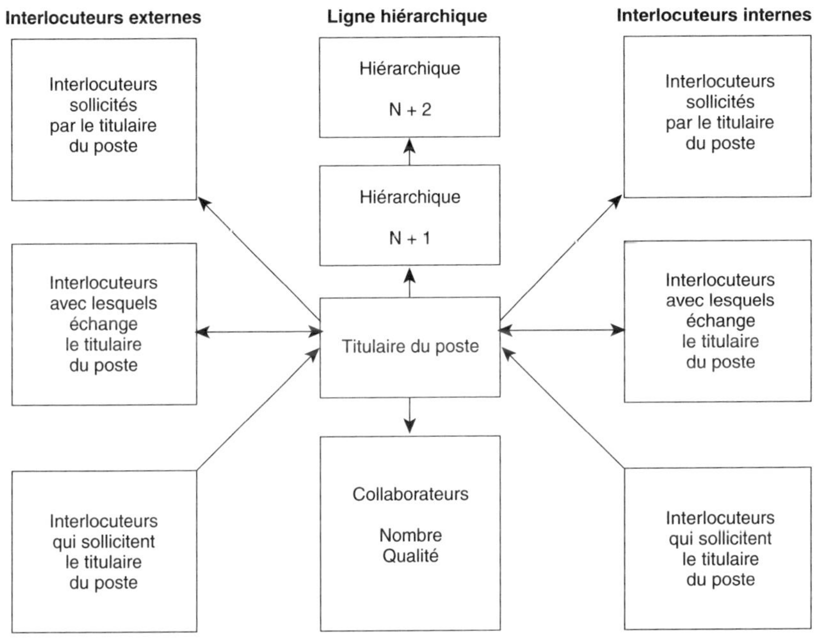

Figure 6.13 : Le réseau relationnel

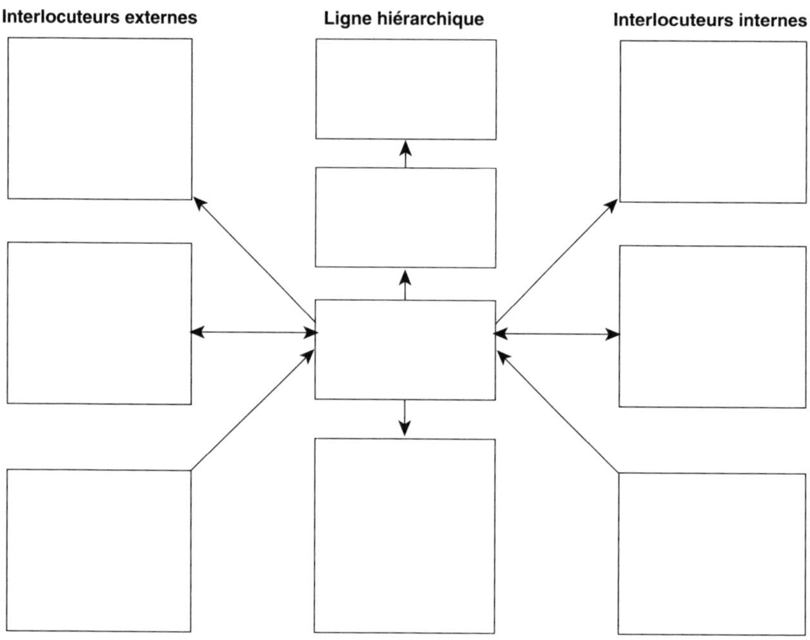

Figure 6.14 : Le réseau relationnel (à remplir)

3.4. Manager les compétences

Une fois les situations professionnelles identifiées, ainsi que les compétences requises pour y faire face, de même que les principaux interlocuteurs internes et externes en relation avec le collaborateur dans l'exercice de ses fonctions, le management des compétences pourra s'effectuer en suivant la démarche que nous indiquons ici :

À l'aide des tableaux reproduits ci-après, il s'agira de :

- Inventorier les situations professionnelles spécifiques du poste étudié.

- Noter l'importance (1) de la situation professionnelle sur une échelle de 1 à 10 (10 étant le plus important) par rapport à la finalité du poste.

- Indiquer la fréquence (F) d'apparition de la situation dans l'exercice du poste : quotidien (Q) hebdomadaire (H) mensuel (M) trimestriel (T) semestriel (S) annuel (A) ou ponctuel (P).

- Évaluer, si cela est possible, le pourcentage de temps (%) que nécessite chaque situation professionnelle en prenant la journée comme base de référence.

- Une fois toutes les situations professionnelles envisagées (individuelles, duelles et de groupe), indiquer les comportements indispensables (dimensions) qui sont nécessaires et attendus pour maîtriser chaque situation professionnelle ainsi que les comportements attendus lorsque la situation professionnelle présente un incident ou un dysfonctionnement (cf. guide des dimensions).
  - N pour situation normale
  - I pour incident critique

Exemples des tableaux utilisés pour différents types de situations (tous les cas de figure des différents types de situations ne sont pas repris dans ces tableaux ; chaque situation professionnelle évoquée plus haut (page 194) peut faire l'objet d'une analyse à l'aide d'un tableau de ce type).

I – LES SITUATIONS INDIVIDUELLES *(exemple)*

ANALYSE DES PROBLÈMES (*voir page 202*)

Quel genre d'analyse ? Sur quels types de problèmes ? À partir de quels éléments ?	I	F	%	DIMENSIONS CONCERNÉES

Commentaire : On peut ainsi identifier clairement, dans la situation individuelle type « Analyse des problèmes », les compétences que le collaborateur devra mettre en œuvre sur les différentes dimensions détaillées plus haut, depuis celles liées à l'action (prévision, organisation, coordination...etc.) jusqu'à celles liées à la structure (conscience professionnelle, exigence, implication...)

II – LES SITUATIONS DUELLES *(exemple)*

a) LIGNE HIÉRARCHIQUE SITUATIONS PROFESSIONNELLES		I	F	%	DIMENSIONS CONCERNÉES
N+1 :	POURQUOI ?				
N+2 :	POURQUOI ?				
Collaborateurs : QUI ?	POURQUOI ?				

II – LES SITUATIONS DUELLES *(exemple)*

b) INTERLOCUTEURS INTERNES À L'ENTREPRISE SITUATIONS PROFESSIONNELLES		I	F	%	DIMENSIONS CONCERNÉES
+ QUI ?	POURQUOI ?				
= QUI ?	POURQUOI ?				
– QUI ?	POURQUOI ?				

Commentaire : + QUI ? signifie : les interlocuteurs qui sont sollicités par le titulaire
= QUI ? signifie : les interlocuteurs avec lesquels il échange
– QUI ? signifie : les interlocuteurs qui sollicitent le titulaire

II – LES SITUATIONS DUELLES *(exemple)*

c) INTERLOCUTEURS EXTERNES À L'ENTREPRISE SITUATIONS PROFESSIONNELLES		I	F	%	DIMENSIONS CONCERNÉES
+ QUI ?	POURQUOI ?				
= QUI ?	POURQUOI ?				
– QUI ?	POURQUOI ?				

Commentaire : + QUI ? signifie : les interlocuteurs qui sont sollicités par le titulaire
= QUI ? signifie : les interlocuteurs avec lesquels il échange
– QUI ? signifie : les interlocuteurs qui sollicitent le titulaire

III – LES SITUATIONS DE GROUPE *(exemple)*

a) SITUATIONS PROFESSIONNELLES INTERLOCUTEURS		I	F	%	DIMENSIONS CONCERNÉES
POURQUOI ?	QUI ?				
POURQUOI ?	QUI ?				
POURQUOI ?	QUI ?				

Commentaire : QUI ? se réfère aux interlocuteurs identifiés dans le réseau relationnel.

IV – AUTRES TÂCHES ET SITUATIONS (non abordées dans les points précédents)

a) SITUATIONS PROFESSIONNELLES INTERLOCUTEURS		I	F	%	DIMENSIONS CONCERNÉES
POURQUOI ?	QUI ?				
POURQUOI ?	QUI ?				
POURQUOI ?	QUI ?				

Commentaire : QUI ? se réfère aux interlocuteurs identifiés dans le réseau relationnel.

Grâce à cette démarche, on pourra identifier clairement les compétences que le collaborateur devra posséder pour aborder les différentes situations professionnelles qui correspondent à sa fonction, en face des différents interlocuteurs qu'il aura à « gérer » sur le plan relationnel. On « professionnalise » ainsi l'analyse qui servira de base au management des compétences.

De même, on « dédramatise » ainsi la discussion, lorsqu'il s'agit de procéder à l'évaluation d'un collaborateur et, éventuellement, d'obtenir de lui une modification de son comportement : *« dans telle situation professionnelle, alors que vous êtes en relation avec tel type d'interlocuteur, on attend de vous tel comportement. Or, vous mettez actuellement en œuvre tel autre type de comportement. »* L'échange peut ainsi s'établir sur une base objectivée, professionnalisée et dédramatisée, propice à l'établissement de relations de type « Adulte-Adulte » (selon les termes de l'Analyse Transactionnelle).

4. La définition et le management des objectifs

4.1. Le management par objectifs

Grâce à cette approche du management des compétences, on peut définir plus précisément les objectifs de maîtrise de la fonction par une approche plus qualitative des compétences requises pour tenir le poste. Cette démarche s'inscrit donc dans le **développement du professionnalisme**. Ainsi donc, une fois la description de fonctions effectuée, puis l'identification et le management des compétences organisés, il s'agira de décliner opérationnellement la description de fonctions en une série **d'objectifs de maîtrise de la fonction** (renvoyant au **professionnalisme**) et **d'objectifs opérationnels** (renvoyant à la notion de **performance**).

En général, la description des objectifs s'inscrit dans le cadre global d'une démarche de **management par objectifs**. Ceux-ci sont habituellement définis au plus haut niveau par le P.D.G. qui, avec son Comité de direction, délègue par filières de métiers :

- les objectifs de Marché aux Directeurs Commercial/ Marketing/ Recherche & Développement ;
- les objectifs Monétaires au Directeur Financier et au Contrôle de Gestion ;

- les objectifs Machine aux Directeurs Production/Achat/ Informatique, etc ;
- les objectifs touchant les Hommes aux Directeurs des Ressources Humaines/Communication/Développement des compétences.

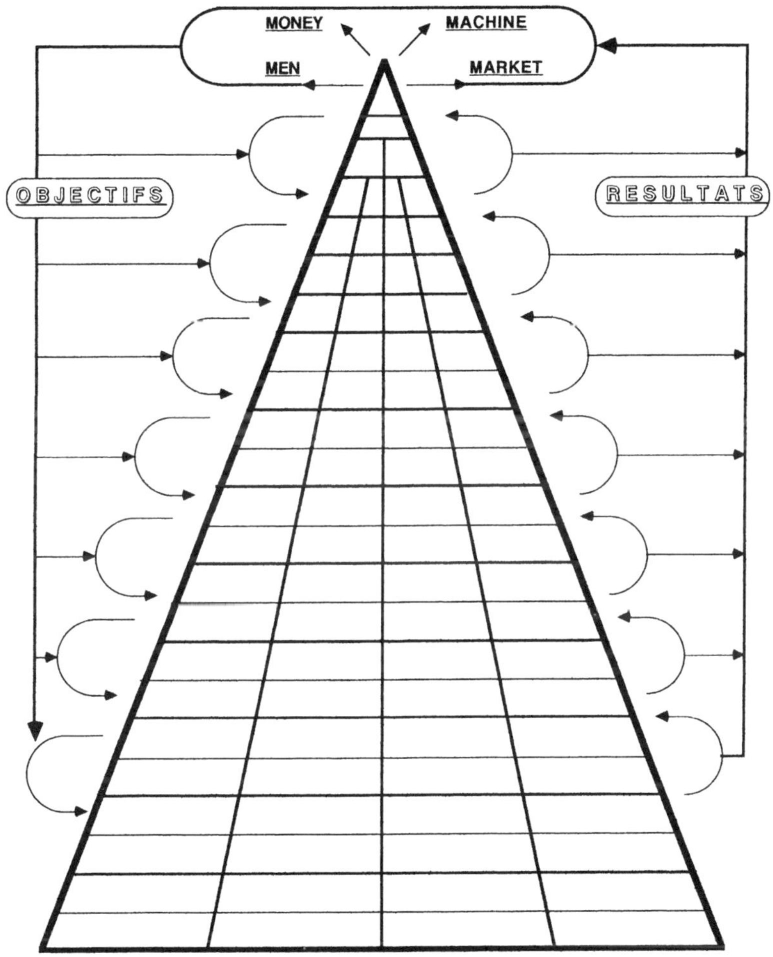

Figure 6.15 : Management par objectifs top-down

Chaque membre du Comité de direction doit alors négocier les moyens nécessaires et mettre en œuvre les actions appropriées pour atteindre les objectifs. Des comités de direction mensuels ou trimestriels seront organisés, avec pour finalité de suivre les objectifs de chaque directeur, analyser les dérives et discuter des mesures correctives possibles.

Les objectifs descendront après en cascade tout au long de l'organisation, chaque acteur de l'organisation se retrouvant responsable d'une partie de l'objectif global de son service, de son département ou de sa Direction. Si chacun est bien adapté à la fonction confiée et suffisamment motivé pour créer de la performance, les résultats de l'organisation devraient être en phase avec les objectifs définis (si tant est que ces derniers soient atteignables au regard du contexte extérieur et de la situation de l'entreprise).

4.2. La méthodologie de définition d'un objectif

Un objectif doit être défini avec une **cible, une échelle, un niveau** sur cette échelle, qui va spécifier la cible, et **un temps** donné pour atteindre l'objectif. Tels sont les quatre critères fondamentaux de la définition d'un objectif.

Exemple :

- **la cible** : elle se présente sous la forme du but à atteindre.
  ex. : Lancer le produit X.
- **l'échelle** : elle se traduit en parts de marché, en chiffre d'affaires et en volume, ou en aspect qualitatif de l'objectif (différents éléments du cahier des charges par exemple)
- **le temps** : ex : 6 mois
- **le niveau** : ex : le lancement sera réussi si, en 6 mois
  – on a obtenu 4 % de part de marché
  – on a réalisé 15 millions de chiffre d'affaires
  – on a vendu 40 tonnes de produit

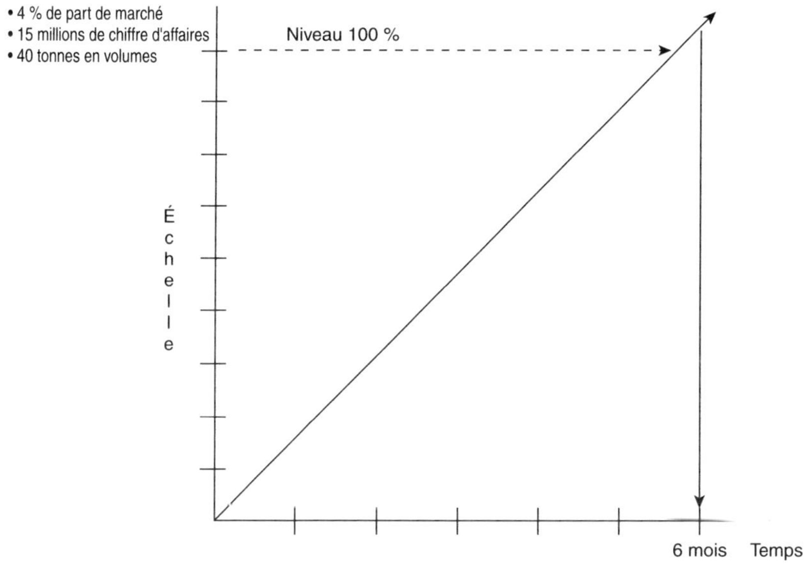

Figure 6.16 : Les critères fondamentaux de définition d'un objectif

Il est indispensable d'avoir accès à ces quatre critères (de pouvoir les formaliser) pour, dans un premier temps, en discuter avec les collaborateurs et recueillir leurs réactions, objections, demandes de modification, etc. (management participatif oblige !) et, dans un deuxième temps, définir avec eux les moyens nécessaires à la réalisation de l'objectif.

4.3. La méthodologie de définition des moyens

Définir des objectifs ne suffit pas ; encore faut-il pouvoir les réaliser : pour cela, la définition des moyens nécessaires à l'atteinte des objectifs constitue une démarche indispensable.

Il existe cinq familles de moyens, correspondant d'ailleurs en partie aux différentes catégories de contributions attendues dont nous avons parlé précédemment. Il s'agit des moyens en **temps**, en **argent**, en **matériel**, en **hommes** et en **compétences**.

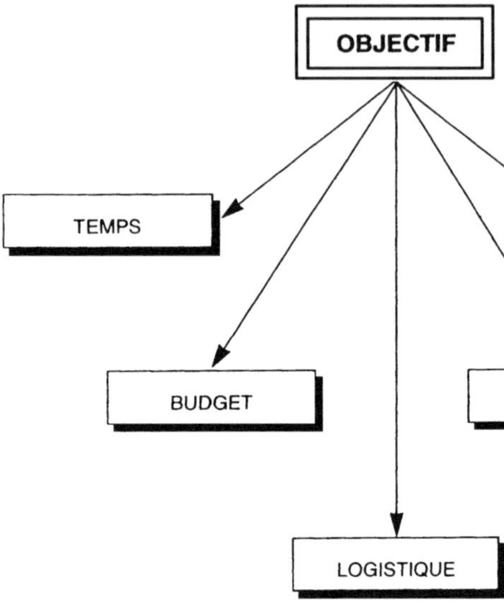

Figure 6.17 : Les 5 familles de moyens

- **Temps** : quel est le temps nécessaire pour atteindre l'objectif ?
- **Budget** : faut-il ou non prévoir un budget spécifique ?
- **Logistique** : y aura-t-il besoin d'outils supplémentaires, de logistique supplémentaire ?
- **Équipe** : faut-il prévoir un renforcement de l'équipe pour aider le collaborateur (recours à un intérimaire ou à un stagiaire ? Recrutement d'une personne en contrat à durée déterminée ?)
- **Compétences** : faut-il augmenter la compétence du collaborateur et donc l'envoyer en formation avant de le « lancer dans la bagarre » ?

Une fois défini clairement l'objectif en concertation avec le collaborateur et une fois déclinées les cinq familles de moyens, il s'agit de déterminer si le collaborateur dispose bien, en l'état actuel des choses, des cinq moyens nécessaires pour atteindre les objectifs : a-t-il le temps nécessaire, le budget nécessaire, l'environnement matériel et humain qui convient, les compétences adaptées ? S'il est possible de répondre oui aux cinq familles de moyens, on peut alors « verrouiller » l'objectif avec le collaborateur et lancer ce dernier dans l'action. Si, par contre, le supérieur hiérachique constate que certains moyens font défaut, il devra alors soit faire le nécessaire pour apporter le ou les moyens manquants, soit, si ce n'est pas possible, rectifier l'objectif.

Par exemple, s'il n'est pas possible de dégager le budget nécessaire, il faudra alors réviser l'objectif à la baisse ou même, dans certains cas, le différer.

4.4. Le suivi d'un objectif

Une fois l'objectif défini et les moyens pour l'atteindre déclinés et prévus, il reste à en suivre la réalisation pour qu'à aucun moment ne puisse s'installer une dérive trop importante. La pratique d'un **suivi intermédiaire** et d'un **point-médian** permet d'y parvenir. L'une des responsabilités d'un collaborateur à qui a été confiée la réalisation d'un objectif consiste à faire périodiquement un « reporting » à son patron. Ce dernier, plutôt que de considérer que c'est à lui de suivre les objectifs de ses collaborateurs (ce qui, dès que le nombre de collaborateurs – nantis chacun de plusieurs objectifs – s'accroît, rend la chose impossible) doit pouvoir attendre de chacun d'entre eux un « reporting » précis, tous les deux mois par exemple, sur la manière dont la situation évolue. L'idée qui sous-tend cette démarche et qui s'inscrit à contre-courant de celle fréquemment adoptée par le management français, facilement autoritaire et coercitif, c'est que l'initiative du reporting doit venir du collaborateur lui-même et non du patron : autrement dit, ce n'est pas à ce dernier de « courir après » son collaborateur pour savoir où il en est !...

De même, tout responsable devrait veiller avec une particulière attention à pratiquer de manière systématique ce que nous appelons un **point médian,** ce qui consiste concrètement à ménager avec son collaborateur un moment de communication privilégié, quand on estime que l'objectif devrait être parvenu à 50 % de sa réalisation. La date précise de ce point médian est évidemment très variable selon le type d'objectifs (3 mois, 6 mois, 9 mois, etc.), l'essentiel étant que ce point médian se situe à un moment où il n'est pas encore trop tard pour agir (ou ré-agir...).

Au cours de ce point médian formalisé, on procédera à une analyse systématique des dérives en essayant, si dérives il y a, de déterminer si elles sont dues à un problème de **compétences, de motivation ou de moyens.** Le résultat de l'analyse, avec les éventuelles mesures correctives adoptées, doit être formalisé par écrit tandis qu'un autre entretien pour un nouveau « point » formel est décidé entre le collaborateur et son patron.

Rien ne devrait plus s'opposer désormais à ce que les objectifs fixés soient atteints. C'est désormais le système d'appréciation qui doit intervenir pour s'assurer que les objectifs de **maîtrise de la fonction** (renvoyant au professionnalisme) et ceux relatifs aux **contributions attendues** (renvoyant à la performance) sont bien remplis. Ainsi, tandis que l'organisation progresse dans la voie d'une meilleure performance, grâce à la valeur ajoutée des contributions de ses collaborateurs, ces derniers progressent, quant à eux, dans la voie d'un plus grand professionnalisme et d'un meilleur développement de leurs compétences.

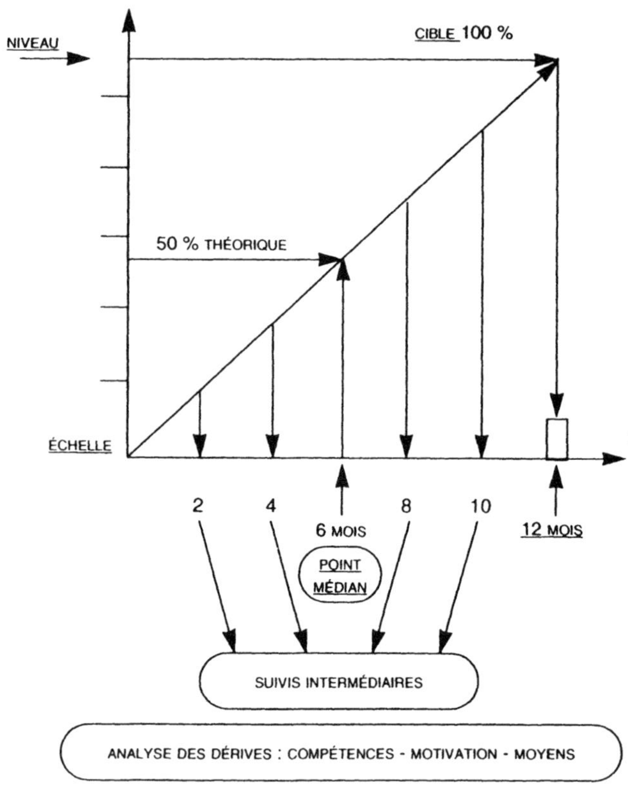

Figure 6.18 : Suivi d'un objectif

C'est l'esprit, la mise en place et la gestion de ce système d'appréciation, dont nous avons dans ce chapitre posé quelques prémices, que nous allons maintenant approfondir dans le chapitre suivant. Avant toutefois d'en envisager la mise en place, il nous faudra rappeler les principaux objectifs de l'appréciation.

Nicole AUBERT et Mickaël HOFFMANN-HERVÉ

Chapitre 7

ÉVALUER LES HOMMES FONDEMENTS ET PRATIQUES[1]

Avant, donc, d'envisager la mise en place et la pratique d'un système d'appréciation, étroitement intégré à toute la politique de management des ressources humaines dont nous avons parlé au chapitre précédent, il nous faut, au préalable, rappeler quelques-uns des principaux objectifs de l'évaluation.

L'évaluation, en effet, constitue à bien des égards un héritage du système scolaire où elle joue un rôle traditionnel de mesure des connaissances et des acquisitions en utilisant des procédés classiques de contrôle tels que le système des notations ou les examens. Dans le contexte de l'entreprise, en revanche, l'évaluation réduite à la seule mesure de résultats finaux, apparaît quelque peu réductrice. C'est ainsi qu'est apparue progressivement la nécessité de prendre en compte un ensemble plus large de paramètres, c'est-à-dire l'ensemble du système dans lequel et par lequel les résultats ont été obtenus : c'est la raison pour laquelle nous avons fait précéder ce chapitre d'une analyse détaillée de la mise en place et de la mise en action d'une politique de management des Ressources Humaines.

Mais, avant de détailler la mise en action du système d'appréciation et les conséquences qu'elle implique en termes de management des ressources humaines, il nous faut rappeler les principaux objectifs d'un système d'évaluation et les principales résistances qu'il faut parvenir à vaincre.

1. Ce chapitre a été conçu par Chantal Lebouin-Gelabert et Mickaël Hoffmann-Hervé et rédigé par Chantal Lebouin-Gelabert et Nicole Aubert.

Les principaux objectifs d'un système d'évaluation

1. Premier objectif : agir sur le couple contribution-rétribution des acteurs

L'évaluation est classiquement utilisée comme un « outil à 3 têtes » :

- un outil de gestion des ressources humaines
- un outil de management
- un outil de dialogue et de motivation

Mettre en place un dispositif d'évaluation des hommes, c'est en tout état de cause, vouloir agir sur la contribution des acteurs, mais cette action n'est elle-même possible que si, comme nous l'avons vu au chapitre précédent, elle suppose une action sur la rétribution.

Cette rétribution peut être de plusieurs natures, à savoir :

- la matérialisation d'une reconnaissance financière (les salaires, les primes et autres impacts financiers) ;
- la matérialisation d'une reconnaissance sociale (les évolutions de carrière) ;
- la matérialisation d'une reconnaissance personnelle (la formation).

Pour bien conduire son travail, l'homme a besoin de se repérer par rapport à ce qu'il fait, et à ce que l'institution, via son responsable, attend de lui.

Dans cette optique, l'évaluation joue également un rôle affectif de renforcement et de motivation, tout autant que cognitif de correction, à savoir :

- elle permet d'identifier ce que l'évalué est capable de faire et le point où il en est arrivé ;
- elle permet à l'évalué de comprendre et de faire comprendre l'origine de ses difficultés ;
- elle constitue un encouragement et un soutien pour l'évalué dans la poursuite de son travail ;
- elle permet de développer la synergie entre les besoins de l'évalué et les attentes de son responsable.

2. Deuxième objectif : rationaliser les ressources humaines en vue de les optimiser

Du côté de l'institution, l'évaluation devra lui permettre de mieux maitriser l'économie de ses ressources humaines, en termes de :

- objectifs et résultats,
- compétences actuelles et compétences visées,
- développement et projets de changement.

Du côté de l'évalué et de l'évaluateur, l'évaluation devra leur permettre de construire ensemble, sur des bases objectives afin d'éviter l'arbitraire, le meilleur scénario professionnel possible, en termes :

- de rentabilité pour l'organisation,
- d'efficience et d'efficacité pour le service,
- de source de satisfaction et de motivation pour l'évalué.

La difficulté est ici liée au fait que l'évaluation se trouve placée au cœur de deux processus opposés :

- une recherche d'objectivité,
- la prise en compte de deux subjectivités que sont l'évaluateur et l'évalué en tant que personnes.

Cette situation paradoxale pourrait être illustrée par la devise suivante : « l'évaluation n'est pas une affaire de personnes », qui met bien en évidence la position ambigüe de l'évaluation, qui ne doit effectivement pas être une affaire de personnes au sens d'un règlement de compte, tout en étant pourtant essentiellement une affaire de personnes, la personne de l'évalué, qui est le premier concerné, et la personne de l'évaluateur, qui est, lui aussi, totalement partie prenante dans l'évaluation de son collaborateur.

Dépasser cette difficulté, c'est devenir conscient du paradoxe que l'on a à gérer dans la situation d'évaluation, à savoir :

- discerner ce qui est objectif de ce qui ne l'est pas,
- objectiver ce qui peut l'être, (en particulier le contenu de l'évaluation),
- compter avec les subjectivités, la sienne et celle de l'autre, (en particulier au cours du processus de l'entretien).

Il faut savoir que l'objectivité peut altérer la qualité d'une évaluation, autant par excès que par défaut.

3. Troisième objectif : situer chacun à sa place dans l'organisation

Du côté de l'institution, l'évaluation doit l'aider à identifier quelle place attribuer à qui, en regard des postes (existants, à créer, à supprimer) et des compétences (acquises et requises). Du côté des évalués, l'évaluation doit permettre à chacun d'eux de se différencier des autres, de trouver sa place et d'affirmer son identité professionnelle.

Cela étant, il existe aujourd'hui un certain nombre de résistances par rapport à cet aspect de l'évaluation, à savoir,

Pour les évalués :

- le besoin d'exister singulièrement, en tant qu'individu particulier et unique, et d'être reconnu comme tel *(besoin lié à la peur de* perdre son identité *dans* une masse *sociale indifférenciée),*
- mais la peur des conséquences de l'individualité, c'est-à-dire d'une part d'être confronté à une certaine compétition dont on ne sortira pas forcément vainqueur (sentiment renforcé par le fait que l'institution est condamnée à limiter l'autonomie des individus), d'autre part de se sentir à l'écart, en dehors du groupe.

Pour les évaluateurs :

- la nécessité d'apprécier à sa juste valeur l'efficience de chacun de ses collaborateurs,
- mais la difficulté à le faire, et la peur de générer des tensions au sein de son équipe.

RECOMMANDATIONS POUR RESTER CRÉDIBLE AU NIVEAU DU COUPLE CONTRIBUTION-RÉTRIBUTION

– **Connaître et faire connaître les limites de la rétribution possible, y compris sa nature.**

- Se garder d'entretenir l'illusion que toute évaluation débouchera sur la matérialisation d'une reconnaissance financière ou sociale (dissocier par exemple, les moments d'évaluation des moments de définition de l'enveloppe budgétaire).
- Se garder de minimiser l'importance que peut avoir la reconnaissance personnelle et psycho-affective de l'évalué, à condition qu'elle ne soit pas manipulatoire, c'est-à-dire exprimée dans le seul but de compenser l'absence de reconnaissances d'une autre nature.

– **Savoir le risque que l'on fait prendre, à terme, à l'évaluation si l'on cherche à développer la contribution des acteurs sans augmenter leur rétribution (rétribution pris au sens large du terme) et vice versa.**

Agir de cette manière serait faire prendre le risque à l'évaluation de devenir, ou d'être perçue, comme un outil de manipulation, au service de l'institution dans un cas, au service des acteurs dans l'autre cas.

Besoins et résistances

1. Une pratique contestée dans les faits mais porteuse de multiples attentes

Voici, à titre d'illustration, quelques-uns des propos couramment exprimés à son sujet[1] :

– **Un simulacre de sanction/récompense car de fait, elle ne sanctionne ni ne récompense personne**

- « Si l'évaluation n'était pas associée aux primes de fin d'année, pourquoi alors attendre justement la fin de l'année pour évaluer ? »
- « Les seuls critères de l'évaluation sont ceux de l'évaluateur, et, le jour de l'évaluation, on se retrouve en face de lui comme à

1. Ces propos ont été recueillis auprès d'agents de maîtrise et de cadres.

un examen en sachant que de toute façon, quelle que soit son appréciation, cela ne changera absolument rien pour nous. »

- « L'évaluation décrédébilise beaucoup la hiérarchie si elle n'amène rien de plus, et c'est le cas. »
- « De toute façon, nous n'avons pas, nous responsables, les moyens de récompenser vraiment ceux qui le méritent. »

– **Une pratique dont les évalués perçoivent mal l'utilité et dont ils se méfient**

- « L'évaluation n'entraîne aucune sanction mais c'est ce qui reste de la personne dans son dossier. »
- « L'évalué a le sentiment qu'il peut tout faire ou presque, sans conséquence, mais il est tout de même fiché. »

– **Une pratique perçue comme un passe-temps, un rituel, une corvée**

- « Ça me dérange quand ma hiérarchie me dit que ça va bien, quand moi je sais que ça ne va pas. »
- « Quand j'ai des remarques à faire à mes collaborateurs, je n'attends pas la fin de l'année pour le leur dire, alors l'évaluation est pour moi, plus une corvée qu'une valeur ajoutée. »
- « Quand vient la période des entretiens d'appréciation, j'ai l'impression qu'une effervescense se crée : tout le monde en parle, tout le monde s'agite, tout le monde bougonne. »

– **Un manque de crédibilité de l'évaluateur et des critères utilisés pour évaluer**

- « Je ne vois pas comment ma hiérarchie pourrait évaluer mes compétences à mener une étude technique alors qu'elle-même ne sait pas faire ; la seule personne qui serait en mesure de le faire, c'est le client pour lequel j'ai réalisé cette étude, et à aucun moment de mon entretien d'appréciation, il n'a été question du niveau de satisfaction de ce client. »
- « Quand je ne suis pas d'accord, de toutes façons, ça ne sert pas à grand chose que je le dise car il n'y a pas de dialogue possible. »

- « Je ne comprends pas sur quels critères je suis évalué, que ce soit en bien ou en mal. »

Et si, au fond, au-delà des discours, l'évaluation ne laissait personne vraiment indifférent... ?

En effet, l'ensemble des propos cités précédemment semble mettre en évidence :

– l'expression d'attentes implicites déçues, donc une frustration importante, plutôt qu'un désintérêt total ou un rejet de l'évaluation ;

– une recherche de sens et d'efficacité plus grande pour l'évaluation, plutôt qu'une remise en cause de sa pertinence.

Et quand les personnes concernées par l'évaluation sont invitées à décrire ce que pourrait représenter « une évaluation bien faite », ce sont alors des propos d'une toute autre nature qui sont exprimés :

- **« L'évaluation, c'est le symptôme d'une entreprise qui s'intéresse à ses salariés. »**
- **« C'est une tentative de réponse à la question : comment intégrer la dimension humaine des acteurs de l'entreprise. »**
- **« C'est un facteur de changement qui bonifie la façon d'être dans l'entreprise. »**

2. L'ambivalence des acteurs à l'égard du jugement et de la sanction

Toute évaluation procède d'un processus de jugement qui, comme nous l'avons vu précédemment, doit être essentiellement **un jugement de réalité,** c'est-à-dire, énonçant un fait **plutôt qu'un jugement de valeur,** c'est-à-dire formulant une appréciation subjective.

Or, que provoque ce processus de jugement sur l'évalué ?

– Il touche, inévitablement, l'évalué dans sa personne, dans sa dimension psycho-affective, puisqu'il le renvoie à ce qu'il vaut professionnellement, ce qui n'est pas sans lien avec ce qu'il est.

– Il aboutit à la confrontation de deux images :

  - **une image interne, celle de l'évalué,** ce qu'il perçoit de sa valeur, et la représentation qu'il a de lui.

- **une image externe, celle de l'évaluateur** (en tant que représentant de l'institution), la valeur qu'il attribue à l'évalué et qu'il lui reconnaît.

Si nous cherchons maintenant à cerner ce que provoque, sur l'évaluateur, ce processus de jugement, nous voyons qu'il le touche, inévitablement, dans sa responsabilité à juger, et donc dans sa capacité à le faire et qu'il accule d'une certaine façon l'évaluateur à prendre les risques qui en découlent.

Par ailleurs, si nous tentons de préciser ce qui se joue pour l'évalué, nous pouvons mentionner :

– **Le besoin d'être confirmé dans ce qu'il pense être**, ou ce qu'il aurait envie d'être, et qui va **l'amener à chercher à se défendre** de toutes les images qui lui sont renvoyées et vis-à-vis desquelles il se sent « étranger ». Ce qui pourrait se traduire par un implicite : *« dites-moi ce que j'ai envie d'entendre. »*

– **Le besoin que sa valeur soit reconnue**, ce qui va l'amener à **rechercher des signes de reconnaissance explicites** qui pourront être de plusieurs natures : financière, sociale, personnelle ou psycho-affective.

– **La crainte de voir introduire une certaine dose d'arbitraire** dans le jugement porté sur lui, c'est-à-dire se sentir appréhendé comme **« présumé innocent ou présumé coupable. »**

De la même façon, le processus est loin d'être neutre pour l'évaluateur qui doit affronter :

– **La crainte des réactions de l'évalué à son jugement**, c'est-à-dire la crainte d'être implicitement jugé et mal jugé en retour, ou de « se faire des ennemis » et de provoquer un conflit.

– **Un manque de crédibilité et d'efficience** (lié souvent à un manque de moyens ou de savoir-faire) **concernant les signes de reconnaissance attendus par l'évalué.**

RECOMMANDATIONS POUR BIEN ÉVALUER :
SAVOIR DIRE ET SAVOIR ENTENDRE

– **Juger l'acteur et la façon dont il interprète son rôle et non la personne**

– **En dire assez sans en dire ou en faire trop**

• Être direct dans ses propos mais rester bienveillant vis-à-vis de la personne, surtout quand il s'agit de lui faire part de points insatisfaisants.

• Donner du sens à ses explications, c'est-à-dire expliquer en quoi tel point est satisfaisant, en quoi tel autre ne l'est pas, et quelles en sont les conséquences positives et négatives, plutôt que de limiter l'entretien à une suite de constats.

– **Ne pas occulter une partie de la réalité de l'évalué**

• Oser s'exprimer sur les points satisfaisants et non satisfaisants, pourvu que ces points évoqués sonnent juste, car même s'il cherche à se défendre, l'évalué n'est pas aussi « dupe » qu'on pourrait le croire.

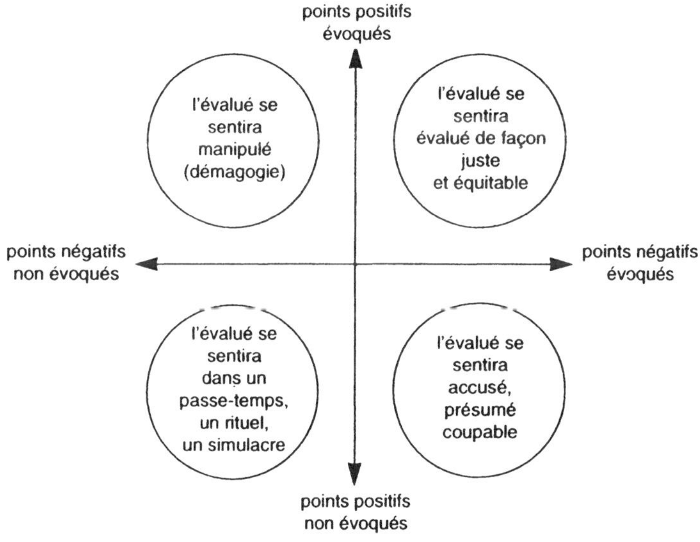

Figure 7.1 : La nécessité de ne rien occulter

– **Être à l'écoute de l'évalué**

• À l'écoute de ce qu'il attend de l'évaluateur, de ses difficultés, de ses points d'accord et de désaccord, de ses ambitions (quelle est son envie de progresser, son refus de changer, ses difficultés à se remettre en cause, quel est son engagement et quelles sont ses limites, quels sont ses arguments et en quoi ils modifient la perception première de l'évaluateur ?).

Quelles sont les conditions de réussite nécessaires à l'évaluation ?

1. Savoir trouver un équilibre entre le glaive et la balance

L'action d'évaluer suppose en effet, de faire **co-exister deux logiques en apparence opposées, mais pourtant indissociables car totalement complémentaires**, symbolisées, l'une par le glaive, l'autre par la balance.

Le glaive symbolise l'évaluation appréhendée, comme **un acte de justice, un acte de Loi.** Concrètement, cela se traduit par l'application des principes et des règles suivants :

- Être en mesure de :

- garantir une équité dans les jugements ;
- rappeler des droits et des savoirs ;
- entériner, valider ou condamner une action, un comportement, des résultats ;
- récompenser ou pénaliser ;
- maintenir une certaine solennité concernant l'aspect officiel, public, et authentique de l'évaluation ;
- faire preuve de fermeté, de directivité.

La balance symbolise l'évaluation appréhendée comme **un acte de mise en relation**. Concrètement, cela se traduit par l'application des principes et des règles suivantes.

- Être en mesure de :

- développer un dialogue avec l'évalué ou l'évaluateur (selon la situation dans laquelle on se trouve) ;
- construire ensemble, c'est-à-dire identifier les points d'accord, clarifier les malentendus, prendre en compte les désaccords ;
- garantir une justesse dans les propos ;
- rechercher un équilibre dans les prises de parole de l'un et de l'autre, ainsi que dans le poids accordé à la parole de l'un et de l'autre ;
- faire preuve de souplesse, d'adaptabilité, d'ouverture, de créativité.

2. Ne pas limiter l'évaluation au temps de l'entretien

En effet, on peut considérer l'entretien comme étant le noyau central situé au carrefour de trois référentiels interdépendants :

- le référentiel « individu dans son activité » ;
- le référentiel « Entreprise » ;
- le référentiel « temps ».

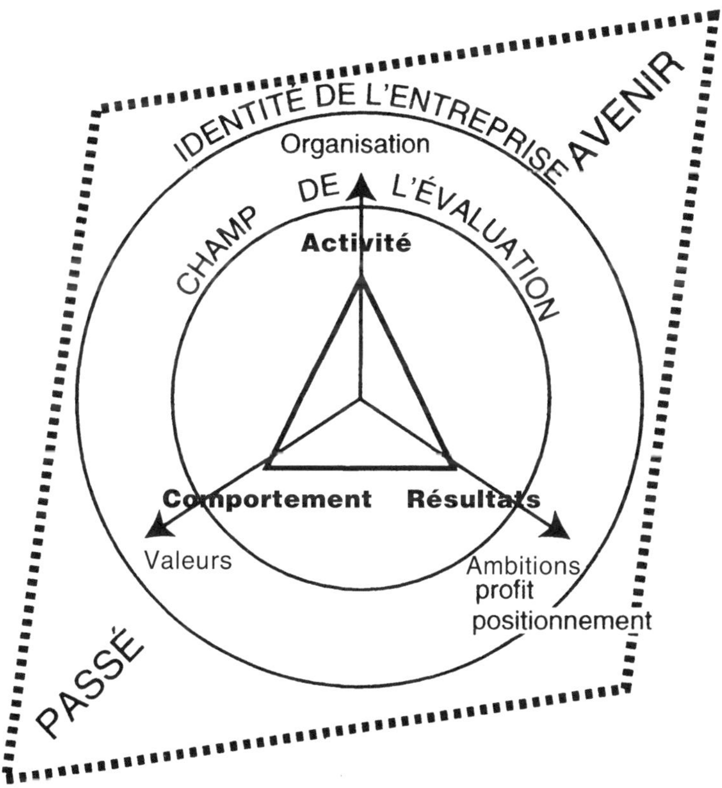

Figure 7.2 : L'entretien d'évaluation au carrefour de trois référentiels

1.1. Le référentiel « individu dans son activité »

Il constitue le référentiel de base situé au premier plan dans l'action d'évaluer. Il correspond à l'objet même de l'évaluation, c'est-à-dire ce sur quoi l'évaluation va porter.

Les trois grands domaines les plus couramment évalués sont :

- **l'activité**, c'est-à-dire ce pour quoi l'évalué a été recruté, et qui renvoie aux caractéristiques de son poste de travail (ce que nous avons appelé, au chapitre précédent, le professionnalisme, au travers des **critères de maîtrise de la fonction).**
- **le comportement**, c'est-à-dire la façon dont l'évalué se comporte à son poste de travail, et la manière dont il a réalisé ses résultats (ce qui fait aussi partie du professionnalisme) dont nous venons de parler.
- **les résultats**, c'est-à-dire ce que l'évalué a réalisé tant au niveau de ses objectifs de fonctionnement, qu'au niveau de ses objectifs spécifiques de développement (ce que nous avons appelé, au chapitre précédent, **les performances**, au travers des **contributions attendues**).

1.2. Le référentiel « Entreprise »

Situé à l'arrière-plan dans l'action d'évaluer, c'est pourtant bien ce référentiel qui constitue les fondations premières de cette action, indispensable pour que l'évaluation ne devienne pas une espèce de météorite, abandonnée à elle-même car déconnectée de ses racines.

1.3. Le référentiel « temps »

C'est ce référentiel qui va permettre de **mettre en perspective l'action d'évaluer, la reliant ainsi**

- **à un passé**, qui permet de visualiser la progression effectuée, et le chemin parcouru par l'évalué. C'est cette prise en compte du passé qui ouvre sur l'analyse du processus, ne réduisant pas l'évaluation à la seule mesure de résultats à l'instant « t » de l'entretien (l'instant présent).

– **et à un avenir**, qui permet de préparer, de planifier l'année à venir, de mener des actions correctives, de formaliser d'éventuels projets de changement.

C'est ce référentiel qui inscrit l'évaluation dans l'histoire professionnelle de l'évalué. L'évaluation résultant de l'intégration de ces trois référentiels pourrait alors être définie de la façon suivante :

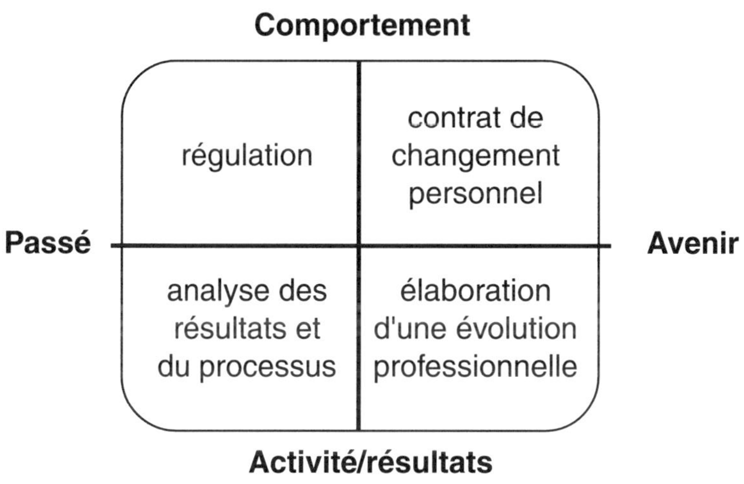

***Figure** 7.3 :* L'intégration réussie des trois référentiels

RECOMMANDATIONS POUR TROUVER L'ÉQUILIBRE ENTRE LE GLAIVE ET LA BALANCE

Tout comme le yin et le yang, le glaive et la balance sont, pour l'évaluation, inséparables et impensables séparément.
Si l'on s'amuse en théorie à les séparer, et qu'on y intègre un élément supplémentaire qui est le niveau de réactivité de l'évalué, voilà la typologie de l'évaluation qui en résulte, et qui, tout compte fait, n'est peut-être pas aussi éloignée d'une certaine réalité mais qui représente exactement ce qu'il ne faut pas faire.

4 EXEMPLES DE CE QU'IL NE FAUT PAS FAIRE

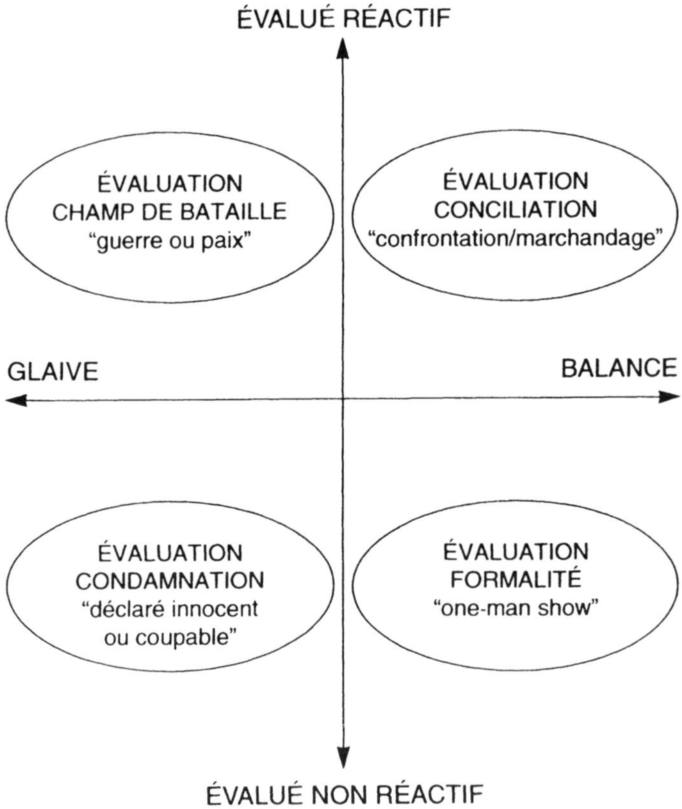

Figure 7.4 : De la nécessité de dissocier le « glaive » et la « balance »

RECOMMANDATIONS POUR AVOIR UNE APPROCHE GLOBALE DE L'ÉVALUATION

L'évaluation n'a de sens que si elle appréhende l'évalué dans une approche globale, prenant en compte un ensemble de paramètres.
Si l'on isole l'un de ces paramètres, le résultat donnera lieu à des évaluations altérées.

4 EXEMPLES DE CE QU'IL NE FAUT PAS FAIRE

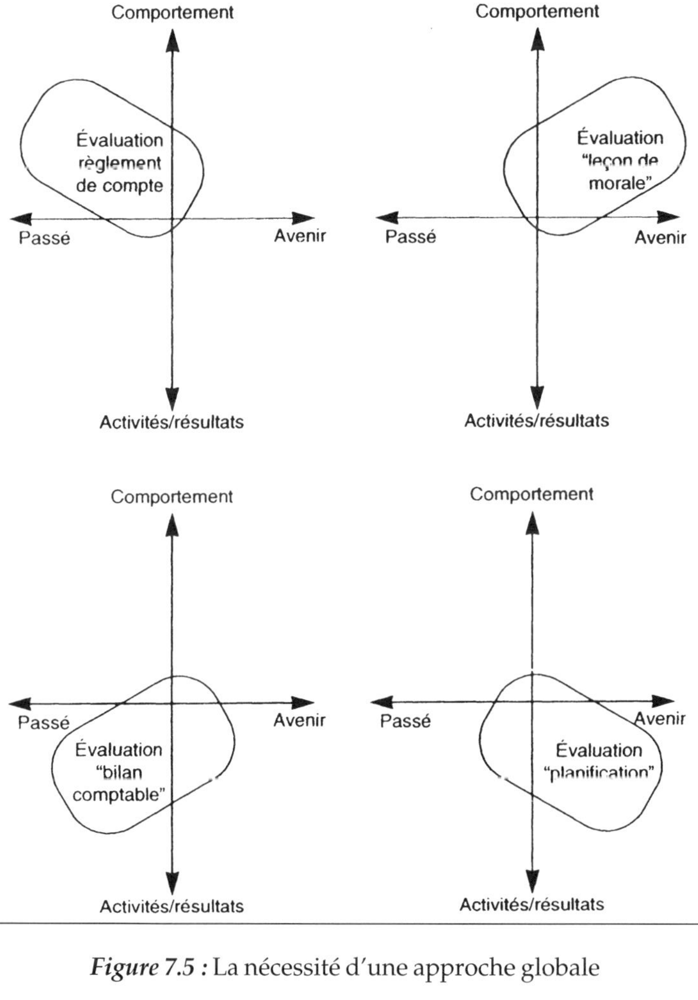

Figure 7.5 : La nécessité d'une approche globale

Maintenant que nous avons rappelé l'esprit qui doit prévaloir dans un processus d'évaluation, que nous avons souligné la nécessité de la prise en compte de toutes les résistances pouvant exister de part et d'autre et que nous avons souligné les écueils à éviter, il nous reste à mesurer ce qu'il est nécessaire de mettre en place pour une pratique réussie de l'évaluation.

POUR UNE PRATIQUE RÉUSSIE DE L'ÉVALUATION : LA MISE EN PLACE D'UN SYSTÈME D'APPRÉCIATION STRUCTURÉ

De tout ce qui précède, nous pouvons en effet déduire que l'introduction d'un système d'appréciation dans une organisation doit être soigneusement préparée et aménagée. L'un des problèmes que l'on rencontre, notamment dans les organisations importantes, est celui de former les hiérarchiques et les collaborateurs à cet exercice difficile qu'est l'entretien d'appréciation. La préparation de l'entretien d'appréciation est donc la première étape indispensable de tout le système.

1. La préparation d'un entretien

Préparer un entretien d'évaluation implique pour l'évaluateur de se poser la question préalable de son sens, (c'est-à-dire, quelle valeur ajoutée doit-il apporter à l'évalué, ainsi qu'à lui-même et à l'institution ?) et de réfléchir à la façon dont il peut rendre cet entretien fécond et perçu comme tel, par l'évalué et par lui-même, (comment doit-il concrètement s'y prendre pour obtenir les effets qualitatifs et quantitatifs recherchés ?). Si l'on considère l'entretien comme une « machine à produire quelque chose », il faut avoir bien présent à l'esprit ce que l'on en attend (outputs) et pour ce faire, ce qui doit être pris en compte (inputs).

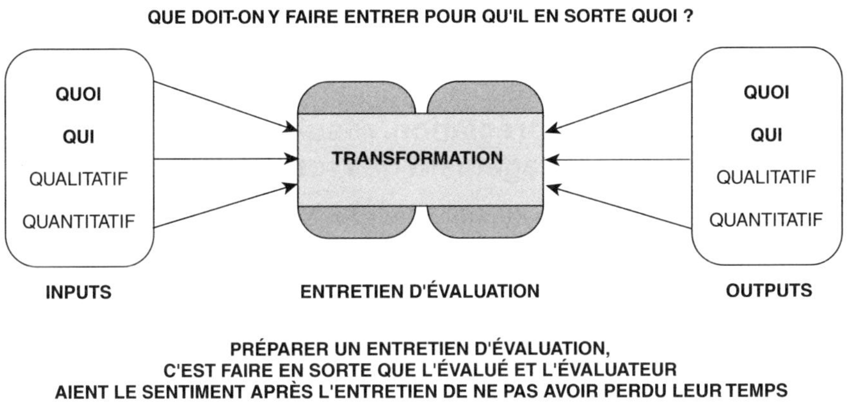

Figure 7.6 : La préparation nécessaire de l'entretien d'évaluation

Nous avons largement détaillé, au chapitre 6 et dans les paragraphes précédents, les « inputs » de l'entretien d'appréciation (comportements, compétences et performances). Pour que le résultat attendu (« l'output » final, c'est-à-dire le fait de permettre à chacun des collaborateurs de développer son professionnalisme et ses performances dans une adéquation toujours plus intégrée aux objectifs de l'organisation) soit atteint, il importe donc que les hiérarchiques et les collaborateurs puissent, chacun de leur côté, bien se préparer à cet exercice afin d'éprouver le sentiment, après l'entretien, de ne pas avoir perdu leur temps mais surtout d'avoir réellement progressé dans un sens positif.

Un bon moyen pour atteindre cet objectif peut consister à adresser, à chacun des collaborateurs et de leurs « hiérarchiques », trois à quatre semaines avant le déroulement de l'entretien, un « guide de préparation », structuré en fonction du document final devant être rédigé à l'issue de l'entretien. Un tel guide permet en effet à chaque partie de prendre connaissance des différents sujets qui devront être abordés durant l'entretien et de se préparer à échanger sur des thèmes connus des deux partenaires. En supprimant l'inquiétude liée au caractère « inconnu » de la situation et en fournissant un fil conducteur à l'entretien, le guide de préparation facilite la « gestion de l'affectif » durant l'entretien et permet aux deux parties de se centrer d'avantage sur les appréciations éventuellement divergentes et sur les apports complémentaires à effectuer par rapport à telle ou telle question. La formalisation de ces différents points dans le document d'appréciation final ne pourra qu'en être améliorée.

2. Le système d'appréciation, résultante de toute la politique de management des ressources humaines

Pour que l'entretien d'évaluation atteigne pleinement son but, il doit être étroitement connecté aux objectifs du système d'appréciation, lui-même étroitement intégré à toute la politique de management des ressources humaines.

2.1. Les objectifs du système d'appréciation

Un système d'appréciation cohérent repose sur l'idée que la gestion des collaborateurs doit prendre en compte des « horizons de temps » différents : elle se construit en effet à court, moyen et long terme.

À court terme, ce qu'il s'agit d'apprécier, c'est **la performance du collaborateur, au travers des résultats obtenus par lui sur les divers objectifs opérationnels** qui lui ont été fixés.

À moyen terme, ce qui est apprécié c'est **le professionnalisme du collaborateur et la façon dont il maîtrise son métier**, évalués à travers les **compétences** dont il a fait preuve et les **comportements** qu'il a adoptés en réponse aux **objectifs de maîtrise de la fonction** qui lui avaient été fixés.

À long terme, ce qui rentre en ligne de compte, c'est le **potentiel** du collaborateur, révélé en réponse **aux objectifs de développement** qui lui ont été assignés, potentiel qui inscrit le collaborateur dans des filières de promotion qui structurent **l'évolution à long terme de son poste.**

On voit donc que tout le système de description de fonction que nous avons longuement défini au chapitre précédent (à travers les contributions attendues et les critères de maîtrise de la fonction) est étroitement connecté au système d'appréciation qui évalue, par le biais des objectifs fixés à court, moyen et long terme, la réponse de chaque collaborateur aux exigences attendues et formalisées dans sa description de fonction (cf. figure 7.7).

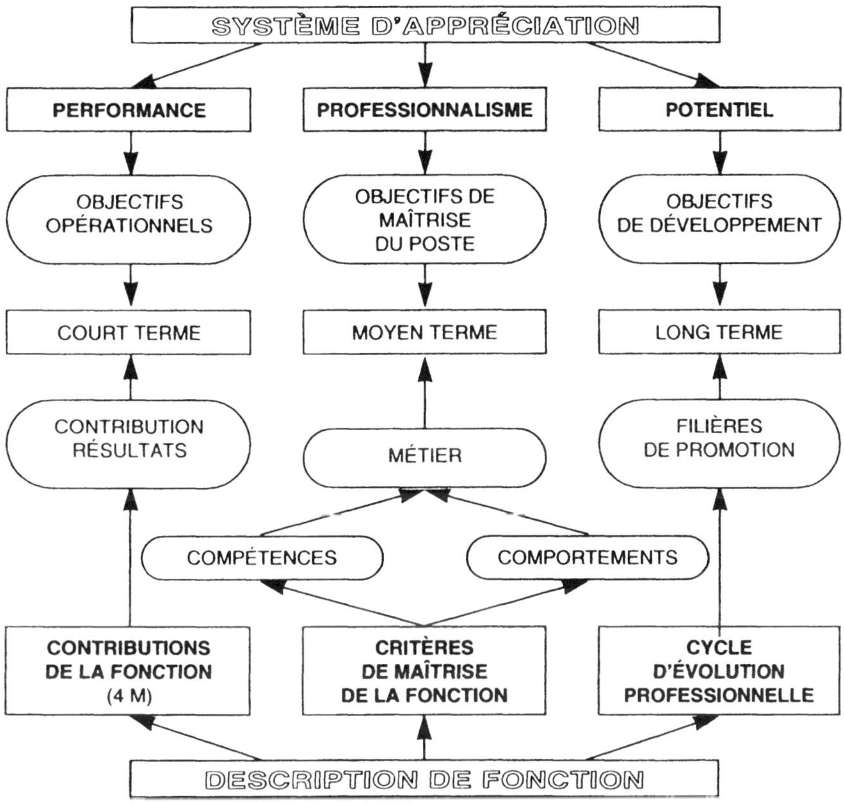

Figure 7.7 : Système d'appréciation et description de poste : deux outils étroitement connectés

2.2. La mise en œuvre de l'appréciation

Dès lors, la mise en œuvre de l'appréciation consistera à évaluer :

– *La performance* (court terme) : elle sera appréciée tous les ans et reconnue, si elle est positive, au travers des primes et bonus qui peuvent parfois atteindre jusqu'à 20 % du salaire de base.

– *Le professionnalisme* et la *maîtrise de la fonction* (moyen terme) : Ces éléments sont traduits dans le « salaire de base » qui est établi, rappelons-le, en fonction de la formation de base, des compétences acquises dans un métier particulier et de l'expérience apportée à l'entreprise. Ils sont reconnus chaque année par la prise en compte des comportements et de la progression des compétences, dont le collaborateur témoigne dans l'exercice de ses fonctions. Cette reconnaissance se traduit dans l'évolution de son salaire de base qui « épouse » ainsi celle de son professionnalisme. L'évolution du salaire s'inscrit en général dans le cadre d'une grille pouvant aller de 75 % à 125 % du salaire de référence correspondant au grade de l'intéressé (cf. figure page 248).

– *Le potentiel* (long terme) : il est pris en compte sur une durée plus longue, au travers de la gestion des carrières qui, tenant compte d'une part des besoins et possibilités de l'organisation, d'autre part des possibilités de développement des collaborateurs à moyen et long terme, a pour objectif de faire évoluer ces derniers dans la société et dans le groupe. Cette évolution se traduit par des changements de coefficient, de grade ou de statut, ou encore par des modifications ou des changements de fonction. On retrouve, là aussi, le court terme (changement de coefficient), le moyen terme (changement de grade ou de statut) et le long terme (changement de fonction).

C'est donc à l'occasion de la mise en œuvre du système d'appréciation, c'est-à-dire à l'issue de l'entretien d'appréciation, que se déclinera la politique de rémunération définie par l'entreprise et destinée à reconnaître à court terme (rémunération variable sous forme de primes et bonus), moyen terme (évolution du salaire de base) et long terme (gestion des carrières), les mérites de ses collaborateurs et leurs réponses aux exigences de l'organisation (cf. figure 7.8). L'entretien d'appréciation et ce qui en découle constituent donc le point d'aboutissement ultime, le « concentré » en quelque sorte de tout le système de management des ressources humaines de l'entreprise.

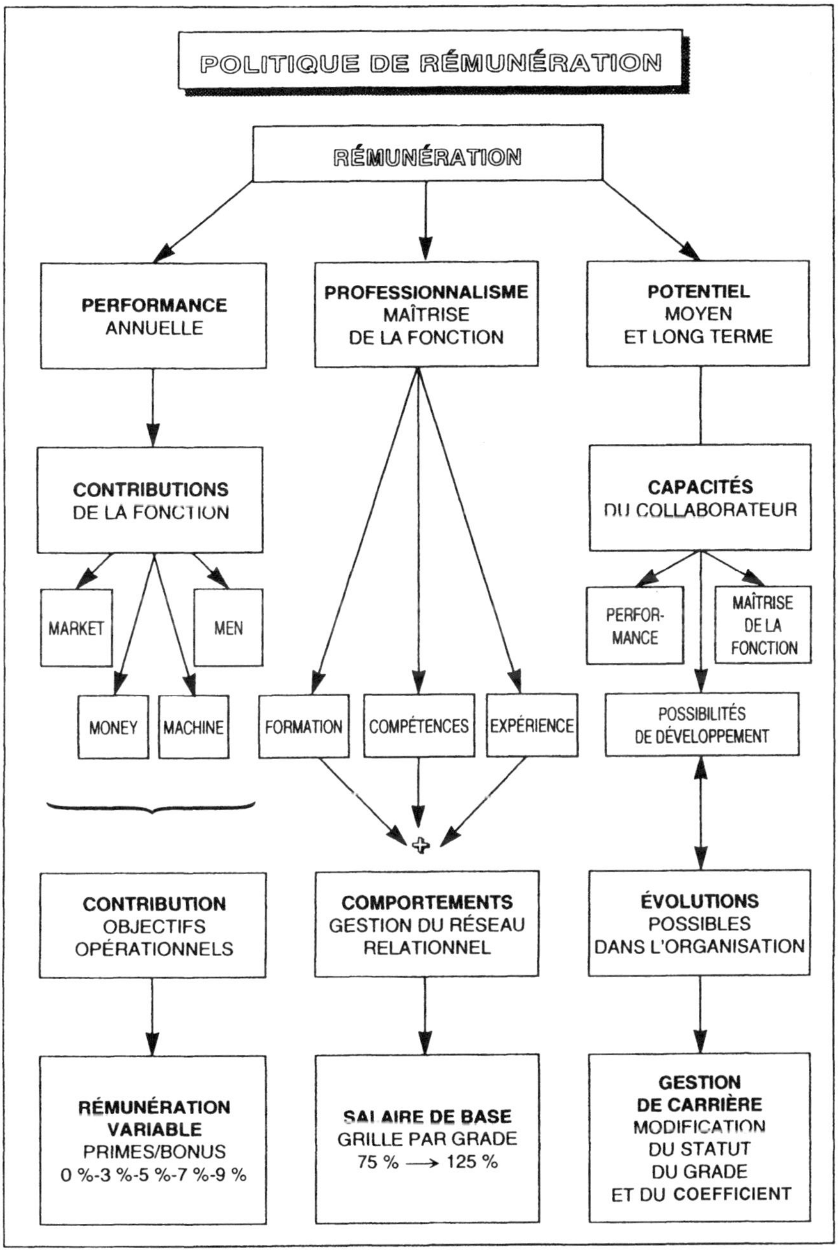

Figure 7.8 : Rémunération et système d'appréciation

2.3. Exemple de déroulement d'un entretien d'appréciation

Imaginons l'entretien d'appréciation d'un assistant chef de produit, en charge du développement d'une peinture destinée à la décoration d'intérieur. Les trois « dimensions » de l'appréciation seront successivement déclinées en commençant par la maîtrise de la fonction :

– *le professionnalisme et la maîtrise de la fonction*

Il s'agira d'évaluer comment la fonction a été remplie pendant la période de référence et de déterminer si le collaborateur possède bien le professionnalisme nécessaire pour remplir sa fonction. Pour cette appréciation, on s'attachera notamment aux comportements et aux compétences manifestés par le collaborateur durant la période de référence. En ce qui concerne les **compétences**, si les objectifs de maîtrise de la fonction qui lui avaient été fixés consistaient par exemple à améliorer ses facultés de dépouillement des panels NIELSEN ou à développer sa capacité à mener une étude de marché seul, sans l'assistance d'une agence, on évaluera si ces objectifs ont été atteints et comment ils l'ont été. En ce qui concerne ses **comportements,** s'il avait comme objectif, par exemple, d'améliorer le niveau d'adhésion de la force de vente à la mise en place d'actions-relais sur le terrain, objectif passant par la tenue de réunions trimestrielles avec la force de vente et impliquant donc la nécessité pour lui d'acquérir une formation à la conduite et l'animation de réunions... on appréciera d'une part s'il a effectué la formation en question, d'autre part le nombre de réunions tenues par lui et surtout les résultats otbenus auprès de la force de vente.

Au cas où, durant la période concernée, la fonction n'aurait pas été remplie par le collaborateur de la façon qui était attendue de lui, on cherchera ce qui peut expliquer cette situation : on se demandera par exemple si le contenu de la fonction a, *de facto,* changé durant la période ou si l'environnement (matériel, financier, humain, etc.) a été modifié de manière déterminante.

– *La performance*

Ce qui sera évalué dans cette deuxième étape concerne, nous l'avons dit, la valeur ajoutée apportée par le collaborateur. Pour l'apprécier, on pourra reprendre le schéma du management par objectifs et décliner point par point les écarts ou les zones d'accord concernant les quatre principales « contributions attendues ».

Prenons pour exemple les objectifs « Market » : notre assistant chef de produit devait lancer cette année-là deux campagnes de publicité, avec un budget de 5 millions de francs et devait parvenir à faire progresser les ventes de 2 %. On évaluera s'il a bien effectué les deux campagnes prévues, s'il a tenu son budget (ou s'il a dépensé plus ou moins...) et s'il a atteint les 20 % de progression (ou plus, ou moins...). À partir de ces différents éléments, le supérieur hiérarchique sera en mesure d'apprécier la valeur ajoutée apportée par son collaborateur à la performance globale de l'entreprise.

– *Le potentiel et l'évolution*

En fonction de l'évolution de ses compétences et des exigences de maîtrise de la fonction, de nouvelles formations seront éventuellement envisagées avec le collaborateur. En fonction de la qualité de ses contributions, une évolution commencera à se dessiner qui se traduira par exemple, dans son cas, par le passage, deux ans plus tard, au rang de chef de produit.

L'ÉVOLUTION PROFESSIONNELLE ET LA GESTION DES CARRIÈRES

1. Les cinq scénarios de maîtrise de la fonction

La mise en œuvre du système d'appréciation telle que nous venons de la détailler, permet de dégager cinq scénarios possibles traduisant la plus ou moins grande adéquation entre une fonction et son titulaire. Ces cinq scénarios permettent de schématiser la manière dont un collaborateur gère et assume sa fonction et la façon dont il évolue au sein d'une activité professionnelle (cf. figure 7.9).

Commentons cette figure :

– **Scénario I.** La fonction confiée n'est pas remplie en totalité, soit parce qu'une partie n'est pas maîtrisée, soit, parce que le collaborateur investit une zone d'activité qui ne fait pas partie de sa fonction. Dans les deux cas, nous sommes en décalage par rapport au besoin de l'organisation et un réajustement est nécessaire, soit en recentrant l'activité du collaborateur sur ce qu'il doit faire, soit en modifiant sa définition de fonction si on estime qu'en effectuant de façon satisfaisante une activité non prévue initialement, mais qui présente un intérêt pour l'entreprise, il rend service à cette dernière.

– **Scénario II.** La fonction est bien couverte (notion des 100 %). Cependant, certains collaborateurs ne veulent ou ne peuvent pas aller plus loin et il convient de se poser le problème de leur évolution à terme : comment les faire évoluer, comment continuer à les motiver ?

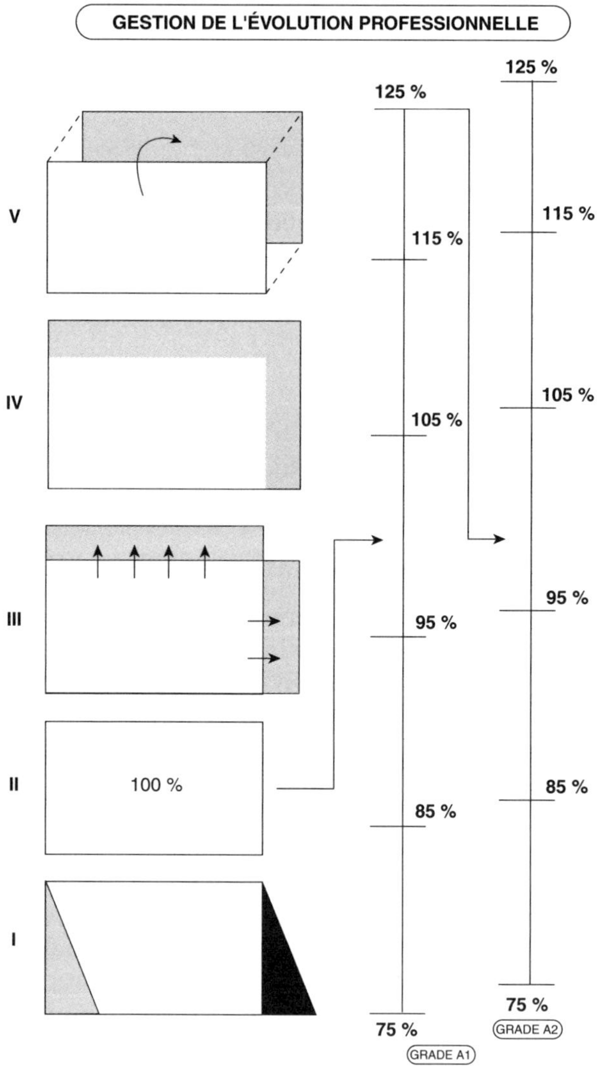

Figure 7.9 : Les cinq scénarios de maîtrise de la fonction et la gestion de l'évolution professionnelle

– **Scénario III.** Le collaborateur, après être passé par la phase précédente, montre ses capacités et sa motivation à explorer la périphérie organisationnelle de la fonction, par exemple en prenant plus de responsabilités ou en augmentant sa polyvalence (la plupart du temps, le collaborateur exerce ces responsabilités nouvelles sous forme de missions ponctuelles). Ce scénario est important à repérer par le responsable hiérarchique car il va permettre d'aiguiller l'évolution du collaborateur dans les domaines où il pourra exploiter son potentiel en regard des besoins de l'entreprise. Il importera aussi de reconnaître ponctuellement cette forme de surcontribution (grâce à des primes par exemple), de façon à « encourager » le collaborateur dans cette orientation qui présente un intérêt pour l'entreprise.

– **Scénario IV.** C'est le scénario de la **surcontribution.** Nous sommes en présence d'un collaborateur qui maîtrise sa fonction et crée de la performance, et de plus, par la connaissance qu'il a développée (réseau relationnel, efficacité dans son organisation, etc.), développe une valeur ajoutée supérieure à ce que l'organisation pouvait attendre (pour un poste confié initialement à 100 %, il fournit par exemple 120 ou 130 %). C'est cette phase qui est la plus intéressante pour l'entreprise car elle lui permet le « retour sur investissement » nécessaire lorsque l'on a recruté, investi en formation et assuré le développement d'un nouveau collaborateur. Ne pas gérer cette phase serait une perte nette pour l'organisation. Ce scénario présente en effet deux risques : soit celui de laisser trop longtemps les collaborateurs dans cette situation parce qu'elle est « confortable » pour l'entreprise, mais on risque alors de les « démobiliser », soit celui de promouvoir trop tôt un collaborateur qui vient d'arriver dans ce scénario, ce qui ne permet pas à l'entreprise de récupérer les fruits de son investissement.

– **Scénario V.** Le collaborateur, ayant développé sa maturité professionnelle, peut envisager une **évolution** au sein de l'organisation : évolution transversale afin d'acquérir de nouvelles compétences ou évolution verticale en prenant des responsabilités supérieures dans le domaine d'activité qu'il maîtrise. Les évolutions « latérales/ascendantes » (il change de domaine de compétence en augmentant son niveau de responsabilités) sont naturellement plus risquées et il convient de recommander la prudence en la matière. Un échec à la suite d'une évolution interne inadaptée est toujours très mal vécu à la fois par le collaborateur et par l'entreprise. Les deux parties ayant le sentiment de s'être fourvoyées, chacune a tendance à renvoyer la responsabilité de l'échec sur l'autre.

Ces cinq scénarios constituent des outils très pratiques et il est intéressant de pouvoir informer, chaque année, les collaborateurs sur leur évolution à l'intérieur de chacune des situations. Par ailleurs, il est important que la politique de rémunération accompagne de façon adéquate et permette de gérer et de reconnaître cette évolution du collaborateur dans la maîtrise de sa fonction. Cela est possible quant on travaille sur des échelles de rémunération variant de 75 % à 125 % par rapport à un point médian.

En pratique, il sera possible d'effectuer chaque année un bilan de la performance des collaborateurs en fonction de la manière dont ils remplissent leur fonction et de regarder comment ils se positionnent dans leur échelle de rémunération : on pourra alors observer si la corrélation existante est logique ou non (cf. partie droite de la figure 7.9). Ainsi, par exemple, un collaborateur n'occupant pas sa fonction à 100 % devrait plutôt se positionner entre 75 % et 95 % de son échelle de rémunération (c'est là le scénario classique d'un collaborateur débutant dans une fonction). Lorsque ce collaborateur, au bout d'un an par exemple, arrive à la pleine maîtrise de sa fonction, il faut alors que la politique de rémunération permette de le positionner autour de cette notion de « mid-point », entre 95 % et 105 % de son échelle de rémunération. Puis, quand il arrive en scénario III, il faut avoir la possibilité de continuer à faire progresser sa rémunération dans un même grade (une même classification de poste) pour reconnaître sa surcontribution partielle, selon des modalités variables. Bien sûr, il arrivera un moment (scénario IV ou V) où le collaborateur atteindra la limite d'évolution supérieure de la rémunération possible dans son grade et il s'agira alors de lui donner la possibilité d'accéder à un poste de grade supérieur lui permettant de rentrer dans le cadre d'une nouvelle échelle de rémunération potentiellement plus élevée.

L'intérêt de cette approche en termes de scénarios réside donc dans le fait qu'elle permet, à travers ce bilan annuel, de repérer d'éventuels anachronismes et donc de disposer, en matière d'évolution des salaires, d'éléments de décisions fondés et tenant compte de la performance réelle des collaborateurs : pourquoi tel collaborateur, qui ne maîtrise pas sa fonction, se situe-t-il à 125 % de son échelle de rémunération ? Pourquoi tel autre, actuellement en scénario IV, n'a-t-il pas encore atteint son « mid-point » (entre 95 % et 105 % du salaire de référence correspondant à son grade) ? Des mesures appropriées pourront être prises à partir de ces constats.

Il faut néanmoins tenir compte, dans la mise en pratique de cette délicate gestion, des temps de maturation propres à chaque métier et du cycle d'évolution tolérable pour chacun. Or ces temps de maturation sont très différents d'un métier à l'autre : très rapides dans les métiers du marketing où l'on peut passer en 2 ans du scénario I au scénario IV, ils sont plus longs dans les métiers de la finance et des ressources humaines et plus long encore pour les métiers de la production ou de la recherche-développement (10 ans, souvent, pour passer du scénario I au scénario IV). Il appartient donc à chaque entreprise de réfléchir au cycle d'évolution tolérable à l'intérieur de chaque métier, sous peine de voir partir à la concurrence un collaborateur découragé par un cycle d'évolution trop long dans son métier et souhaitant intégrer une entreprise lui permettant, dans le même métier, de gagner quelques années par rapport à l'obtention d'un poste de niveau supérieur.

Cependant, il est nécessaire de parfaire cette vision avec une approche complémentaire. En effet, si les cinq scénarios permettent de formaliser l'appréciation sur la manière dont un collaborateur remplit sa fonction, et d'en accompagner l'évolution de manière adéquate, il faut prendre en compte le vécu du titulaire à l'intérieur de cette évolution et assurer une gestion appropriée de sa courbe de motivation par rapport à sa courbe de compétence.

2. Courbe de motivation et courbe de compétence

La figure 7.10 ci-dessous permet de « visualiser » ce constat très fréquent qu'il existe souvent un décalage entre l'évolution de la motivation d'un individu dans une activité professionnelle donnée et le degré de développement de ses compétences à l'intérieur de cette même activité. C'est ce qui explique que les hiérarchiques sont parfois confrontés au problème suivant : un collaborateur sollicite un entretien au cours duquel il exprime « le sentiment d'avoir fait le tour de son poste », sentiment que l'on pourrait exprimer en disant que sa courbe de motivation est proche du point culminant. En revanche, il arrive fréquemment que, malgré ce sentiment, il n'ait pas encore assimilé toutes les compétences nécessaires à la pleine maîtrise de son activité. Nous sommes là en présence d'un premier problème à gérer : comment lui faire appréhender ce décalage ?

Par ailleurs, et en bon gestionnaire de carrière, le manager doit savoir que c'est au moment où la courbe de compétence rejoindra la courbe de motivation que le collaborateur entrera dans le possible scénario IV, celui à l'intérieur duquel il développera cette fameuse « surcontribution », indispensable pour l'entreprise qui veut pouvoir bénéficier d'un retour sur son investissement formation. Si cette deuxième étape n'est pas managée, nous courons le risque de voir partir un collaborateur au moment même ou l'organisation pourrait espérer ce fameux « retour sur investissement ».

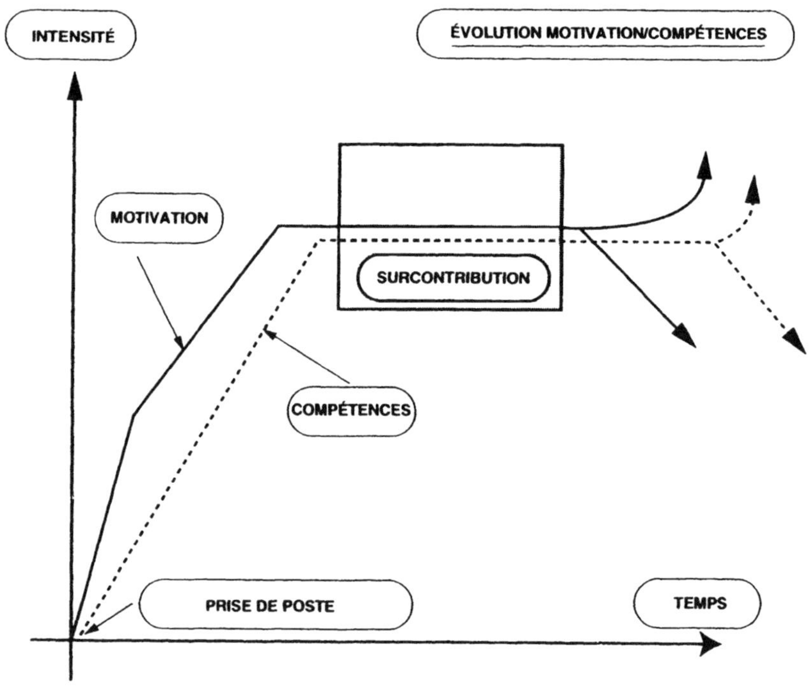

Figure 7.10 : Courbe de motivation et courbe de compétence

Pour résumer notre propos, comment faire face à la situation résultant du fait que la courbe de motivation a tendance à grimper en intensité beaucoup plus vite que la compétence nécessaire qui doit se développer dans la maîtrise de la fonction (c'est-à-dire beaucoup plus vite que la courbe de compétence) ? Ce sont essentiellement la qualité du manager, son niveau de professionnalisme, ainsi que les outils mis à sa disposition (rémunération, formation, fluidité dans l'organisation) qui lui permettront de gérer adéquatement la situation tout en préservant le niveau de motivation de son collaborateur.

Confronté à un collaborateur qui lui exprime ce sentiment « d'avoir fait le tour de son poste », le manager devra donc d'abord lui faire comprendre que, malgré cette impression, il a encore un certain nombre de compétences à acquérir pour développer son professionnalisme et maîtriser pleinement son poste avant d'arriver dans cette fameuse zone de « surcontribution ». Là, on lui demandera de continuer à faire le même travail avec une compétence encore accrue et ce, le temps nécessaire pour que l'entreprise « récupère » le coût de l'investissement qu'elle a opéré sur son compte en termes de recrutement, formation, développement, etc. et que lui-même parvienne vraiment au « top » de son professionnalisme.

Le risque est bien évidemment que le collaborateur, désireux de progresser très vite, choisisse de s'en aller, lorsqu'il aura acquis son niveau de compétences maximal (à la pointe de la courbe « compétences » sur la figure 7.10) et avant d'entrer dans la zone de « surcontribution ». C'est la raison pour laquelle il sera nécessaire d'utiliser tous les outils de motivation, de reconnaissance et de rémunération dont on dispose pour, d'une part, l'inciter à rester dans l'entreprise afin de générer durant un certain temps cette fameuse « surcontribution », et pour, d'autre part, le « soutenir » durant cette période. Ce n'est que lorsque le contrat aura été rempli des deux côtés qu'il sera nécessaire de « relancer la machine » en permettant au collaborateur de se « redéployer » soit par l'accession à un niveau supérieur, soit par un changement de poste.

Une mauvaise gestion de cette situation délicate fait donc courir trois risques à l'entreprise : le premier, nous l'avons vu, consiste à perdre le collaborateur au sommet de sa courbe de compétence, avant l'entrée dans la « zone de surcontribution ». Le second risque consiste à ne pas permettre, à l'issue de la période « surcontributive », le redéploiement souhaité et de continuer à « tirer sur la corde » : à défaut d'envisager une évolution pour relancer le processus, on risque de voir le niveau de motivation se dégrader, ce qui aura immanquablement une répercussion à terme sur le niveau de compétence. Les hiérarchiques qui ont voulu conserver trop longtemps des collaborateurs « surcontributifs » dans leur service (situation confortable pour eux) ont non seulement perdu cette ressource, mais l'ont également fait perdre à l'entreprise.

Enfin, le troisième risque consiste à « céder à la panique » et, de peur de voir partir à la concurrence un collaborateur brillant (même si pas encore au maximum de ses compétences), de pratiquer des promotions « à crédit ». Ce cas de figure, malheureusement fréquent, conduit à une situation très « volatile » avec de jeunes managers qui « bougent » tous les deux ou trois ans, n'acquièrent aucune maturité professionnelle dans les métiers choisis et arrivent à des postes de cadres supérieurs ou de « top managers » avec une maturité chancelante, préjudiciable au bon fonctionnement de l'entreprise.

La mission du responsable des ressources humaines consiste à aider les managers à gérer au mieux cette adéquation « poste-titulaire » et à permettre une vraie gestion de l'évolution du poste. Par rapport à un collaborateur ayant le sentiment « d'avoir fait le tour », l'entretien d'appréciation pourra alors, avec l'appui de la D.R.H., consister à :

- justifier auprès du collaborateur la phase de « surcontribution » demandée (en raison de l'investissement opéré sur lui) ;
- le placer dans la perspective de la prochaine étape en l'y préparant : par exemple en mettant en place avec lui un plan de formation lui permettant de « rebondir » après la phase de surcontribution ;
- lui indiquer que cette phase fera l'objet d'un « soutien » de la part de l'entreprise sous forme de bonus, incentives, rémunération individuelle, etc.

Faute, pour une direction générale, de se donner les moyens de cette politique et de prévoir pour ses collaborateurs un passage obligé au travers des quatre premiers scénarios, on court le risque de générer de l'immaturité managériale ou de devoir affronter des départs de collaborateurs au plus mauvais moment pour l'entreprise et sans possibilité pour elle de « récupérer sa mise ».

Nous avons ainsi pu mettre en évidence le « bouclage » de l'ensemble du système que nous avons décrit : connecté en amont avec le système de description de fonction, le système d'appréciation est connecté en aval avec celui de gestion des rémunérations.

Par ailleurs, au travers de la notion d'adéquation fonction-titulaire, nous avons posé les bases d'un système de gestion des carrières, fondé sur le repérage des différents scénarios de maîtrise de la fonction. On trouvera dans les pages qui suivent trois exemples d'outils illustrant la mise en pratique de la démarche que nous avons décrite. Le premier constitue un modèle de fiche rassemblant les « compétences critiques » nécessaires pour la réussite dans une fonction déterminée, destiné à permettre une adéquation aussi bonne que possible entre un poste et son titulaire. Le deuxième document constitue un exemple de guide préparatoire de l'entretien d'appréciation. Le troisième est un modèle type de bilan de synthèse à établir à la fin d'un entretien d'appréciation.

Il nous reste, en conclusion, à souligner la nécessité d'une très bonne « préparation du terrain » avant la mise en place d'un système tel que nous l'avons décrit. Tout système d'appréciation mis en place dans le seul but de « contrôler » les gens, tout système installé sans les précautions que nous avons rappelées et mal géré au niveau de la déclinaison des outils dont nous avons parlé, est condamné, à terme, à échouer. La première année suscitera de fortes espérances, la deuxième de grandes attentes, et la troisième de grandes déceptions si rigueur, méthode et cohérence n'ont pas été continuellement présentes pour intégrer étroitement le système d'appréciation dans une politique globale de management des ressources humaines. Enfin, il faut se souvenir qu'un bon système d'appréciation est avant tout un système vivant, qu'il n'est pas figé une fois pour toutes et qu'il doit en permanence évoluer pour s'adapter aux nouvelles exigences, aux nouveaux objectifs, au nouvel environnement de l'entreprise et intégrer ces différents éléments dans les outils utilisés.

Chantal Lebouin-Gelabert, Mickaël Hoffman-Hervé,
Nicole Aubert

Quelques outils pour préparer, conduire, analyser des entretiens et gérer les compétences

	COMPÉTENCES	INDICATEURS DE COMPORTEMENTS
A : CAPACITÉ DE RÉFLEXION	A4 : CAPACITÉ D'ANALYSE **	* Identifie les relations de cause à effet. – Identifie les causes profondes. – Comprend et évalue les données numériques, tableaux, graphiques ou graphes pour remonter à la cause d'un problème. – Effectue des calculs et associe des informations quantitatives pour établir un diagnostic et résoudre un problème. * Classe les informations pour leur donner un sens.
B : CAPACITÉ D'AUTO-MANAGEMENT	B2 : APTITUDE D'AUTO-DÉVELOPPEMENT	– Recherche les opportunités d'acquisition de connaissances dans les domaines liés à son travail. * Recherche activement un retour d'information comme source importante d'acquisition de connaissances et de perfectionnement.
	B4 : FLEXIBILITÉ	* Conserve son efficacité dans le cas d'affectations ou de priorités évoluant rapidement.
	B5 : CONFIANCE EN SOI	* Est confiant dans sa capacité à traiter et à travailler avec des tiers.
	B6 : SELF CONTROL	* Sait rester objectif malgré les pressions et dans des circonstances difficiles ou stressantes.
	B7 : TÉNACITÉ **	* N'abandonne pas un problème tant qu'il n'est pas résolu.
	B8 : CONSCIENCE PROFESSIONNELLE	* Procède à des contrôles pour s'assurer que les informations sont exactes et soutenables.
	B10 : INDÉPENDANCE D'ESPRIT **	* Pose ouvertement les problèmes.
C : CAPACITÉ D'INFLUENCE	C1 : SOUCI DE L'IMPACT	* Prend des mesures pour faire en sorte que les tiers comprennent les informations complexes.
D : CAPACITÉ DE RÉUSSITE	D1 : ESPRIT D'INITIATIVE	– Fait spontanément des propositions.
	D2 : RECHERCHE DE L'INFORMATION CRITIQUE **	* Réunit les informations indispensables à l'élaboration d'un diagnostic.

Exemple de fiche des « compétences critiques de réussite » pour un poste de contrôleur budgétaire

GUIDE PRÉPARATOIRE DE L'ENTRETIEN
APPRÉCIATION DES PERFORMANCES

INTRODUCTION

Ce guide a pour objectif de vous permettre une réflexion individuelle sur les thèmes qui seront abordés au cours du prochain entretien d'appréciation que vous allez avoir avec votre collaborateur.

Ce travail préparatoire est important.
Il doit déboucher sur la formalisation de l'appréciation des résultats de l'année écoulée et la définition des objectifs pour l'année à venir.

Bon courage et bonne préparation.

POSTE

La description de la fonction de votre collaborateur recouvre-t-elle la contribution attendue ?

....

....

....

Si non quelles modifications désirez-vous y apporter ?

....

La fonction a-t-elle évolué pendant la période de référence ?

....

Si oui comment cette évolution a-t-elle été assumée par votre collaborateur ?

....

....

....

FORMATION INITIALE

Que pensez-vous de la formation initiale de votre collaborateur en regard du poste confié ?

....

....

....

Votre collaborateur a-t-il développé des compétences, aptitudes ou connaissances complémentaires au cours de sa carrière en regard de sa formation initiale ?

....

....

....

....

....

....

APTITUDES/MOTIVATIONS

Pensez-vous que votre collaborateur utilise dans son poste actuel l'ensemble de ses aptitudes ?

....

....

....

Si non, précisez celles qui pourraient être utilisées ?

....

....

....

Quelles sont les activités professionnelles qui motivent particulièrement votre collaborateur dans son poste actuel ?

....

....

....

OBJECTIFS DE L'ANNÉE PRÉCÉDENTE/PERFORMANCES OBTENUES

Quels étaient les objectifs fixés à votre collaborateur pour l'année	Résultats obtenus-Indicateurs chiffrés
Objectifs liés au Service client	
....	....
....	....
....	....
....	....
Objectifs liés à la rentabilité	
....	....
....	....
....	....
....	....
Objectifs liés à la Sécurité	
....	....
....	....
....	....
....	....
Autres objectifs	
....	....
....	....
....	....
....	....

MAÎTRISE DE LA FONCTION

Comment pouvez-vous apprécier la manière dont votre collaborateur maîtrise sa fonction (professionnalisme) ?

....

....

....

Au niveau des techniques nécessaires au métier qu'il exerce (connaissances, compétences techniques)

....

....

Au niveau des comportements critiques pour la réussite dans la fonction-(réseau relationnel)

....

....

....

OBJECTIFS ANNÉES À VENIR

En vous servant de sa description de fonction actuelle (finalités 4M), quels sont les objectifs que vous aimeriez fixer à votre collaborateur ?

Objectifs liés au Service client	Indicateurs prévus
....	....
....	....
....	....
....	....
Objectifs liés à la rentabilité	
....	....
....	....
....	....
....	....
Objectifs liés à la Sécurité	
....	....
....	....
....	....
....	....
Autres objectifs	
....	....
....	....
....	....
....	....

FORMATION

– Quelles sont les formations dont votre collaborateur a bénéficié au cours des 12 derniers mois ?

....

....

....

– Ces formations lui ont-elles permis d'atteindre ses objectifs ou d'améliorer la maîtrise de sa fonction ?

....

....

....

– Quels sont ses besoins en formation pour la période à venir ?

....

....

....

ÉVOLUTION

– Faites le bilan de son évolution à ce jour.

....

....

....

....

– Quelles sont ses aspirations ?

....

....

....

....

– Quels moyens est-il prêt à mettre en œuvre pour cela ?

....

....

....

....

– Que pouvez-vous personnellement lui apporter et quels moyens voulez-vous mettre à sa disposition ?

....

....

....

....

....

BILAN DE SYNTHÈSE

	SIGNATURES ET DATES		
NOM : PRÉNOM : FONCTION : ANCIENNETÉ : DATE DE L'ENTRETIEN :	N	N + 1	N + 1

LA FONCTION

LA FONCTION A-T-ELLE ÉTÉ CORRECTEMENT REMPLIE PENDANT LA PÉRIODE DE RÉFÉRENCE ?

SI OUI COMMENT ?

SI NON POURQUOI ?

LA FONCTION A-T-ELLE ÉVOLUÉ PENDANT LA PÉRIODE DE RÉFÉRENCE ?

SI OUI COMMENT ?

CETTE ÉVOLUTION A-T-ELLE ÉTÉ ASSUMÉE PAR LE COLLABORATEUR ?

SI OUI COMMENT ?

SI NON POURQUOI ?

LES OBJECTIFS

RAPPEL DES OBJECTIFS	RÉSULTATS ATTEINTS
OBJECTIFS OPÉRATIONNELS	
OBJECTIFS DE DÉVELOPPEMENT	
OBJECTIFS DE COMPORTEMENT	
OBJECTIFS DE MANAGEMENT	

LA FORMATION

LE COLLABORATEUR A-T-IL BÉNÉFICIÉ DE FORMATION PENDANT LA PÉRIODE DE RÉFÉRENCE ?

SI OUI LESQUELLES ?

CES FORMATIONS ONT-ELLES CONTRIBUÉ À LA RÉALISATION DES OBJECTIFS ?

SI OUI COMMENT ?

SI NON POURQUOI ?

QUELS SONT LES BESOINS EN FORMATION DU COLLABORATEUR POUR LA PÉRIODE À VENIR ?

ÉVOLUTION

POTENTIALITÉS D'ÉVOLUTION DU COLLABORATEUR :

MAINTIEN DU COLLABORATEUR DANS SA FONCTION ACTUELLE :
SI OUI POURQUOI ET POUR COMBIEN DE TEMPS ?

SI NON, ÉVOLUTION ENVISAGÉE ?

POSSIBILITÉS D'ÉVOLUTION DANS LE SERVICE : LESQUELLES ?

POSSIBILITÉS D'ÉVOLUTION DANS L'ENTREPRISE : LESQUELLES ?

COMMENTAIRES DU COLLABORATEUR

SOUHAITS DE FORMATION COMPLÉMENTAIRE

SOUHAITS D'ÉVOLUTION

AUTRES COMMENTAIRES

Mickaël Hoffman

Chapitre 8

PRÉPARER L'ACTION : CONCEPTS ET OUTILS D'ANALYSE

Nous voici au terme de cet ouvrage. Les deux chapitres qui suivent présentent des thèmes et des approches déjà abordés, voire détaillés. Il sera parfois utile de confronter les points de vue et de les opposer, la réalité ne se laissant souvent approcher que par le paradoxe et la relativisation. Tout ce qui est écrit est à la fois vrai et faux, utile et inapproprié, important et secondaire. Tout dépend de nous et de la projection de nous-mêmes sur la réalité, donc de nos projets et de nos croyances. Le domaine des croyances a peu été abordé dans cet ouvrage, parce qu'il se veut essentiellement pratique. Pourtant la représentation que nous nous faisons de notre environnement et de nous mêmes guide consciemment et inconsciemment l'ensemble de nos actions.

Ces deux chapitres présupposent que vous avez un projet de changement, que vous voulez peser sur le cours des choses, ou que, pour le moins, vous voulez garder l'initiative dans les changements qui s'accélèrent autour de vous. Vous aurez donc à faire œuvre de stratège et de sociologue. Ces deux domaines sont d'une grande complexité ; nous avons essayé de les réduire à des notions et concepts compréhensibles et opérationnels ; mais nous n'avons pas voulu simplifier à l'extrême et éliminer des notions sans lesquelles les risques d'erreurs dans la conduite du changement deviennent rédhibitoires.

Vous trouverez en particulier dans la première partie six grilles de lecture du social ; ces grilles sont présentées globalement, sans que l'on puisse ici entrer dans plus de détails. Le but est à la fois d'ouvrir la réflexion du lecteur, de lui permettre d'améliorer sa compréhension du social, voire de l'humain, et, dans la mesure où l'opération de changement est accompagnée par une assistance extérieure, de garder la maîtrise du chantier.

À propos de l'humain : la plupart des salariés de notre nouveau millénaire se plaignent de ce qu'ils ne sont pas vraiment traités en êtres humains responsables. Notre conviction, fondée sur l'expérience plus encore que sur l'étude, est qu'il y a d'immenses richesses d'intelligence, d'énergie, d'âme peut-être, qui sommeillent encore. Et c'est heureux, parce que nous avons abordé une ère de profondes mutations qui fera nécessairement appel à ces richesses. Nous souhaitons qu'à travers les pratiques que nous préconisons, l'homme soit remis au centre de la problématique du changement.

De quel changement s'agit-il ?

1. Un contexte d'incertitude et de bouleversements

« CHANGER... CHANGER, ils n'ont que ce mot à la bouche ! »

Changer, pour changer ? Ou changer parce que c'est le lot de toutes choses ? En fait, rien de ce qui vit n'est stable ni permanent, tout au plus durable quelques instants. « Et quoi de plus permanent que le changement même ! » fait dire Claudel à Toussaint Turelure dans « l'Otage » (1). Tout bouge autour de nous, donc tout bouge dans nos relations avec l'environnement. En tant qu'êtres humains, nous n'avons des chances de survivre que si notre « système interne » répond judicieusement aux sollicitations de l'extérieur. Nos entreprises ont, en plus, à faire face prioritairement aux actions de leurs concurrents.

Posons le contexte dans lequel se situe l'intervention de changement afin de pouvoir en tirer un enseignement pratique et lui appliquer une démarche rationnelle. Ce contexte est celui d'un bouleversement profond des techniques, des conditions de production et des échanges.

a) En premier lieu, le changement est dû à **l'introduction dans la société de techniques et de technologies** (2) qui révolutionnent les méthodes de travail et le fonctionnement tant des communautés sociales que des entreprises qui en sont des émanations.

b) En deuxième lieu, la capacité de production a cru à une telle vitesse qu'elle excède largement la capacité d'absorption du marché, poussant les entreprises dans une **course effrénée au nouveau, donc à l'innovation**. La mode s'empare de quasiment tous les domaines et l'emballage importe au moins autant que le contenu. Alors que le consommateur attend d'obtenir la satisfaction de ses désirs sur le champ (dans les deux sens du terme), l'art du stratège consiste à lui faire désirer à l'avance le produit qui sortira dans deux semaines ou dans trois mois : retour à la **loi de l'offre ?**

c) En troisième lieu, pour assurer la satisfaction du client au moindre coût, les entreprises cherchent, et ce dans le monde entier, à **réduire leurs coûts et à augmenter leur productivité**, avant tout grâce à l'automatisation, donc en faisant appel à un personnel de plus en plus compétent... et restreint.

d) En quatrième lieu, l'ouverture des frontières s'est généralisée. Bien que chaque pays essaye d'en diminuer les effets nocifs, l'ouverture des frontières est, sauf catastrophe mondiale, irrémédiable, avec des **conséquences inéluctables sur l'emploi.** Les pays à frais salariaux les moins élevés sont des réserves de travailleurs à bon marché, ce qui déplace les centres de production par rapport aux centres de consommation. La Chine, par exemple, produit des biens de consommation à bas prix pour les consommateurs des pays riches grâce à des coûts salariaux vingt ou trente fois moindres que les nôtres. Cela ne concernerait pas vraiment notre réflexion si cela n'avait un fort impact tant sur les propres salariés de nos entreprises, par ailleurs de plus en plus multi-nationales, que sur la totalité de notre environnement.

e) En cinquième lieu, les frontières volant en éclats, le **concept même d'États-Nations** – qui ont représenté notre cadre politico-économique depuis mille ans environ – **est tout simplement périmé**. Nous vivons dans un semblant de démocratie alors que les décisions sont prises par un processus fait de multitudes de micro-décisions dans des réseaux de pouvoirs plus ou moins occultes (3), compte tenu de contraintes de plus en plus fortes dues aux interactions des différentes économies « nationales » : les sogo-soshas et autres maisons de commerce, ou les banques d'un côté, les diasporas, maçonneries et mafias de l'autre. N'oublions pas que les narco-dollars représentent une masse monétaire équivalente à celle des pétro-dollars !

f) En sixième lieu, on assiste à **un raccourcissement du temps** : il y a encore cinquante ans, deux flottes qui entraient au combat disposaient de vingt-quatre heures pour faire feu, ce qui permettait « de voir venir ». Aux Falklands en 1982, les frégates anglaises disposaient de vingt-quatre secondes pour agir avant qu'il ne soit trop tard. De la même manière, là où les entreprises disposaient de six mois, elles disposent aujourd'hui de six jours, voire de six heures, pour faire face !

g) En fonction de quoi, les habitants des pays les plus industrialisés du monde, et surtout d'Europe, ont vécu dans un *univers totalement surréaliste* depuis la dernière guerre, soit une période de près de cinquante ans de prospérité ininterrompue, de quasi-paix et d'abondance. Ce qui est en effet anormal, ce ne sont pas la concurrence acharnée et les déséquilibres financiers et d'emploi actuels, c'est cette période des « trente glorieuses » (4) qui nous a fait nier la réalité. **Nous retrouvons « la lutte pour la vie »**, oubliée par toute une génération, d'autant que nous avons perdu nos positions dominantes dans nombre de parties du monde et que nous sommes en passe, en tant que collectivité géographique européenne, de les perdre toutes ou presque. Rhône-Poulenc, Elf-Aquitaine, le Groupe Lafarge ou Air Liquide ne sont plus des collectivités françaises ; ce sont des entreprises mondiales qui ne peuvent survivre et se développer qu'en reniant leur appartenance française (le groupe Vivendi en est l'illustration la plus frappante).

Nous sommes aujourd'hui en **« concurrence totale »**, selon le terme de Koetler (5). C'est-à-dire que nous sommes entrés dans une zone de très fortes turbulences : frontières ouvertes, libre circulation des petro et des narco-dollars, révolutions technologiques, mutations sociales, loi de l'offre, segments de marché de plus en plus étroits et variables...

Dans ce contexte, seules les entreprises les plus aptes à satisfaire les premières les besoins du client au moindre coût ou celles capables d'inventer de nouveaux besoins avant les autres subsisteront. Les autres disparaîtront.

Quelle conclusion partielle pouvons-nous tirer de ces constats pour notre étude ? Essentiellement la conviction que nous aurons à développer trois qualités essentielles dans nos organisations, qui constituent le fond de notre réflexion pour la conduite du changement :

- **la VIGILANCE** pour repérer les signes avant les autres, et aussi bien les signaux faibles qui sont les « traces du futur »,

- **la RÉACTIVITÉ** pour réagir au plus tôt sans désorganiser l'existant,
- **l'ANTICIPATION** pour supputer les chances d'occurence de telles ou telles situations, techniques, politiques, économiques, humaines et sociales et préparer les scénarios du futur.

On peut faire une analogie avec le corps humain, dans lequel chaque cellule, chaque tissu, chaque organe doit être capable de prendre en charge la fonction qui lui est dévolue. Hubert Landier appelle « organisation polycellulaire » (6) celle qui repose sur la valeur d'hommes entraînés et préparés à remplir des missions et non des tâches, et sur la valeur de processus parfaitement élaborés et néanmoins extrêmement souples.

Face aux défis qui nous attendent, nous avons tout intérêt à nous préparer et à préparer nos organisations. Il faut être un pisteur pour repérer les traces, un guerrier pour réagir correctement à la surprise, un penseur pour prévoir, voire prédire l'avenir (7). **Nous avons à devenir meilleurs**, individuellement et collectivement, meilleurs pour organiser non seulement notre survie mais aussi notre développement !

2. Méthode générale d'intervention

Que le « changeur » soit responsable d'un centre de résultats, ou en charge de conduire une opération de changement de par ses fonctions (chargé de l'organisation et de l'information, responsable des ressources humaines), le traitement de ses problèmes obéit à des règles précises. Or l'expérience montre qu'il existe des analogies entre ces règles à appliquer pour atteindre des résultats de nature économique et celles mises en œuvre par les penseurs et stratèges militaires. À y bien penser, cela n'est pas pour nous surprendre ; la guerre est une activité humaine, l'une des plus anciennes, hélas ! Or les militaires et les philosophes ont eu le temps de réfléchir aux succès et aux défaites depuis que les hommes se font la guerre ; de plus, en temps de paix (ce que ne connaît pas l'entreprise en concurrence totale !) on peut capitaliser et faire des plans d'expérience utiles pour les conflits à venir.

La stratégie est avant tout une question de bon sens. Elle nous demande :

- de savoir où nous voulons aller,
- de connaître le terrain d'évolution et les autres acteurs,

- de bien repérer les forces et les faiblesses des uns et des autres, et surtout les nôtres !
- de choisir des moyens adéquats (que l'on appelle modes d'action dans le domaine militaire, terme que nous conserverons dans cet exposé),
- d'organiser ces moyens en scénarios,
- de faire passer ces scénarios au crible des critères de choix que les dirigeants ont édictés,
- de les tester et de retenir le meilleur, ainsi qu'une ou des solutions de rechange,
- d'établir un plan d'action avec des délais, des coûts et des jalons.

Nous allons appliquer ces principes (dont beaucoup s'appuient sur le bon sens) à la stratégie de changement organisationnel, qui comprend quatre grandes étapes :

a) **Définir l'objectif.** La dimension du changement prévu peut aller de la réorganisation complète de l'entreprise autour d'un nouveau système d'orientation – c'est la décision politique, qui définit les missions, les valeurs, et les buts poursuivis – jusqu'à une modification du fonctionnement d'une équipe, un changement d'horaires, en passant par un rachat, la sortie d'un nouveau produit, voire un transfert de siège ou d'usine.

b) **Analyser la situation et élaborer la stratégie**, qui est l'art d'allouer ses ressources et de répartir ses forces en fonction de la situation et de ses évolutions prévisibles, de choisir ses alliés, ses adversaires, ses zones et ses produits d'expansion, pour atteindre les objectifs fixés.

c) **Préciser le processus de transformation de l'organisation**, qui consiste « à placer l'organisation en ordre de bataille », en mettant en œuvre quatre grands modes d'action que nous aborderons en détail plus avant.

d) **Construire le plan d'action**, combinant dans le temps et dans l'espace ces quatre modes d'action, et en suivre le déroulement.

Comme dans tout processus d'action, la démarche est itérative, c'est-à-dire que, le mouvement étant inscrit dans l'ordre des choses, il convient de remonter systématiquement au niveau supérieur dès qu'une information nouvelle nous paraît devoir influer sur le résultat attendu, et en particulier lorsque les présuppositions de l'étude (8) s'avèrent fausses. Nous allons aborder ces différentes étapes successivement, et donner les méthodes et outils d'analyse et d'aide à la décision.

Définition de l'objectif

Rappelons la formule attribuée à Sénèque : « il n'y a pas de vent favorable à qui ne connaît pas son port ». Or la première raison pour laquelle nous n'atteignons pas nos buts est qu'ils sont ou bien mal définis, ou bien irréalistes, ou bien non partagés au sein de l'équipe de direction... ou bien, et c'est hélas fréquent, les trois causes coexistent. La meilleure chose que nous pouvons et que nous devons faire en situation d'incertitude, c'est pourtant bien de savoir où nous voulons aller. Il sera déjà assez difficile de définir comment y aller ! Souvent, nous observons la déception des dirigeants – lorsqu'ils veulent bien accepter les remises en cause nécessaires – quand ils constatent que le projet qu'ils proposent à leurs salariés n'a rien d'enthousiasmant, que les visions qu'ils leur soumettent sont pauvres, sans souffle, sans âme...

Au niveau le plus haut et le plus large, il s'agit de **définir le système d'orientation de l'entreprise**, qui repose sur :

1. Les valeurs portées par l'entreprise

Elles représentent ce pour quoi l'entreprise se bat et convie ses personnels à s'associer. Ces valeurs peuvent être de nature humaniste comme c'est le cas dans la majorité de nos entreprises, mais elles peuvent aussi – puisque nous évitons d'émettre quelque jugement que ce soit – reposer sur les besoins qui guident certains dirigeants, et qui peuvent être essentiellement centrés sur la recherche d'un plus grand profit, ou sur leur propre volonté de pouvoir, ou encore sur la création (inconsciente ou volontaire) d'une classe dominante. N'oublions pas que la démocratie vit de la confrontation des intérêts particuliers. L'entreprise devra satisfaire plus ou moins les intérêts de ses différents partenaires : les clients, bien sûr, mais aussi les actionnaires, les fournisseurs, les personnels eux-mêmes (qu'ils soient salariés, à durée indéterminée ou déterminée, intérimaires, sous-traitants, vacataires, rémunérés à la commission) et enfin les pouvoirs publics représentant la collectivité et les équilibres économiques et sociaux.

2. Les missions qu'elle s'attribue

Elles sont très liées à son passé et aux produits et services qu'elle propose. Par exemple, la mission de la SNCF est aujourd'hui de transporter des personnes et des biens (du frêt), et non plus de faire uniquement du transport par rail ; aujourd'hui la SNCF allie le rail et la route, la mer (transManche ou transMéditerranée), parfois même l'air. De même, la mission du Club Méditerranée est d'offrir les conditions de l'oubli des soucis, pendant le temps du séjour, en proposant toutes sortes de distractions animées par de « sympathiques G.O. »... Les missions sont aussi liées à des besoins qui s'expriment en demandes toujours nouvelles et connectées avec les modes de vie et les aspirations de nos contemporains. Ainsi 90 % des gentils membres du Club Med sont des gens qui ne savent pas ou ne veulent pas organiser leurs distractions, ou leurs activités de loisirs et de ressourcement, ou leur développement personnel par eux-mêmes. Disneyland a une mission très semblable : fabriquer du rêve, favoriser la régression psychologique des visiteurs en les ramenant en enfance (il faut croire que les européens sont plus réfractaires à cette régression infantile que les américains, ces « grands enfants »...).

3. Les buts qu'elle poursuit

Ils sont eux-mêmes une traduction concrète des deux axes précédents. Sans être quantifiables encore, ces buts deviennent tangibles et s'expriment en position sur le marché, en image auprès du public et du consommateur, en taille, en type d'organisation, avec une échéance de cinq à dix ans. Quand les Japonais ont dit qu'ils rattraperaient l'Occident sur le terrain économique, c'était un but. Quand les Coréens disent qu'ils battront les Japonais sur leurs terrains, c'est aussi un but. Force est de constater que les pays occidentaux n'ont pas des buts aussi simplement définis et que ceux qu'ils poursuivent s'inscrivent plus souvent dans la défense que dans la conquête : par exemple le fait de vouloir conserver une avance technologique suffisante pour ne pas se trouver en difficulté.

Beaucoup de responsables d'entreprises confondent encore ces buts, généraux, avec les stratégies, traduites le plus souvent dans des « plans stratégiques à cinq ans » ; et comme même cette échéance devient difficile à imaginer, le but est parfois tout simplement remplacé par le plan d'investissement. Or le fait de savoir où nous allons placer nos moyens est de l'ordre de la stratégie et, « faute d'une idée générale, d'une philosophie,... nous sommes condamnés à flotter au gré des vents adverses ». Cette mise en garde rappelée par le Général Beaufre dans son « Introduction à la stratégie » (9) nous paraît s'appliquer très bien aux dirigeants français qui ont souvent tendance à minimiser l'importance primordiale de la définition du but.

Mais les changements que nous avons à conduire atteignent rarement la dimension de la totalité de l'entreprise. Pourtant, ce qui est valable pour les grandes choses l'est tout autant dans les petites : **il est impératif de clarifier les objectifs que nous voulons atteindre**, de définir le résultat que nous voulons obtenir. Nous n'y passons jamais assez de temps.

Donnons quelques exemples d'objectifs entraînant un changement :

- changement de produits et mise au point d'une nouvelle ligne de production,
- rapprochement de deux entreprises et composition des nouvelles équipes,
- introduction de robots et remplacement d'ouvriers par des conducteurs de machines automatiques,
- transfert du siège social du centre de Paris à une ville nouvelle, avec réorganisation totale de l'espace de travail,
- application d'une nouvelle procédure budgétaire, ou mise en œuvre d'une nouvelle application informatique de grande ampleur,
- application d'une décision d'implantation internationale.

Parfois même, et il faut bien comprendre cela comme un processus de changement, il s'agira de modifier une équipe de travail, de lancer un nouveau produit, ou simplement de lancer un programme de re-qualification des ouvriers ou des personnels administratifs. Plusieurs changements concernent chacun d'entre nous en direct : comment s'adapter à la récession ? comment s'adapter à un nouveau poste de travail ? comment réussir sa carrière ?

S'il y avait un principe à retenir de ce développement, ce serait celui résumé par cette simple formule, que le Général Foch fait aussi figurer dans ses principes stratégiques : **ayez un objectif et concentrez y vos forces.** Le Général Foch ajoutait : « conservez vos degrés de liberté », principe sur lequel nous reviendrons lorsque nous ferons référence au jeu de Gô.

Analyse de la situation

Cette phase, pour des projets de grande ampleur, est longue et délicate. Là encore, sauf à consommer beaucoup de temps et d'énergie à corriger des actions qui auraient pu et dû être bien conçues du premier coup, nous préconisons des concepts solides, un vocabulaire précis et des outils opérationnels.

Le champ du changement est culturel : peu ou prou, l'introduction d'une nouvelle machine ou d'une nouvelle organisation du travail a des répercussions sur ce que les gens ont dans la tête. Il existe une relation évidente entre ce que fait l'être humain et ce qu'il pense, entre l'idée et l'acte. Pour analyser la situation, nous proposons six grilles de lecture que nous allons « balayer » rapidement, à charge pour nos lecteurs d'approfondir leurs réflexions dans l'étude de la bibliographie jointe.

Le lecteur que rebute la « théorie » peut passer directement au paragraphe sur l'implantation d'un processus de transformation, quitte à revenir ensuite sur celui-ci.

Les six grilles en question sont : **l'analyse ethnologique**, qui donne le point de vue le plus large mais aussi le plus difficile à exploiter par des non-spécialistes. **L'analyse psychosociologique**, qui traite les grandes questions pratiques liées à la culture groupale et, à ce titre, mérite l'effort de compréhension. **Le « Champ des mœurs »** en donne une approche pragmatique, aisément utilisée par des consultants. **L'analyse psychologique** complète les chapitres précédents sous l'angle de l'influence et de la manipulation. **L'analyse sociologique** s'intéresse au jeu des acteurs considérés comme des « stratèges » usant de « pouvoirs ». Enfin, **l'analyse systémique** intègre toutes les données dans une vision globale capable d'appréhender la complexité inhérente à toute vie sociale, qu'elle soit familiale ou organisationnelle.

1. L'analyse ethnologique de la culture

La culture est définie par les ethnologues en trois dimensions. Elle comprend :

a) **La vision du monde :** la terre est plate ; le ciel va nous tomber sur la tête ; la matière est le support de l'âme qui en est indépendante ; les dieux sont sensibles aux prières des hommes et délivrent la pluie et les chasses abondantes en fonction du mérite de leurs sujets ; l'univers est déterminé par des lois physiques que l'homme est en mesure de découvrir ; etc : autant de visions du monde reposant sur des croyances primitives ou des connaissances complexes.

b) **La place du groupe dans le monde :** peuple élu de Dieu, peuple conquérant destiné à civiliser les sauvages, tribu liée à un territoire de chasse, caste régnante ou sous-prolétariat, les fournisseurs d'électricité, les constructeurs de cathédrales ou d'universités, etc.

c) **Les moyens d'action sur le monde :** magie noire, sorcellerie, prière, sciences, rail, informatique... Les moyens d'action sur le monde sont très liés, dans notre culture technicienne, aux métiers de l'entreprise. Un technicien devant une cuve d'électrolyse ne peut avoir la même vision du monde que la couturière devant sa machine ou que l'éboueur ramassant les ordures. Le col blanc ne peut avoir la même vision que l'ouvrier posté. L'américain aux immenses territoires ne peut avoir la même vision qu'un japonais sur son île soumise aux caprices de la nature.

Edwards T. Hall (10) propose de son côté une réflexion digne d'intérêt sur les **rapports culturels à l'espace et au temps** qui caractérisent un groupe humain. Parmi les concepts et principes qu'il traite, celui des composantes du temps et de l'espace nous est utile dans le cadre de la réflexion sur les changements.

- **L'espace parlc :** la frontière physique des choses se double d'une frontière non-physique qui délimite le territoire de l'organisme.

- La territorialité s'établit très rapidement (la place dans la salle de cours, l'atelier du père, le bureau de la nouvelle comptable...).
- La conception même de l'espace diffère : l'Occident le traite « par la limite », le Japon par l'intérieur, les espaces.
- La distance de la relation donne la notion de gens pressants ou distants. Alors qu'en Amérique latine, la distance est faible (jusqu'à se toucher), cette proximité évoque pour l'américain le sexe ou l'agressivité.
- Le découpage de l'espace influe sur les comportements. Aux États-Unis, le statut de voisin confère des droits et des responsabilités ; c'est pourquoi on choisit son voisin, et le nouveau voisin s'attache à se faire accepter. Autre exemple, en France le personnage clé est celui qui se tient au centre, alors qu'aux États-Unis, les bureaux

sont divisés en parties égales : le nouveau n'héritera pas du minuscule coin le plus sombre.

Nous pouvons appliquer ces concepts à l'organisation de l'espace de travail : plateaux d'ingénierie simultanée, open-space, bureaux partagés, voire travail à domicile ou à distance. Il est intéressant d'analyser les répercussions de ces organisations spatiales sur les personnes, sur la collectivité et sur le « système social ».

- **Le temps parle :** Edward T. Hall fait trois distinctions en ce qui concerne le temps et la connaissance.

– Le temps formel : c'est le temps des us et coutumes : il a un caractère tangible, on peut le vendre, l'acheter, le prendre, le dépenser, le mesurer.

– Le temps informel, traduit dans ces formules : « ça va prendre des années... », « ça a duré une éternité », « je vous demande trente secondes... », « je m'absente un moment... ». Les Américains font de huit à neuf distinctions, les Arabes disposent de trois « séries » : le passé, le présent et le plus tard ; il semble que les Indonésiens n'en aient que deux : le présent et le plus tard (demain s'exprime de la même façon que plus tard). Le temps occidental se caractérise par quatre « notes » : l'urgence, le monochronisme, l'activité et la variété. Est qualifié de monochrone le temps conçu comme linéaire, dans lequel on ne peut faire qu'une seule chose à la fois, au contraire du temps polychrone, utilisé de façon souple à plusieurs activités menées simultanément avec plusieurs personnes.

– Le temps technique : il est fondé sur l'analyse scientifique des cycles, et distingue l'année tropicale de l'année sidérale ou de l'année anomalistique. Notre temps formel provient ainsi du temps technique des prêtres égyptiens.

Le sens du temps fait partie des éléments clefs de la culture et de notre fonctionnement. En Asie, on considère toujours qu'il faut un an pour faire connaissance avant de vraiment commencer à travailler ensemble. En Amérique du Sud, votre interlocuteur traitera deux à trois autres sujets pendant qu'il vous reçoit (« polychronie » insupportable à un anglo-saxon, culturellement « monochrone », qui ne sait mener qu'une seule activité à la fois).

2. L'analyse psychosociologique de la culture

Les psycho-sociologues, par exemple Jean Maisonneuve (11), définissent la culture comme un ensemble de liens entre les membres d'un groupe humain. Ces liens reposent sur :

a) **Les normes et les modèles sociaux**, qui donnent le sens de ce qui est permis et de ce qui est interdit sous peine de sanctions plus ou moins diffuses (études de Hackman) (12).

b) **Les statuts** qui permettent de se situer les uns par rapport aux autres à travers des signes et des conventions (études de L. Warner) (13).

c) **Les rôles et les attentes de rôles :** nous tenons tous des rôles, que nous avons en général appris dans notre petite enfance. Les gens qui nous entourent attendent de nous que nous tenions un certain nombre de rôles sociaux. S'il n'y a pas concordance entre les attentes de rôles et les rôles effectivement tenus, il se crée un malaise et une tension dans le groupe et dans les individus (études de Ivancevich, Szilagyi et Wallace) (14).

d) **Les attitudes** devant les choses, les événements et les personnes. Ces attitudes sont plus ou moins cohérentes, elles dictent nos points de vue et beaucoup de nos réactions.

e) **Les opinions et les stéréotypes** : tout groupe social porte en lui des images partagées par le plus grand nombre. Ces images, profondément ancrées, sont la source de beaucoup de conflits, voire de guerres. L'expression la plus courante en est le racisme ou plus largement la xénophobie.

f) **L'image de soi :** nous portons tous une image de nous-mêmes, avec laquelle nous communiquons avec les autres à notre insu ou consciemment. Nous nous considérons comme courageux, ou beaux, ou intelligents, ou entrepreneurs, ou savants, ou plusieurs choses à la fois. Mais, parfois aussi, les gens se prennent pour bêtes, incapables, exploités. L'image de soi est un élément moteur de l'action. Nous avons montré l'importance de cette notion dans le chapitre sur la motivation.

g) **La communication :** ce qui se passe entre deux êtres humains qui se rencontrent tend à établir un équilibre global, satisfaisant ou non pour les deux parties. La communication entre les personnes fait aujourd'hui l'objet de nombreuses recherches (Ecole de Palo-Alto, Sémantique Générale, Analyse Transactionnelle, Programmation

Neurolinguistique...), dont quelques aspects ont été présentés sous une forme originale dans le chapitre sur la communication.

Quand on engage un processus de transformation locale ou généralisée, on ne peut, sauf à encourir un risque d'échec non évalué, ignorer l'importance de ces sept facteurs qui expliquent les liens entre les individus d'une part et entre l'individu et son groupe d'autre part.

3. L'analyse par le champ des mœurs

Jean-Christian Fauvet et Xavier Stefani (15) définissent trois niveaux de culture, des éléments les plus visibles aux moins visibles, et proposent une grille de lecture de la culture à travers ce qu'ils appellent « le champ des mœurs ».

3.1. Les trois niveaux de lecture

a) *Les éléments de culture formels* : ils regroupent les manifestations tangibles telles que : l'organisation des locaux (l'Université Paris Dauphine n'est pas la Sorbonne), les métiers (la fabrication de produits en grande série, comme dans l'industrie automobile, n'a rien à voir avec les industries de process, comme les raffineries ou la sidérurgie), l'organigramme (un organigramme en dit long sur la nature des relations, par sa longueur – dix sept niveaux hiérarchiques à la SNCF ! – par sa forme – le rateau ou le matriciel... – ou par son évolution. CANON France n'a eu longtemps aucun organigramme écrit !).

b) *Les éléments de culture comportementaux*, visibles dans les habitudes, les coutumes, les rites ou les rituels. C'est à ce niveau que, rejoignant les éléments de psychosociologie présentés plus haut, nous pouvons à la fois faire une analyse pertinente de l'organisation et conduire le changement, qui se traduira de toute façon en fin de compte par des modifications de comportements.

c) *Les éléments de culture moraux*, liés aux valeurs, au sens du bien et du mal, au sens du temps et de l'espace. Bien qu'étant réticents à intervenir directement à ce niveau, nous constatons que les médias, la publicité, les politiques et l'ensemble de notre univers portent des messages directement dans les profondeurs des subconscients. De quel droit ? Ce qu'il y a dans ma tête est-il le sommet de la connaissance, de la raison et de la vérité pour que je veuille le faire passer dans la tête d'autrui ? Et pourtant, nous ne pouvons nier que toute communication est exercice de l'influence et que la communication institutionnelle ne peut se passer, comme nous le verrons plus avant, des possibilités d'influencer la culture morale.

Si nous acceptons le modèle dialectique de l'entreprise, proposé par Fauvet et Stefani, comme étant formée de deux sous-ensembles appelés **Institution** d'une part (structure technico-juridique à finalité économique), et **Corps Social** de l'autre (ensemble des acteurs salariés ou non contribuant à la production des richesses de l'entreprise), notre expérience nous fait dire qu'à terme, les dirigeants et les managers ont à concilier les intérêts de ces deux composantes (16). Concilier les impératifs économiques de l'Institution et les aspirations du Corps Social est ce qu'ils appellent « gouverner l'entreprise ». Les coutumes et habitudes en cours dans l'entreprise peuvent être positionnées au regard de la façon dont elles prennent plus ou moins en compte les impératifs de l'Institution et les aspirations du Corps Social, et elles peuvent être mesurées sur les deux axes d'un repère orthonormé. Lorsque l'on veut procéder à une opération de diagnostic, l'exercice consistera à identifier les coutumes les plus significatives et à retenir les quinze à vingt sur lesquelles on va pouvoir intervenir, soit pour les éliminer soit pour les renforcer.

Cette grille est d'une utilisation relativement aisée et d'une grande pertinence. Les différentes zones s'expliquent d'elles-mêmes :

- une coutume qui sacrifie l'efficacité économique et les aspirations du corps social se trouve située dans la « **zone d'incohérence résiduelle** » ; autant dire qu'aussitôt identifiée, elle sera éliminée.
- une coutume qui exalte la satisfaction du corps social au détriment de l'efficacité économique se situe dans la « **zone de l'hédonisme** » : le plaisir à n'importe quel coût.
- une coutume qui maximise l'efficacité économique au détriment des aspirations du corps social fait partie de la « **zone de contrainte** », contrainte de l'Institution sur le Corps social.
- une coutume qui répond, par compromis, également aux impératifs économiques et aux aspirations du Corps Social appartient à la « **zone de partage** ». Un très grand nombre de coutumes se trouve en fait dans cette zone.
- enfin une coutume qui répond parfaitement aux impératifs économiques et aux aspirations du Corps Social se trouve dans la « **zone de convergence** ».

Soulignons bien, avec Jean-Christian Fauvet et Xavier Stefani, que le Champ des Mœurs ne donne qu'une carte et ne sera jamais la réalité, mais – souvent l'outil créant l'artisan – elle oblige à se poser les questions que l'on a tant de facilité à négliger dans le mouvement quotidien. En voulant introduire le changement, nous voulons modifier des habitudes, des comportements. Il est évident que nous voudrons ramener la majorité des « mœurs » dans la zone de convergence ou, à tout le moins, dans la zone de partage. Bien sûr, nous ne pourrons jamais supprimer toutes les mœurs de contrainte mais nous laisserons également subsister, à titre stratégique, quelques mœurs d'hédonisme, ne serait-ce que pour pouvoir récupérer l'énergie qu'elles libèrent. Quant aux mœurs d'incohérence résiduelle, dès lors qu'elles sont identifiées... elles n'existent déjà plus !

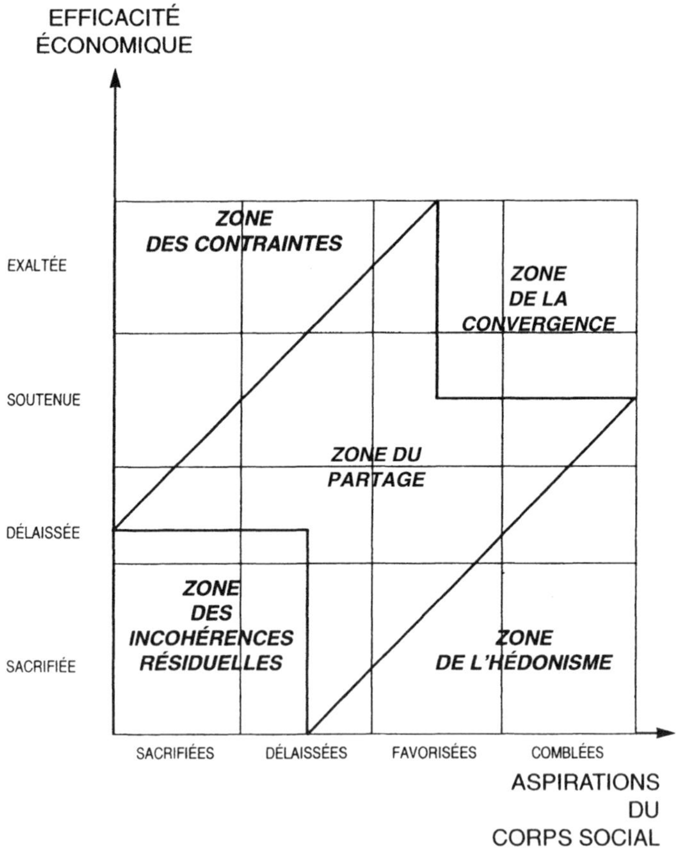

Figure 8.1 : Les champs des mœurs d'après « La sociodynamique : un art de gouverner », J.-C. Fauvet et X. Stéfani, Les Éditions d'organisation, Paris, 1983

Concluons ce chapitre sur l'analyse de la situation par une deuxième formule ; celle, toute simple également, énoncée par Sun Tzu, général stratège chinois du Ve siècle av. J.-C : **connaissez le terrain de votre action**.

4. L'analyse psychologique : engagement, responsabilité et autorité

L'approche psychologique est à la base de cet ouvrage, et plus particulièrement des deux premiers chapitres. Il nous apparaît maintenant nécessaire de compléter les concepts et les pratiques exposés précédemment par le résultat d'un certain nombre d'expérimentations qui ne sont peut-être pas à l'honneur de l'homme mais peuvent expliquer ses faiblesses, qui en font un être manipulable. Un être facilement manipulable et donc souvent manipulé et qui, soumis à des jeux de forces qui le dépassent, agit non pas en fonction de choix libres mais de réactions instinctives ou culturelles, apprises et profondément enregistrées en lui.

4.1. L'emprise des structures d'autorité

Gérard Mendel (17) démontre que la majorité des individus, dans la plupart des cas, ne s'attribuent pas la responsabilité de leurs actes, même quand ils proclament le contraire. En effet, depuis son plus jeune âge, l'enfant fait une distinction inconsciente, mais capitale pour son développement, entre l'acte qu'il exécute et l'autorité de celui qui lui donne la permission. C'est le rôle éducatif des parents d'enseigner et d'apprendre à l'enfant ce qu'il peut faire et ce qu'il ne doit pas faire, pour des raisons de self-protection, de confort, de morale sociale ou d'éthique, quand ce n'est pas une simple projection des fantasmes des parents. Sans cette autorité, donc sans cette éducation, l'enfant aura du mal à se structurer et à assurer une vie sociale adulte dite normale.

Les structures sociales traditionnelles renforcent cette emprise : école maternelle, collège, lycée, catéchisme, armée et enfin entreprise privée ou publique font en sorte que le sujet respecte l'autorité de celui qui le commande ou le guide, et qu'il s'y plie. D'où la facilité déconcertante avec laquelle la grande majorité des employés d'une entreprise à tous les niveaux, et peut-être d'abord les cadres dits supérieurs, s'abritent derrière les décisions de leurs chefs pour refuser de prendre leurs responsabilités, ce qui fait de la majorité des managers des « imposteurs », au sens que Cocteau donne à ce mot dans « Thomas l'imposteur » (Thomas a été mis par hasard dans une situation telle qu'il devient ce que ses proches attendent de lui).

Un autre mode d'emprise s'exerce par le biais des mouvements dits de responsabilisation, d'« empowerment », et qui sont le plus souvent, soyons lucides, des exercices de manipulation. Plus le sujet sera matériellement lié à l'entreprise, à son système d'orientation, plus il lui sera difficile de faire des choix libres.

4.2. *Soumission à l'autorité*

Dans une expérience célèbre menée en 1962 et 1963 aux États-Unis (et reprise dans le film « I comme Icare »), le professeur Stanley Milgram, ayant voulu comprendre les mécanismes qui avaient pu entraîner une société entière, ou à peu d'éléments près, dans les pires atrocités du nazisme, et conduire les plus hauts responsables du régime national-socialiste allemand à nier leurs responsabilités dans les crimes qu'il avaient eux-mêmes commandités, avait procédé de la façon suivante :

Il recrutait par petites annonces dans un journal, contre une rémunération minime couvrant leurs frais de déplacement, des personnes intéressées à participer à ce qui était présenté comme une expérience sur la mémoire se déroulant dans le cadre de la prestigieuse université de Yale. Là, on leur expliquait que l'expérience était destinée à étudier le rôle de la punition dans l'apprentissage et les personnes recrutées étaient placées, à l'issue d'un tirage au sort truqué, dans une situation de moniteurs chargés de faire apprendre à un soi-disant élève (en réalité un complice des expérimentateurs) des associations de mots. Pour ce faire, ils devaient les punir à chaque mauvaise réponse en leur infligeant des chocs électriques de plus en plus douloureux au moyen d'un curseur sur une console indiquant de manière très claire que les décharges électriques étaient de plus en plus fortes (jusqu'à 450 volts). Le tout se passait sous la supervision d'un des chercheurs de l'équipe de Milgram, dont le rôle était d'enjoindre au moniteur de continuer à envoyer des décharges à chaque erreur commise. Bien entendu, les décharges n'étaient pas réelles et l'élève complice, tout en hurlant de douleur, ne recevait rien et ne ressentait aucune douleur. En fait, il s'agissait de mesurer à quel moment la personne mise en position de « maître » (moniteur) arrêtait l'expérimentation, c'est-à-dire refusait de continuer à faire souffrir un être humain sur commande. L'expérience a montré que 65 % des personnes testées allaient jusqu'au bout du processus et envoyaient des décharges de 450 volts à une autre personne qui ne leur avait rien fait, malgré ses cris, ses souffrances et ses supplications, et ce simplement parce qu'elles ne parvenaient pas à désobéir à l'autorité scientifique qui commandait et cautionnait l'expérience. De plus, elles ne s'attribuaient pas la responsabilité des gestes commis et indiquaient qu'elles les avaient accomplis parce qu'on leur avait enjoint de le faire (alors qu'au début de l'expérience, on leur précisait qu'elles pouvaient s'arrêter librement à tout moment).

4.3. La soumission librement consentie

Dans l'ouvrage du même nom (18), les auteurs définissent les notions d'**engagement**, de **décision d'adhésion** et d'**adhérence**. Ils se réfèrent à un grand nombre d'expériences faites avant tout aux États-Unis. C'est ainsi que Moriarty (1975) a, par exemple, démontré que l'être humain adhère avant tout à la décision qu'il a prise, quelle que soit cette décision. L'expérience consistait en ceci : sur une plage surpeuplée de Floride, une famille bruyante vient s'installer à proximité d'un homme seul et paisible. Cette famille allume une radio qui emplit soudain l'espace d'une musique moderne, puis tous ses membres vont se baigner. Arrive un voleur fictif qui s'empare de la radio sous les yeux de l'homme seul. Seulement 10 à 20 % des personnes ainsi testées réagissent et interpellent le supposé voleur. Dans une variante de l'expérience, un membre de la famille demande à l'homme seul s'il veut bien surveiller leurs affaires pendant que la famille prend son bain. L'homme seul dit oui à 98 %, et il s'interpose pour empêcher le larcin dans 95 à 100 % des cas. C'est une preuve que l'individu se sent engagé par la décision qu'il a prise, quoi qu'il lui en coûte, d'où le théorème suivant :

« La décision relie la motivation à l'action et semble avoir en même temps un "effet de gel" qui est dû en grande partie à la tendance de l'individu à adhérer à sa décision **(adhérence)** et en partie seulement à son engagement vis-à-vis du groupe **(adhésion)** (19). »

De ces expérimentations et démonstrations, on peut déduire succinctement quelques lois générales pour l'action de changement :

a) l'être humain, en grande majorité, se soumet à l'autorité de ses « supérieurs » ;

b) il ne remet en cause cette autorité que si elle entre en conflit avec une autre autorité supérieure ;

c) il se sent lié par sa décision initiale, quelles que soient les conséquences, et aura tendance à la confirmer dans ses décisions ultérieures ;

d) les techniques liées à ces expérimentations sont enseignées et pratiquées par des professionnels de la manipulation, de la subversion, de l'action politique, de la communication et du marketing, voire par des pervers narcissiques ou des paranoïaques. Elles sont en général ignorées du commun des mortels.

e) chacun d'entre nous subit à son insu les effets de ces "lois naturelles" et des pratiques de manipulation et les propage, consciemment et volontairement ou inconsciemment, mais toujours en en tirant des bénéfices (20).

Nous garderons présents à l'esprit ces concepts et données lorsque nous aborderons le chapitre suivant : *Déclencher l'action de changement, la mise en pratique.*

5. L'analyse sociologique : acteurs calculateurs et jeux de pouvoirs

Notre but, ici, est de rappeler quelques notions simples, qui permettront de mener une première analyse de type sociologique sur la base du tableau présenté ci-après. Les notions utiles pour travailler sur la question du changement sont les suivantes :

5.1. Les affinités, mises en évidence par le sociogramme

Le sociogramme, qui est une représentation graphique des relations individuelles entre les différents membres d'un groupe, permet de révéler la nature des relations entre les individus, appelés « acteurs » en sociologie. Les acteurs peuvent avoir des relations de sympathie, d'antipathie ou d'indifférence-méconnaissance. Les liens tissés par l'histoire ont une importance réelle sur les comportements des acteurs, en ce sens qu'ils peuvent modifier sensiblement la rationalité des critères de choix.

5.2. *Le jeu des relations informelles entre les acteurs*

Ce jeu est issu des habitudes prises au cours d'une histoire commune. Crozier et Friedberg parlent de « système d'action concret » et, plus récemment, de « système d'action organisée » (21), pour mettre en évidence les alliances et les oppositions qui se sont construites au cours du temps, dans les frontières et hors des frontières de l'organisation, et qui apportent une prédictibilité aux comportements des acteurs et des groupes d'acteurs. Par exemple, dans certaines entreprises dénationalisées qui ont conservé une part significative d'ouvriers sous décret et de fonctionnaires détachés, les relations directes entre les organisations syndicales et les ministères impactent très directement les relations entre la direction et les partenaires sociaux. Comme nous l'avons vu plus haut, les adhérences expliquent certains choix des acteurs qui vont contre leurs intérêts.

5.3. *Les comportements stratégiques des acteurs*

L'idée est que le comportement des acteurs n'est jamais absurde et qu'il comporte toujours une certaine dimension de rationalité (22). Même s'il ne s'agit pas toujours de stratégies construites et volontaristes, le comportement de l'acteur repose toujours sur une stratégie plus ou moins consciente visant à accroître son autonomie et son pouvoir, tout en cherchant à réduire le contrôle que l'organisation exerce sur lui. L'acteur, comme tout être vivant qui cherche à exploiter son environnement pour assurer sa sécurité, son confort et son développement, tente de changer les choses en sa faveur en fonction de ce qu'il perçoit de son environnement, du contexte, et du jeu des autres acteurs. Pour aller à l'essentiel, les choix stratégiques ont des origines très diverses, qu'il est bon de repérer pour ne pas passer à côté des opportunités de leviers de changement et, à l'opposé, pour anticiper les résistances qui seront activées dans la mise en œuvre d'un projet de changement.

5.4. *Les pouvoirs et les zones d'incertitude*

Les pouvoirs et les jeux de pouvoirs ont fait l'objet d'une abondante littérature que nous ne pouvons pas approfondir dans le cadre de cet ouvrage. Nous proposons, pour simplifier, de distinguer trois types de manifestation du pouvoir :

- *institutionnels* : la définition de poste, la lettre de mission et autres moyens de faire savoir qui dirige, s'appuient sur la délégation des pouvoirs liés à une responsabilité. On peut exprimer cette forme de pouvoirs par la formule : « au nom de telle autorité et en vertu des pouvoirs qui m'ont été conférés... »

- *normatifs* : ce sont les pouvoirs liés soit à la personne (détenant une expertise, par exemple), soit à une fonction de type transverse, comme l'établissement de normes de gestion, de règles internes, soit à des normes imposées par la loi et les règlements (code du travail...)

- *interstitiels* : l'organisation est une chose vivante et, il faut le souhaiter, en constante évolution. Tout ne peut pas faire l'objet de règles et de procédures. De plus, ces règles et ces procédures sont faites pour évoluer. **Ainsi existent en permanence, dans toutes les organisations, des trous, des failles, des flous, des interstices qui permettent aux acteurs de prendre des rôles nouveaux, de varier leurs jeux, d'agir à travers des réseaux informels.** On disait par exemple à la SNCF, il y a de nombreuses années, que ce qui permettait de faire rouler les trains et de les faire arriver à l'heure était la liberté que prenaient des responsables de tous niveaux de ne pas appliquer les normes de sécurité, dont on sait qu'elles se recoupent, se contredisent et s'infirment parfois, faute de ne pas remettre à plat en temps réel l'ensemble des règles au fur et à mesure que de nouvelles règles sont édictées.
  Toutes ces « failles » sont des zones de liberté pour chaque individu et constituent, selon l'expression de Michel Crozier (23), des **zones d'incertitude** dans les relations qu'ils ont entre eux (incertitude parce que tout ou presque y est possible puisque ces zones sont non contrôlées par l'organisation) . La maîtrise de ces zones d'incertitude constitue un enjeu fort pour tous les acteurs. L'existence même de ces zones d'incertitude est une garantie de souplesse, de flexibilité, d'évolution et d'adaptabilité. Pourtant nombreux sont les dirigeants qui, pensant agir au seul profit de l'organisation, subissent le champ des sirènes des grands cabinets de consultants qui leur promettent la maîtrise intégrale de l'entreprise grâce aux progiciels d'ERP (Enterprise Resources Planning), sans se rendre compte qu'ils tendent ainsi à tuer la vie et à réifier leur organisation et que, de plus, cette maîtrise absolue est un leurre. Face à eux, dans les grandes entreprises et plus encore dans la fonction publique, les organisations syndicales se livrent au même jeu stérile, au détriment le plus souvent des intérêts réels des salariés.

Le « changeur » qui cherche à élaborer une stratégie de changement, ne peut ignorer ni les zones d'incertitudes et leurs évolutions, ni le jeu des acteurs pour en assurer la maîtrise. Lui-même participe à ce jeu, mais d'une manière différente. La clarté et la transparence de l'action de changement sont en effet indispensables pour rallier les personnes aux enjeux du changement dans un contexte éclairé : la transparence (qui ne signifie pas que tout doit être dit à tout moment) coupe l'herbe sous le pied des acteurs manipulateurs et leur interdit en quelque sorte d'exercer leurs talents contre le projet de changement en les privant de zones de pouvoir.

5.5. Les coalitions

Notre expérience nous apprend que les salariés, et particulièrement les ingénieurs et cadres, formés aux techniques (marketing, comptables, de production...), sont souvent très ignorants des dimensions sociales de l'organisation et des forces mises en jeu. Sans coalitions, sans alliances, sans savoir comment faire vivre les réseaux, le responsable est condamné à tout porter sur ses épaules. Sans capacité à constituer des alliances objectives et occasionnelles, il diminue considérablement ses capacités d'action et de transformation. À l'inverse, la compréhension des règles du jeu, évidemment informelles et mouvantes, l'aidera beaucoup à mesurer les forces en action et à les orienter dans la perspective de son projet. Le présent ouvrage s'efforce, en partie bien sûr, de combler cette lacune.

Le schéma suivant récapitule les différentes phases d'une analyse sociologique des organisations. Le lecteur sera sensibilisé au fait que toute démarche stratégique, et donc toute analyse stratégique, est itérative. Il comprendra aisément qu'une réelle analyse sociologique est l'affaire de spécialistes, qu'il sollicitera peu ou prou à l'appui de ses projets de changement.

ÉLÉMENTS D'UNE ANALYSE SOCIOLOGIQUE DES ORGANISATIONS

1. Construction du sociogramme
Mise en évidence de la nature des relations entre les acteurs (sympathie, antipathie, indifférence, aujourd'hui et hier...)

↕

2. Identification des relations informelles
Situations concrètes d'interdépendance entre les acteurs, issues de l'histoire de l'organisation et entraînant une certaine prédictibilité des comportements à venir.

↕

3. Analyse du comportement rationnel (stratégique) de chaque acteur

Acteurs	Problèmes à résoudre	Ressources mobilisables	Contraintes perçues par eux	Stratégies anticipées

↕

4. Analyse stratégique
Identification des zones d'incertitude pertinentes comme réelles sources de pouvoirs.
Identification des acteurs ou groupes d'acteurs qui contrôlent ces incertitudes.

↕

5. Mise en évidence du système de régulation
Coalition(s) dominante(s) / acteurs périphériques.
Règles du jeu (types d'arrangements sur lesquels repose la coopération entre acteurs-clés).

6. L'analyse systémique

Un autre moyen possible d'étudier la « culture d'un groupe » est de considérer ce qui se passe entre les éléments humains de « systèmes complexes ». Une organisation est en fait une chose d'une très grande complexité. Nicolet (24) énonce ainsi quatre niveaux de complexité du monde selon leurs degrés de prédictibilité.

- La matière est de niveau de complexité 1 (on connaît les lois qui la régissent),
- La vie est de complexité 2 (on s'ingénie à découvrir ses ressorts et la génétique permet de tirer des lois statistiques),
- L'homme est de complexité 3 (fait de pulsions et de raison, sa prédictibilité est partielle, ses humeurs le font varier),
- Enfin l'organisation, donc l'entreprise, est de complexité 4 (puisque composée de nombreux éléments – les hommes – différents, variables, et ayant entre eux des relations variables).

L'équation de la complexité peut s'écrire :

$$\begin{array}{c}\text{Nombre d'individus}\\ +\\ \text{Variété des individus}\\ \end{array} = \begin{array}{c}\text{Complexité}\\ +\\ \text{Variation des individus}\\ \text{et de leurs relations}\end{array} = \text{Incertitude}$$

Aujourd'hui plus que jamais, il semble que nous baignions dans l'incertitude, raison pour laquelle il faut essayer de simplifier, sans déformer. L'approche systémique issue des travaux de Bertalanffy (25), permet de clarifier et de comprendre la complexité, mais surtout de s'en accommoder et de l'utiliser.

6.1. *Quels sont les concepts de base de l'approche systémique ?*

a) Un système est un ensemble d'éléments reliés par un réseau de relations et séparés de l'environnement par une frontière plus ou moins perméable.

b) Il a une fonction interne destinée à préserver son équilibre en dépit des variations de l'environnement. Il met en jeu des mécanismes d'autorégulation, de reproduction, d'autodéfense.

c) Il a une fonction externe de transformation de l'environnement à son profit, et d'adaptation à des conditions changeantes. Cette régulation plus ou moins bonne porte traditionnellement le nom de feedback. Nous parlerons de système ouvert s'il y a réintroduction du résultat de l'action (output) dans l'information entrante (input), et de système fermé s'il n'y a pas de rétroaction.

Ces fonctions d'un système peuvent s'appliquer à des situations tout à fait concrètes. Donnons trois exemples :

- le phénomène d'école : d'une façon naturelle (et donc peu stratégique), une entreprise sera occupée par des gens sortant de la même école : HEC, Arts et métiers, Centrale, X, ESCP... Application des principes a et b.
- beaucoup d'entreprises ne prennent pas à temps les décisions fondamentales qui leur assureraient la survie : le temps mis pour prendre des décisions inéluctables vient d'un défaut de feed-back, autant que d'une tendance très forte de tout système à refuser le changement. Application des principes b et c.
- la xénophobie, la grande difficulté d'intégrer un « étranger » dans un groupe constitué résultent des principes a et c.

6.2. *Quelles sont les propriétés des systèmes ouverts (ou bouclés) ?*

a) *La totalité est différente de la collection des éléments qui la composent.* Ainsi un groupe d'individus ne fonctionne pas de la même manière que la somme des individus pris séparément. Un groupe humain peut se présenter sous trois états différents : la masse (chaque individu suit sa route indépendamment des autres), le groupe (les individus sont en interaction les uns avec les autres sans avoir un projet commun) et l'équipe (le projet commun l'emporte sur les intérêts particuliers). En fonction de l'état réel dans lequel se trouve le « système » sur lequel nous voulons obtenir un changement, nous aurons à mettre en place des démarches très différentes.

b) *Le principe de la causalité circulaire.* Le feed-back, ou boucle de rétroaction, introduit un élément qui se combine aux autres « intrants » et modifie le fonctionnement du système. On parle de retroaction positive quand il se produit une amplification du phénomène initial, voulue ou non : c'est l'effet « escalade » ou « boule de neige ». Cet effet se voit particulièrement dans les phénomènes de la « psychologie des foules et des masses », exploités dans les techniques de subversion et si dangereusement manipulés par les médias. Par contre, on parle de retroaction négative quand le phénomène se désamorce, soit de lui-même soit par régulation. Toutes nos organisations oscillent entre le besoin de retroaction positive (créer la spirale du progrès) et la nécessité de la sécurité apportée par la régulation.

c) *Le principe de l'homéostasie.* Un système n'évolue que par des états successifs d'équilibre. Toute perturbation externe le fait passer d'un état d'équilibre à un autre état, instable, qui tend à revenir à l'état initial, comme par un mouvement de balancier. « L'expérience montre qu'une exponentielle ne se continue jamais bien longtemps ; c'est contraire à la réalité, à la vie... La sinusoïde [amortie] avec ses hauts et ses bas, est bien plus conforme à la réalité » (26). Ainsi a-t-on parfois essayé d'introduire les Cercles de Qualité comme méthode de management participatif, sans que les conditions soient réunies ni que l'environnement ait changé. Après une période de quelques mois, et beaucoup d'espoirs chez certains agents de maîtrise anciens, le système revient à son état antérieur de management, la désillusion en prime. Puis le temps fait son œuvre et on oublie même les CQ... L'état d'équilibre antérieur se trouve alors conforté. Fort heureusement, dans d'autres cas, un nouvel état d'équilibre peut être atteint. C'est ce qui se passe, par exemple, lorsqu'après la perturbation causée par l'introduction d'une nouvelle méthode de travail, le calme revient parce que la méthode est maîtrisée : le nouvel état d'équilibre se différencie alors de l'ancien par une performance accrue. En fait, l'introduction d'un changement pérenne se traduit par de nouvelles habitudes et de nouvelles méthodes qui deviennent « la norme », « le modèle social ». Le changement sera opéré par touches successives, par des tests, admis et intégrés parce que correspondant à un mieux-être collectif.

d) *Le principe d'équifinalité.* Un système s'explique par lui-même ; s'il est ce qu'il est, c'est qu'il n'a pas pu être autrement ! Au fond, derrière cette lapalissade apparaît un élément de fond de la conduite du changement : l'organisation, le système, tels qu'ils sont, ne constituent que la résultante de très nombreux facteurs externes et internes. Admettons cela et projetons-nous dans le futur pour imaginer l'organisation qui correspondra aux stratégies décidées. L'organisation actuelle n'est ni bonne ni mauvaise, elle est ; le seul problème qui se pose est celui de sa capacité à évoluer aussi rapidement que l'exige le contexte. Pour changer une organisation, il n'y a au fond que trois grands types d'intervention :

– changer les input (les intrants),
– introduire une perturbation dans le système,
– ou changer le système de feed-back.

Changer les inputs peut être le fait d'une nouvelle répartition des tâches et des missions, dans laquelle chaque groupe (sous-élément du système) reçoit et traite des données et/ou des produits différents d'auparavant. Introduire une perturbation peut consister à interchanger plusieurs personnes, ou à faire intervenir un « consultant-révélateur ». Changer le système de feed-back se fait usuellement, par exemple, en changeant le système de rémunération, ou en mettant en place un système d'évaluation d'un nouveau type : Entretien annuel de performance, Contrat d'activité périodiquement négocié (27), etc.

EXEMPLE DE MISE EN ACTION DE LA DÉMARCHE « ANALYSE DE LA SITUATION »

Le cas présenté ici, réel, a été transformé pour que la société ne puisse pas être reconnue. Les éléments et la méthode retenus pour effectuer cette réorganisation ont été simplifiés pour ne pas surcharger le texte. Nous avons voulu mettre l'accent sur l'aspect culturel de toute opération de changement. Dans votre lecture, gardez constamment à l'esprit que l'opération de changement, qui se passe dans une entreprise française, est dictée par une entreprise américaine dont elle est devenue filiale à la suite d'un rachat. D'expérience, nous savons que les questions qu'elle pose sont similaires dans les cas où une entreprise française reprend ou crée une activité à l'intérieur comme à l'extérieur de nos frontières (l'organisation cible, celle que l'on veut obtenir, repose de toute façon sur la circulation de l'information, sur la capacité de traitement par chacun des acteurs et sur la qualité des interfaces entre les différentes unités. Elle est mise en place pour répondre aux trois impératifs de toute entreprise moderne : vigilance, réactivité, anticipation).

1. Le contexte

La société EQUIPEX est l'ancienne branche Matériaux Automobiles d'une grande entreprise française. Elle subit de plein fouet la chute des ventes automobiles en Europe. Qui plus est, elle souffre d'une concurrence très forte d'autres sociétés et en particulier d'une entreprise coréenne qui lui ravit des marchés en France même.

Elle a été vendue à une société américaine dont elle représente la composante automobile en Europe. La direction américaine, après trois mois d'observation, passe ses instructions :

– mise en place d'une comptabilité anglo-saxonne avec reporting mensuel,

– diminution drastique des « indirects »,

– élaboration d'un plan d'action pour redresser les résultats – délais : six mois.

Le Directeur Général fait appel à un consultant qui l'a déjà assisté dans une opération de réorganisation.

2. La préparation de l'action de changement

Le DG décide avec le consultant de mener l'action de façon globale et d'utiliser pour cela « la méthode de la stratégie générale », en commençant par procéder à **l'analyse de la situation**. Ensemble, ils procèdent à un premier tour d'horizon, un survol de la situation, qui oblige à une prise de conscience. En particulier, ils s'aperçoivent de la faiblesse du système de renseignement et de la non-prise en compte des facteurs sociaux dans les décisions. Aucun cadre n'a une approche systémique et globale de la situation. Une réflexion approfondie devra être menée avec l'équipe de direction pour que « l'information signifiante » que constitue le reporting mensuel et trimestriel destiné aux américains ne soit pas simplement du « bruit » mais fasse réellement sens pour les acteurs. Cette réflexion débouche sur des interrogations sur le désordre inhérent à la vie de l'entreprise (désordre dû aussi bien au mélange de rationnel et d'irrationnel dans la volonté exprimée par les dirigeants qu'aux attentes multiples, fluctuantes et contradictoires de chacun des acteurs de l'entreprise). En dehors des résultats économiques tangibles visés, le principal effet de cette opération devra être d'ordre culturel. Un investissement massif devra être mis sur « l'immatériel » (R&D, formation, marketing, logiciels) et en particulier sur l'information et la formation.

Puis ils reformulent l'objectif de l'opération à mener, qui se traduit, dans un premier temps, par le **passage de sept niveaux hiérarchiques à quatre**, en transférant en « main-d'œuvre directe » les agents de maîtrise aujourd'hui comptabilisés dans les « indirects ».

2.1. Présuppositions pour les trois ans à venir

- Les produits évolueront selon des processus technologiques maîtrisés, avec suppression progressive, en deux ans, des matériaux dangereux pour la santé.
- La consommation mondiale de produits de même nature sera plutôt en augmentation et aucun produit ou système de substitution ne se profile à l'horizon pour les cinq ans à venir.
- En revanche la production française, dont la première monte auprès des constructeurs nationaux, faiblira sensiblement.
- Le droit d'entrée sur ce marché est très élevé et aucune autre entreprise ne s'implantera sur ce créneau.
- La société vient d'être rachetée par une compagnie américaine qui a une stratégie industrielle claire pour son implantation en Europe et dans ce secteur d'équipements automobiles. La société ne changera donc pas de propriétaire dans les trois ans.

2.2. Facteurs déterminants

- Concernant les produits : les meilleurs concurrents fabriquent des produits de qualité à peine égale et à des coûts identiques.
- Concernant la satisfaction des clients : dans le palmarès des constructeurs français, EQUIPEX est régulièrement dans les trois premiers, sur la vingtaine d'équipementiers répertoriés dans la même catégorie.
- Concernant la capacité de réaction : la capacité de réponse aux cahiers des charges des constructeurs est actuellement de six mois. Or la société coréenne est aujourd'hui capable de répondre en deux mois. Là est le danger majeur. La contrainte essentielle, l'enjeu, est donc de parvenir à intégrer les demandes de modification des clients sur les produits tout en réduisant les délais de livraison des commandes d'au moins quatre mois.
- Concernant les procédures et le système d'information : les machines qui produisent les grandes séries sont très automatisées et fournissent des données précises, complètes et fiables. Les moyens de fabrication de la matière première (les mélanges) sont artisanaux, ainsi que les équipements des moyennes séries. Les procédures sont imprécises, incomplètement formalisées, relativement peu

connues du personnel. La transmission du savoir et du savoir-faire se fait par « transmission-reproduction ». Il n'y a quasiment pas d'indicateurs de performance dans les ateliers et aucune animation sur ces indicateurs.

– Concernant la capacité d'innovation et de progrès, le constat est sévère : la société a très peu investi dans les facteurs immatériels et en particulier dans la formation des hommes. Elle est dissociée en deux sites ; le site parisien regroupe la Direction et le Bureau d'Etudes ; l'usine se trouve en province, dans un site éloigné des centres d'activité.

– Concernant les facteurs sociaux :
  • Les organisations syndicales, bien qu'exerçant une influence réelle sur la base, ne sont pas en mesure de mobiliser le personnel sur les modifications de l'organisation et sur la suppression de nombreux postes d'encadrement.
  • Les cadres ne sont pas suffisamment proches de leurs troupes.
  • La communication institutionnelle est trop faible. Le personnel se sent peu concerné par ce qui se passe au-dessus : les décisions d'organisation ne sont jamais expliquées et apparaissent au personnel comme des lubies de la direction, qui ne changent rigoureusement rien sur le terrain !
  • Les techniciens se sentent très peu considérés ; en particulier ils remettent en cause (discrètement) les agents de maîtrise, qui n'ont pas une grande utilité.
  • Parmi les agents de maîtrise, huit sur les quarante-cinq seront promus aux postes de RA (responsable d'atelier). Les autres reprendront des fonctions techniques. Tous sont propriétaires de leur maison, la direction ayant favorisé ce moyen de les fixer au moment où la pénurie d'encadrement technique était un risque permanent. Il n'y a quasiment plus une possibilité d'emploi industriel à cinquante kilomètres à la ronde.

2.3. Les critères de choix pour conduire le plan d'action

– La direction américaine demande que la nouvelle organisation soit opérationnelle dans six mois, sans aucune influence négative sur la production (critère de temps).

– L'investissement nécessaire pour mener à bien la réorganisation doit être amorti sur l'année. Le budget dégagé pour le projet sera donc inférieur à quatre millions de francs, incluant les rémunérations des personnels en formation et l'assistance externe (contrainte de coût).

3. La dimension humaine du problème

Voilà Bernard, un agent de maîtrise de 43 ans, grand, mince, fine moustache, les cheveux grisonnants et courts, vêtu d'une blouse blanche.

Il a passé toute sa vie professionnelle dans la même entreprise, en commençant au bas de l'échelle. À 16 ans, son CEP en poche, il a débuté aux mélanges et a appris son métier sur le tas. Pour augmenter son salaire, deux ans après son mariage et la naissance de son premier enfant, il a demandé à passer « de nuit ». Il a ainsi passé huit ans de travail « posté de nuit », avec une promotion au poste de chef d'équipe au bout de cinq ans. II a acheté sa maison à 25 ans, en s'endettant pour vingt ans.

Il y a douze ans, la direction lui a demandé de devenir chef d'équipe de jour, avec une notable perte de salaire mais avec la promesse de passer rapidement Agent de Maîtrise au niveau 235.

Rapidement... Trois ans après, mais sans diplôme, il estime qu'être passé AM à 34 ans est une belle réussite, méritée par les efforts qu'il a fournis depuis 18 ans déjà. Aujourd'hui encore, à 43 ans, il se souvient de l'émotion qu'il a ressentie lors de sa promotion, assortie d'un bureau et d'une blouse blanche. Certes, son salaire était encore inférieur à ce qu'il gagnait en travail posté, mais sa femme avait apprécié sa « promotion sociale » fêtée avec les amis, et lui de ne plus être affecté à une machine. Il a maintenant la responsabilité de la chaîne HT, qui produit des pièces en grandes séries, un équipement de plusieurs millions de francs, et il dirige une équipe de neuf personnes qui assure le fonctionnement de la chaîne vingt-quatre heures sur vingt-quatre. Son chef est un jeune ingénieur avec lequel il s'entend plutôt bien, quoi qu'il ne connaisse pas vraiment le fonctionnement de la machine et qu'il ait tendance à diriger de façon autoritaire.

Au fond, ils forment une bonne équipe et tout pourrait aller bien... Cependant il y a eu un changement de direction à la tête de l'entreprise il y a deux ans de cela, et un nouveau patron est arrivé comme directeur d'usine. Depuis les choses ne sont plus comme avant : de nombreuses décisions vont dans tous les sens ; on parle de donner plus de responsabilités à la base, mais Bernard, lui, voit surtout qu'il a plus de boulot ; les gens de l'entretien sont moins disponibles, si bien que les pannes de machines sont plus fréquentes et que le TRS (28) a tendance à baisser ; il y a aussi beaucoup plus de réunions, qui ne servent pas à grand chose. Comme son client principal est de plus en plus exigeant en matière de qualité des produits et met en place une Assurance-Qualité de plus en plus tatillonne, la tension monte au sein de son équipe et chez ses collègues.

En plus, il y a trois mois à peine, la branche de l'entreprise à laquelle appartient l'usine a été vendue à une société américaine : quatrième changement de propriétaire en 12 ans !... Depuis, c'est de pire en pire ; il passe la moitié de son temps en réunion, à fournir des informations à sa hiérarchie. Son chef lui dit que c'est à cause de la comptabilité anglo-saxonne et du « système de reporting » de la société mère aux États-Unis.

Il a appris ce vendredi que l'usine allait être réorganisée ; son chef n'a pas voulu lui en dire plus, parce que le directeur allait lui-même en faire l'annonce en CE (comité d'entreprise) puis à l'encadrement, mais il lui a semblé gêné. Bernard est très perplexe et, durant le week-end entier, ses pensées reviennent constamment sur cette réorganisation. II a décidé cependant de ne pas en parler à sa femme pour ne pas l'inquiéter inutilement.

Ce qu'il ne sait pas encore, c'est que la Direction a pris la décision de raccourcir la ligne hiérarchique et de la faire passer de sept à quatre niveaux : exécutant, responsable d'atelier (RA), responsable d'Unité de Production (RUP) et Directeur d'Usine, et que lui-même ne sera pas proposé pour être RA...

4. Utilisation des grilles de lecture

Le lecteur aura remarqué que les outils d'analyse de situation ne semblent pas directement appliqués. La raison en est que la formulation, dans le cadre de cet ouvrage, de l'utilisation qui a été faite dans ce cas des méthodes et outils présentés pour maîtriser l'évolution de la situation sociale nécessiterait un chapitre complet. Néanmoins, nous en ferons une brève présentation en encourageant le lecteur à poursuivre l'analyse à partir des éléments qui lui ont été fournis. En tout état de cause, il ne s'agira pas pour le manager de procéder lui-même à l'analyse fine, qui nécessite une formation et une expérience particulières. Le but de cet « inventaire des outils » est de sensibiliser le responsable à la complexité des organisations, donc de le mettre à l'écoute et de le maintenir en éveil dans les domaines du « psychosociologue », du « systémicien », du « consultant », voire de « l'ethnologue ».

4.1. Lecture psychosociale

Pour une lecture psychosociale, celle qui a été le plus utilisée dans le cas présenté, le lecteur se posera utilement les questions suivantes :

- Quels sont les modèles sociaux de la ou des collectivités dans lesquelles évolue Bernard ? À quelles « injonctions sociales » doit-il obéir sous peine de « sanction » ? Cela se traduit dans sa façon de s'habiller, dans ses attitudes à l'égard des supérieurs, des collègues et des subordonnés, dans ses comportements en public, au travail, en famille, avec ses amis. Même si les modèles sociaux sont beaucoup moins contraignants qu'il y a quelques dizaines d'années, particulièrement dans les campagnes et dans les petites villes, ils demeurent importants dans les petites bourgades de province.
- Quels sont ses besoins en termes de statut, de position sociale ? Nous avons donné beaucoup d'éléments dans ce domaine, parce que c'est un point clé de la motivation ou de la démotivation. La blouse blanche, l'appellation « monsieur », la participation à tel type de réunion, l'autorisation de dépenser jusqu'à tel montant sans l'accord préalable de son chef, la liberté de mouvement au sein de l'entreprise ou même au-dehors... font partie de l'identité professionnelle que Bernard s'attribue.
- À quels rôles Bernard est-il habitué ? quels sont ceux qu'il aime tenir ? Sont-ce bien les rôles que les autres, supérieurs, collègues et subordonnés attendent de lui ? Dans les entreprises traditionnelles, les attentes de rôles sont très homogènes ; par exemple ses anciens collègues ne comprendraient pas que l'ouvrier devenu agent de maîtrise cherche à rester leur « copain » ; ce n'est plus possible, il a fait un autre choix, celui d'être du côté de la direction. Bernard avait souffert à l'époque de son changement de statut d'être ainsi « mis à l'écart » alors que lui n'avait pas changé (conflit entre rôle et attente de rôle). Aujourd'hui son rôle est d'établir la relation d'information et d'autorité entre ses supérieurs et ses subordonnés ; il « commande » les gens de son équipe, et même si

cela est de moins en moins facile depuis 68, il est le chef ! Son malaise croissant vient de ce que, avec l'automatisation des process et l'informatisation de la gestion, les ouvriers ont de plus en plus d'informations en direct ; c'est lui-même qui doit « aller à la pêche aux infos ».

4.2. Lecture systémique

Pour une lecture systémique il suffit de considérer l'ensemble du réseau des liens qui unissent Bernard et son environnement. L'élément, l'individu Bernard, est en interaction avec une multitude d'autres éléments-individus et de sous-systèmes. II est simultanément un élément des sous-systèmes de l'entreprise : son équipe, l'atelier, les agents de maîtrise, les anciens... et un élément appartenant à d'autres environnements, tels que sa famille directe, sa famille d'origine, le club de football, les collègues du « café du PMU », etc. L'ensemble de ces relations constitue un réseau de liens aussi puissant que celui tissé par les lilliputiens autour de Gulliver ; il l'empêche inconsciemment de bouger. Ainsi, lorsqu'on demande à des cadres de lister les obstacles à une évolution de leur organisation, ils mentionnent fréquemment « la résistance au changement » ; l'approche systémique permet de comprendre cette résistance. Elle permettra aussi de créer une dynamique progressive en montrant que l'évolution des liens est possible et acceptacle par tout le tissu relationnel.

4.3. Lecture ethnologique

La lecture ethnologique est plus difficile et délicate. La conscience que Bernard est un être de culture, imprégné d'idées et d'opinions issues de son temps et de son environnement, permet de ne pas passer à côté de ce qu'il vit et ressent. Si nous nous sentons proches de lui, nous en ferons un « sujet » et nous avons des chances d'entrer en communication avec lui, seule façon d'aborder ses croyances et de les faire évoluer. Entendons-nous, nous ne ferons pas évoluer les idées de Bernard en lui imposant les nôtres mais en le mettant en position de tester de nouvelles attitudes et de s'apercevoir de leur bien-fondé. La PNL (programmation neuro-linguistique), citée par ailleurs, apporte des outils remarquables pour le travail sur les croyances, qui dépassent le cadre de cet ouvrage. Une abondante littérature est aujourd'hui disponible sur ce sujet.

4.4. *Lecture par le champ des mœurs*

Cette lecture n'a pas été particulièrement utilisée dans ce cas précis. Elle demande du temps et ne pouvait pas être menée compte-tenu du critère de délai imposé par la direction américaine. Elle aurait pourtant permis de « travailler » le corps social pour permettre sa maturation et diminuer les effets négatifs de cette opération de changement. Une utilisation du « champ des mœurs » est donnée en fin de l'ouvrage de Fauvet et Stefani déjà cité (29), et nous conseillons au lecteur qui souhaite approfondir sa compréhension du social de se reporter au cas METALEX qui y est décrit.

La façon dont EQUIPEX a traité le problème et conduit le changement, dans sa double dimension organisationnelle et humaine, sera présentée au chapitre suivant.

Jean TAILLARDAT

BIBLIOGRAPHIE ET RÉFÉRENCES

(1) CLAUDEL (P.), *L'Otage, le Pain Dur, le Père humilié*, Paris, Le livre de poche, 1956.

(2) GAUDIN (T.), *2100, Odyssée de l'espèce*, Paris, Documents Payot, 1993.

(3) GUEHENNO (J.-M.), *La fin de la démocratie*, Paris, Flammarion, 1993.

(4) Cf. « les trente glorieuses », selon Jean FOURASTIE.

(5) KOETLER (P.), *L'avantage concurrentiel*, Paris, InterÉditions, 1986.

(6) LANDIER (H.), *L'entreprise polycellulaire*, Entreprise Moderne d'Édition, 1987.

(7) NICOLET (J.-L.), *Catastrophes, non merci*, Paris, Masson, 1989.

(8) Présuppositions : ce terme fait partie du langage de la « Méthode » de la stratégie générale et désigne les hypothèses de travail qui devront impérativement être vérifiées tout au long du déroulement du plan d'action.

(9) BEAUFRE (A.), *Introduction à la stratégie*, Paris, Economica, 1985.

(10) HALL (E.T.), *La danse de la vie,* Paris, Seuil, 1984.

(11) MAISONNEUVE (J.), *Introduction à la psychosociologie*, Paris, PUF, 1993, 7e édition.

(12) HACKMAN et LAWLER, *Employees reactions to job characteristics*, J. Appl. Psychology, monographie, n° 55, 1971.

(13) WARNER (L.), *Social class in America*, Chicago Science Research Assoc., 1949.

(14) IVANCEVICH (J.-M.), SZILAGYI (A.-D.), WALLACE (M.-J.), *Organizational behavior and performance,* Santa Monica (California), Goodyear Publishing Co, 1977.

(15) FAUVET J.-C., STEFANI X., *La sociodynamique, un art de gouverner,* Paris, les Éditions d'Organisation, 1983.

(16) FAUVET J.-C., STEFANI X., *op. cit.*

(17) MENDEL (G.), *L'entreprise n'est pas une famille,* La Découverte, Paris, 1993.

(18) JOULE (R.V.) et BEAUVOIS (J.L.), *La soumission librement consentie,* PUF, 1998.

(19) JOULE R.V. et J.-L. BEAUVOIS, *La soumission librement consentie, op. cit.*

(20) BERNE. *Analyse Transactionnelle et psychothérapie,* Payot, Paris, 2001.

(21) CROZIER (M.), FRIEDBERG (E.), *L'acteur et le système*, Paris, Le Seuil, 1977 ; FRIEDBERG (E.), *Le pouvoir et la règle*, Paris, Le Seuil, 1993.

(22) CROZIER (M.), *Le phénomène bureaucratique*, Paris, Le Seuil, 1963, et CROZIER (M.), FRIEDBERG (E.), *L'acteur et le système, op. cit.*

(23) CROZIER (M.), *Le phénomène bureaucratique*, Paris, *op. cit.*, et CROZIER (M.), FRIEDBERG (E.), *L'acteur et le système, op. cit.*

(24) NICOLET J.-L., *op. cit.*

(25) VON BERTALANFFY. *Théorie générale des systèmes,* Dunod, Paris, 1973.

(26) Leprince-Ringuet L. *Le Grand Merdier,* Paris, France-Loisirs, 1978.

(27) Savall H., Zardet V. *Maîtriser les coûts et les performances cachés,* Paris, Economica, 1989, 2e édition.

(28) TRS = taux de rendement synthétique : rapport entre la durée de production réelle d'une machine et son temps théorique de disponibilité. L'écart inclut les pannes, les changements d'outils et les attentes.

(29) Fauvet J.-C., Stefani X., *op. cit.*

Chapitre 9

DÉCLENCHER L'ACTION : LA MISE EN PRATIQUE

CHOIX DES MODES D'ACTION

Ayant formalisé le but à atteindre et porté un regard multidimensionnel sur le terrain d'expérimentation, aidé par des grilles de lecture et d'action, nous pouvons étudier les moyens d'action, en constituant un modèle dans lequel **le processus de transformation est la combinaison de quatre grands modes d'action**, ainsi que nous le montre la figure 9.1.

1. Premier mode d'action : l'organisation

Au sens classique du terme, elle consiste à assurer la gestion des flux de l'entité considérée : flux matières, flux financiers, flux humains, flux d'information. Même si cet ouvrage est essentiellement consacré aux aspects humains du management, il ne peut ignorer ni négliger l'impact des processus et des procédures sur la façon de diriger les hommes. La démarche dite de Qualité Totale mêle ainsi les méthodes et outils de la qualité (processus de contrôle, statistiques, système d'assurance de la qualité) avec la recherche de l'implication du plus grand nombre dans la production de la qualité (relation client-fournisseur, cercles qualité, prime à l'innovation...). À ce titre les démarches de Qualité-Totale sont une des combinaisons possibles des quatre modes d'action que nous allons étudier. Nous suggérons au lecteur de prendre connaissance des éléments concernant l'étude des flux dans cet état d'esprit, et de ne pas oublier qu'une démarche de changement ne peut être que globale.

1.1. Flux matières et flux d'argent

C'est dans ces domaines que les études sont le plus poussées, et pourtant il reste beaucoup à faire. Stanley Davies, dans son livre « Diriger au futur » (1) met en évidence que la **maîtrise du temps** est le facteur déterminant de la réussite. Sans que l'on puisse vraiment parler de progrès (quel progrès y a-t-il à forcer le temps et les organismes jusqu'au stress ?) il y a productivité, donc compétitivité, donc survie et développement lorsque le temps de fabrication ramené au nombre de personnes qui produisent est diminué. « Vaincre le temps » (2), et toutes les méthodes de refonte des processus par le « reengineering » (3) vont dans le même sens d'une remise en cause fondamentale du fonctionnement des entreprises.

Les méthodes aujourd'hui éprouvées pour réduire les temps des cycles de production font l'objet d'une abondante littérature technique qui sort du cadre de cet ouvrage (4). Toute personne chargée de conduire un changement devra se tenir informée des progrès de la science et des techniques, et de leurs développements, voire se faire accompagner par un spécialiste de « techno-sciences », pour évaluer l'impact qu'ils ont sur les personnes.

Les flux d'argent sont l'affaire de spécialistes, sans qu'il y ait une relation établie avec l'état de l'organisation. Pourtant la capacité de l'organisation à générer des plus-values financières dépend, au moins en partie, de tous ses acteurs. A contrario, une trésorerie exsangue peut avoir un impact dramatique sur les effectifs. Il reste que la première opération en cas de redressement d'entreprise (ce qui constitue une opération de changement !) consiste à mettre tout le monde sur le pont pour récupérer les créances clients ! La façon dont l'argent circule peut également être un facteur de démotivation lorsque les efforts demandés paraissent hors de proportion avec les fluctuations des marchés : gagner quelques francs à la tonne, ce qui représente de 2 à 3 % par rapport au prix initial, peut paraître dérisoire lorsque le prix du baril de pétrole fluctue de 30 à 40 % dans le même temps. Et pourtant un conducteur de changement devra faire comprendre à l'ensemble du personnel l'importance de tous les facteurs d'une bonne gestion, et il ne doit pas négliger les gains les plus minimes s'il veut être lui-même un gestionnaire soucieux de ses deniers...

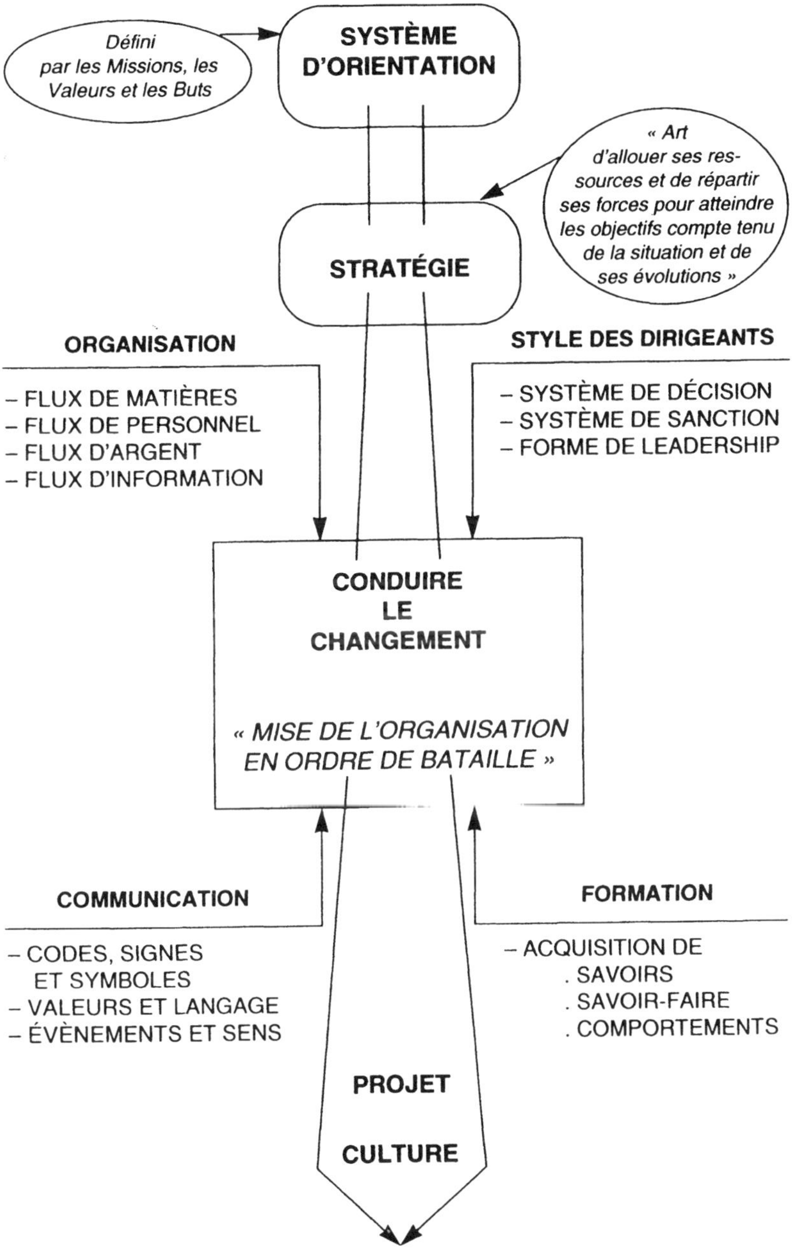

Figure 9.1 : Schéma général de la conduite du changement

1.2. Flux humains

Malheureusement, les flux matières sont encore rarement combinés avec les autres flux et en particulier avec les flux humains. Or les flux humains représentent un potentiel et un risque énorme et le pilotage 3C de la « charge-capacité-compétence » présente encore des faiblesses dans la plupart des entreprises. Pourtant, concilier sécurité, maîtrise des coûts et souplesse est bien une nécessité absolue. Dans notre pays, à l'inverse des États-Unis en particulier, où il est normal qu'une entreprise embauche et débauche très rapidement en fonction des ventes réalisées, la rigidité de l'emploi est grande. Plutôt que de mettre en place une lourde Gestion Prévisionnelles des Emplois, il paraîtrait beaucoup plus efficace de vérifier la disponibilité interne-externe des ressources de compétences, d'avoir « plusieurs fers au feu », de favoriser les congés de conversion pour les personnes dont les compétences ne correspondent plus aux besoins et d'embaucher celles qui les ont. À défaut d'un marché de l'emploi fluide, on peut chercher la fluidité à l'intérieur, et particulièrement en modulant le temps de formation.

Une plus grande souplesse peut aussi être obtenue en adoptant un **management par projets** par opposition au management hiérarchique. Ce type de management repose sur l'idée que toute fonction dans l'entreprise, toute mission, peut être conduite en projet. Or un projet a un début, un déroulement et une fin ; il peut durer quelques jours (un déménagement), quelques mois (la construction d'un bâtiment), quelques années (l'informatisation), mais il a toujours une fin. Ce type d'organisation permet de répondre à l'un des problèmes de nos entreprises qui est de ne pas savoir faire disparaître une équipe qui est devenue inutile ; en approche systémique, nous dirons que le réseau de relations établi tend à s'autoconserver au-delà de sa raison d'être initiale, et sans plus de raison d'être que son seul maintien. Nous reviendrons sur le management par projets dans le paragraphe sur la mise en action du changement.

Toutes ces mesures visant à assurer une meilleure adéquation aux besoins et, par conséquent, une plus grande fluidité dans la gestion de l'emploi correspondent à ce que nous appelons en français **l'Ingénierie des Ressources Humaines** et, dans l'univers anglo-saxon, le « manpower recruiting, planning and training ».

1.3. *Flux d'information*

L'information est aujourd'hui au cœur de la performance. Nous sommes saturés d'informations sans avoir les moyens d'en contrôler la validité et la pertinence. Maîtriser les flux d'information est le réel enjeu de la révolution informatique. II a fallu trente ans pour obtenir la productivité liée aux moteurs électriques, le temps que cette technologie domine complètement les usines. Vient le temps, quarante ans après la création des premiers gros systèmes informatiques, de la productivité due au traitement de l'information. Le traitement de l'information prend une importance telle que toutes les sociétés informatiques, IBM en tête, se dotent de divisions ou de filiales de conseil dans ce domaine. L'informatique était l'affaire des métiers, la transformation informationnelle est celle des dirigeants ; le reengineering, c'est-à-dire la mise à plat radicale des processus, est d'ailleurs en grande partie lié au système d'information.

En tout processus de changement, nous chercherons à déterminer en quoi l'information sera traitée plus vite et de façon plus fiable. Les entreprises à la pointe de la compétition sont engagées dans une transformation dont on imagine très difficilement les effets et la portée :

- explosion de productivité et baisse des prix,
- réduction importante des délais de fabrication et de livraison,
- réduction encore plus grande des coûts administratifs,
- quasi-suppression de l'encadrement moyen au bénéfice des techniciens-experts, ouvriers, techniciens, ingénieurs,
- accélération du processus de création de produits et services nouveaux, toujours plus proches des consommateurs, dans l'espace et dans le temps.

Sans pouvoir entrer dans le détail de la démonstration, les entreprises auront de plus en plus tendance à faire coller l'organisation à la nature du produit fabriqué selon la chaîne de l'information : *besoin client – co-conception avec le client – co-développement avec les fournisseurs, internes et externes – intégration – mise à disposition.* La chaîne de la relation-client-fournisseur (RCF) représentait les prémisses de ce mouvement de fond. Tout se passe comme si le système d'information, qui est le système nerveux de l'entreprise, se développait à une vitesse vertigineuse, lui donnant une intelligence propre supérieure à celle des hommes qui la composent. « L'entreprise est une chose qui produit des résultats extraordinaires avec des gens ordinaires », écrivait déjà P. Drucker (5). Nos entreprises sont en train de devenir de plus en plus intelligentes ; bientôt d'ailleurs, rares seront ceux qui pourront les comprendre dans leur totalité !

Mais à côté de l'information technique, objective, objet de la réflexion ci-dessus, se superpose une « information subjective », signifiante, liée à notre système de représentation du monde. Les systèmes de représentation du monde et les croyances renvoient à la motivation et à la communication. C'est ce deuxième mode d'action que nous allons à présent aborder.

2. Deuxième mode d'action : la communication

Elle connecte les événements au système d'orientation générale de l'entreprise à travers les mots, les images, les signes, les symboles, les valeurs, les rituels. Aujourd'hui encore, la plupart des PME/PMI négligent l'importance de la communication, alors que celle-ci est le principal véhicule du sens que l'entreprise donne à son activité. Il faut bien considérer à quel point nos contemporains baignent dans un magma d'informations avec des auteurs – TV, radio, annonceurs, presse, etc. – disposant d'un arsenal de moyens techniques hypersophistiqués, maniant avec brio « le poids des mots et le choc des photos ». L'entreprise se trouve comme en compétition avec ces multiples sources d'information qui introduisent la confusion dans les esprits ; l'entreprise fait sens, comme la plupart des autres communautés, mais les gens ne le savent plus. Dans ce paragraphe, nous aborderons la question du sens, l'importance de la communication, la communication institutionnelle et la communication par les rituels.

2.1. La communication donne du sens

Tous les philosophes ont, depuis les temps les plus anciens, réfléchi à cet impérieux besoin qu'éprouve l'homme de donner un sens à sa vie. « Un sens à la vie », tel était d'ailleurs le titre d'un livre de Saint-Exupéry. Pour rester dans le domaine du management, rappelons que les besoins supérieurs de la pyramide de Maslow (6) (besoins d'accomplissement) étaient sous-tendus par la recherche de sens. De même, dans la formule V × I × E (cf chapitre 1), la valence fait référence à ce qui compte le plus pour chacun. La recherche du mot « sens » dans le dictionnaire apporte une pierre à notre édifice : nous en effectuons, avec Jean-Christian Fauvet (7), la lecture suivante. Dans un premier niveau, le sens est **« sensation, perception ».** Le salarié aura la sensation du froid ou du chaud, du gris ou des couleurs, du bruit ou du son. Le deuxième niveau de sens est donné par la « **signification** », qui rationalise : le travail rapporte un salaire (mince ou suffisant), il crée ou non des richesses, il apporte ou non une contribution au mieux-être collectif. Le troisième niveau de sens est apporté par le « **sentiment** », qui traduit plus ou moins bien le niveau de l'engagement affectif, la qualité des rapports humains, la vie des équipes. Enfin, le quatrième niveau de sens se lit dans « **l'orientation** », qui donne la direction, le but, le projet, la raison profonde de toutes ces ressources mobilisées, de toute cette activité menée en commun. Nous retrouvons à ce niveau la vision que l'entrepreneur, le chef responsable, apporte à son groupe et qu'il entretient par une communication permanente.

Or, les cadres ont une connaissance très faible de ce qu'est la communication, qui nous projette sur le plus important niveau de complexité de l'être humain. Tout est communication, le moindre geste, la moindre posture, le moindre son. À l'extrême on en découvre les vrais ressorts dans les manuels de subversion, ou plus simplement dans la publicité, et l'on peut parfois frémir sur l'utilisation qui peut en être faite. Les diverses approches de la communication développées par l'Ecole de Palo Alto (8), l'Analyse Transactionnelle (9), plus récemment la PNL (Programmation neuro-linguistique) (10), aujourd'hui le « Process Communication Management » de Taibi Kalher (11), de même que les découvertes scientifiques et médicales sur le cerveau et sur la santé, nous fournissent une masse d'informations extrêmement nourrie sur le fonctionnement de la communication (cf. chapitres 4 et 5). La prise de conscience des impacts de celle-ci est d'autant plus nécessaire que, pour l'entreprise, l'enjeu est double ; d'un côté, il s'agit de favoriser la mise en relation des personnes entre elles et de l'autre de donner du sens aux événements quotidiens, de montrer, illustrer, imager, ce qu'est « le futur que la communauté est en train de construire ensemble ».

2.2. *Communication éduquante et communication mobilisante*

Une communication inexistante laisse libre cours à toutes les interprétations et à toutes les rumeurs, voire à toutes les tentatives de désinformation. Une communication mal faite est coûteuse et ne satisfait pas les salariés. Une information qui ne circule pas génère des angoisses, suscite des réseaux parallèles d'information et d'influence, simplifie, réduit le contenu et amplifie ses effets ; elle ralentit le travail et abaisse la productivité. Comme la masse d'informations fournie par les médias à une population non préparée et incapable de faire le tri grâce à des critères de repérage et de classement constitue un obstacle à la formation de « l'esprit d'entreprise », la communication devra favoriser l'apprentissage d'une lecture personnelle et aussi objective que possible et mettre en place une **communication éduquante.**

Celle-ci se fera grâce au recoupement d'informations par référence à ce qui est déjà stocké et intégré par chaque personne et par confrontation avec d'autres points de vue. La communication interne ne peut donc pas être univoque ; elle doit accepter et faire valoir différentes lectures. Les responsables de communication ont alors la charge d'expliquer l'origine des différents points de vue, les différences de langage, les convergences d'idées et les divergences d'opinions sur les actions à mener. D'après Bruno Voisin (12), une démarche d'organisation de l'information, nécessairement inscrite dans le temps, demande ténacité et rigueur. Il faut donc s'assurer régulièrement des résultats obtenus et des progrès accomplis, notamment grâce à des instruments d'étude de l'évolution de la culture des salariés dans ce domaine. Si l'on veut évaluer le comportement de l'entreprise face à l'information, on peut le faire en retenant quatre critères qui feront l'objet de mesures régulières :

a) anticipation et antériorité : capacité à informer les salariés en interne avant qu'ils soient informés par d'autres sources externes,

b) exhaustivité : comparaison des informations fournies aux salariés par rapport à ce qui est diffusé à l'extérieur,

c) réactivité : capacité de réaction à des informations diffusées dans les médias la concernant,

d) contextualisation : mesure de la capacité de l'entreprise à joindre à la diffusion d'informations des éléments d'appréciation sur la vie économique générale, son environnement spécifique, son secteur ou toute autre donnée de nature à donner aux salariés les moyens de comprendre et d'apprécier une situation, une décision, une orientation stratégique.

Ces quatre critères seront pour l'entreprise, selon Bruno Voisin, un dispositif d'observation, parmi d'autres, de la démarche générale d'accompagnement du changement. Cependant, dans cette démarche d'organisation et de structuration de l'information, les responsables devront gérer la contradiction entre la communication-éduquante et la communication mobilisante, dont nous allons maintenant présenter les principes.

Pour organiser **cette communication-mobilisante**, les responsables devront s'appuyer sur les événements de la vie quotidienne, cibler les personnes ou les groupes de personnes auxquelles ils veulent faire passer un message, choisir les mots, les valeurs les plus appropriées à ce groupe (qu'est-ce qui fait courir David, Pauline, Smaïl, Albert, Ginette ?) et organiser la communication dans un vaste tableau que nous appelons, avec Jean-Christian Fauvet encore, le **« jeu des événements »** (13) par analogie au jeu de Gô.

Quelques mots d'explication sur le jeu de Gô, qui constitue un fabuleux support pédagogique pour intégrer l'apprentissage du changement. Mao a fait de ce jeu le support de la conquête de la Chine, le Général Giap celui de la reconquête du Vietnam, le Japon le vecteur intellectuel et mental de sa conquête économique du monde.

Rappelons que le jeu de Gô (Gô veut dire pierre en japonais) consiste à construire des territoires. Un joueur joue avec des pierres noires, l'autre avec des pierres blanches. Le « porte-pierres », constitué par un « damier » de 19 lignes sur 19, soit 361 intersections, est vierge au départ et chaque joueur pose à son tour une pierre (qui ne pourra se déplacer que pour être retirée du « Gô-Ban » si elle est prise) sur une intersection. Les territoires apparaissent ainsi progressivement, par un jeu de connexions à partir de pierres jalons qui ont été déposées au début de la partie dans la perspective des territoires futurs. Pour cette raison, la logique du jeu est très troublante pour un occidental : chaque nouvelle pierre posée semble introduire un élément de confusion supplémentaire et le jeu apparaît rapidement comme un enchevêtrement de lignes blanches et noires qui s'encerclent l'une l'autre. Autant dans la première phase du jeu, dite de Fuseki, il s'agit d'occuper un espace encore vierge et de ***constituer des moyos (territoires prospectifs),*** *autant dans la deuxième phase, dite de Chuban, le talent du joueur va consister à relier, à* ***connecter ses pierres les unes aux autres tout en déconnectant les lignes adverses.*** *La troisième phase (Jose) est celle de la* ***clarification finale,*** *au cours de laquelle les territoires apparaissent pour ce qu'ils sont réellement. Dans ce jeu chaque pierre a son importance et participe au résultat final, de la même façon que dans la vie, chaque action, chaque décision a un impact sur le projet professionnel, sur le projet de vie, sur le projet de l'entreprise, ce que l'occidental ne sait pas voir, ou refuse de voir.*

2.3. La communication institutionnelle (ou « marketing social »)

Appliqué à la communication, le jeu des événements prôné par Jean-Christian Fauvet, et inspiré du jeu de Gô, consiste à connecter les événements de la vie quotidienne à un ensemble de valeurs et à un ou deux thèmes mobilisateurs déterminés par les responsables pour agir sur les différents partenaires internes et externes de l'entreprise, en utilisant les différents supports de communication accessibles. Il s'agit en somme de construire un tableau matriciel avec en ordonnées, dans l'ordre, les valeurs, les thèmes mobilisateurs, les partenaires, les médias, et en abscisses les événements, tous éléments définis de la façon suivante :

– *En ordonnée*
  - Choisir d'abord les dix à quinze valeurs fortes de l'entreprise, qui ont un écho favorable sur les partenaires (les acteurs sociaux engagés dans une relation avec nous) et que l'on veut promouvoir.
  - Retenir deux thèmes de campagne pour les six à douze mois suivants (les japonais connaissent depuis maintenant trente ans deux thèmes de campagne : la survie et la Qualité Totale). C'est d'ailleurs ainsi que sont menées les campagnes « sécurité ».
  - Lister les partenaires par groupes homogènes au regard de la communication que l'on veut faire.
  - Recenser tous les moyens de communication à notre disposition, depuis l'entretien de face-à-face jusqu'aux chaînes de télévision, quitte à créer de nouveaux supports si nécessaire.

– *En abscisse*
  - Lister tous les événements, datés, qui se produiront dans l'entreprise ou dans son « environnement signifiant » dans les six mois à venir, car le plan de communication se construit sur six mois et s'entretient mensuellement. Nous gardons les événements utiles au regard de la vision que nous voulons faire passer, à raison d'un événement toutes les deux à trois semaines en moyenne.

– *Connexion de l'ensemble*
  - Tirer un trait vertical sous chaque événement et cercler les intersections avec les traits horizontaux correspondant aux items retenus, comme on pose des pierres sur les intersections du « porte-pierres ».

- Vérifier que toutes les valeurs sont bien utilisées et que les partenaires sont tous régulièrement atteints, sinon refaire un tour.
- Mettre en place une procédure pour traiter, selon le même schéma, les événements imprévus internes-externes, qui seront « récupérés » dans ce plan opérationnel de communication lié à la politique de l'entreprise et à sa stratégie générale.

À la fin du « jeu », construit par l'équipe de direction au complet, on attribue chaque événement retenu et traité au membre de l'équipe qu'il concerne le plus, à charge pour lui de développer la communication sur cet événement, à *« jouer l'événement »* conformément aux décisions prises collectivement et à rendre compte des résultats lors des comités mensuels de direction.

La communication « institutionnelle », que nous venons ainsi de décrire, se situe au niveau le plus élevé de l'entreprise. Connaissant ses fondements, un responsable ou un particulier qui veut atteindre un objectif dans un environnement social donné mettra en œuvre le même type de processus, sans oublier que la communication utilise le temps pour faire « maturer » le corps social.

2.4. La communication par les rituels

Au-delà de la communication institutionnelle enfin, il faut bien avoir présent à l'esprit que toutes nos attitudes, tous nos comportements sont communication et donnent lieu à interprétation consciente et inconsciente. Si nous sommes de bons danseurs, nous donnerons envie à nos proches de danser avec nous. Si nos rythmes sont hachés, saccadés, non-coordonnés, sans mesure, comment pourrions-nous oser même imaginer qu'ils soient repris par d'autres ! Par ailleurs, tout comme les tribus primitives et les sociétés cohésives ont des rituels très structurés et entretenus, l'entreprise s'appuie sur des rituels très précis pour célébrer les grands événements de la vie de la collectivité : l'ouverture d'un nouveau centre, l'accueil d'un nouveau collaborateur, le « millième client », la plus grosse commande du mois... Mais les rituels ont également pour rôle de réintégrer le souvenir de ceux qui nous ont précédés et qui nous ont quittés : les heures glorieuses, les grands hommes (et pas seulement les grands patrons !), les départs à la retraite, les décès, les cérémonies du souvenir de la communauté, villageoise, régionale, du groupement.... Tous nos espaces sont des lieux privilégiés d'information pour peu que les chefs d'entreprises veuillent les activer. Surface, enseigne, lieu de passage, il ne reste qu'à organiser les images, les sons et les couleurs selon un plan méthodiquement mené.

3. Troisième mode d'action : la formation

Dans les périodes de prospérité déjà, la plupart des entreprises ont eu du mal à ouvrir leurs porte-monnaie pour investir dans la formation. Dans les périodes de difficultés, elles commencent par rogner sur les centres de coûts, formation en premier. Enorme bavure ! Le résultat ne s'obtient que par des hommes et des femmes motivés et compétents. RENAULT, dès 1980, a consenti un effort vigoureux pour former ses OS, avec les résultats que l'on sait en matière de qualité.

Il existe trois modèles de formation, complémentaires : l'apprentissage, l'entraînement et l'acquisition de connaissances.

3.1. L'apprentissage

Il est naturel et répond à un besoin de l'être humain de connaître et de pratiquer de nouvelles activités – comme marcher, faire du vélo, compter, lire et écrire, gagner de l'argent – **et d'en inventer d'autres**, comme la décoration, les têtes de gondole, attirer des clients et les retenir... La curiosité, la soif d'apprendre, le goût du nouveau et de la responsabilité sont à la base de l'apprentissage. Nous sommes les héritiers d'une « civilisation de la peine » (14), comme si travail et souffrance allaient de pair. Rien de beau et de grand ne se fait sans effort, mais effort ne signifie pas automatiquement souffrance. L'apprentissage est aussi apprentissage du plaisir de réaliser facilement, sans fatigue. Dans l'organisation du temps, et cela est aussi vrai dans un projet de changement, il s'agira de jalonner par des étapes précises les projets dont nos missions sont constituées. Chaque étape franchie est l'occasion de se féliciter et de recharger ses batteries.

Dans le chapitre consacré au leadership, nous avons rappelé les quatre étapes de la délégation réussie avec le DEED de Hersey et Blanchard (15). **Diriger** d'abord le « novice » sur des tâches précises, en lui fournissant tous les éléments nécessaires à l'accomplissement de cette tâche ; **l'entraîner** ensuite, c'est-à-dire élargir les tâches qui lui sont confiées à des missions plus larges, tout en le supervisant de très près ; **l'épauler** encore lorsqu'il disposera de la connaissance et des compétences pour réaliser seul, en maintenant son moral et sa motivation ; lui **déléguer** enfin la totalité des pouvoirs et des responsabilités de sa fonction lorsqu'il sera capable de s'autostimuler.

Deux aspects de la délégation méritent d'être soulignés. En premier lieu, rappelons bien que l'exercice d'une responsabilité nécessite des compétences dans plusieurs domaines : technique, métier, gestion, procédures, management, les étapes de la délégation devant être parcourues dans chacun de ces domaines. En particulier, il appartient au manager de former ses collaborateurs au management, discipline difficilement enseignable dans les écoles et nécessairement apprise dans l'action. En second lieu, rappelons que « le manager est celui grâce à qui les choses sont faites par d'autres, bien et du premier coup » (P. Drucker), et qu'au terme d'un processus de délégation bien mené, le manager devient « inutile » puisqu'effectivement les choses sont alors faites intégralement par ses collaborateurs... inutile sauf pour anticiper, imaginer l'avenir, prévoir les scénarios du futur, et se préparer lui-même aux situations futures.

3.2. L'entraînement

Il est destiné à aguerrir, à acquérir des réflexes, à économiser des forces et à gagner du temps. Plutôt que de passer dix heures par jour au travail avec 60 % de travail effectif, il vaut mieux en passer huit de travail réel et efficace, qui nécessitent un entraînement régulier. Cet entraînement intègre des rythmes adaptés et des périodes de récupération. Le manager qui joue l'efficacité collective connaît bien son personnel, ses forces et ses faiblesses. Il lui propose des challenges où le jeu collectif permet à chacun de gagner, en temps, en argent, en ambiance, en calme, en relations, en félicitations des clients. La façon dont les salariés français des entreprises japonaises en France intègrent la discipline japonaise – au-delà des tensions fortes du démarrage (tout système a horreur d'être bousculé) – tend à montrer que les règles explicites et les procédures précises satisfont les aspirations de ce personnel à l'ordre, à la sécurité et au confort.

Comment mener cet entraînement ? Si nous prenons l'exemple des activités de Défense Nationale, nous observons que, dans les armées, on se prépare inlassablement à des situations anticipées (dont nous espérons tous qu'elles ne se produiront pas) : vols réels et simulés, exercices OTAN mettant en jeu des forces réelles, entraînement des équipages à la mer. Qu'en est-il dans nos entreprises ? Combien de temps passons-nous à nous entraîner à acquérir **les bons réflexes pour des situations qui se produiront à coup sûr ?** L'acquisition de méthodes communes de travail fait partie d'un entraînement permanent dont on peut aisément mesurer les effets par des indicateurs de performance simples. **Il s'agit donc d'entraîner ses collaborateurs** à la conduite d'entretiens et de réunions, à la résolution de problèmes, au management de projet, à l'élaboration et au suivi de plans d'action, à la négociation, à la gestion collective du temps, à faire circuler l'information, à la créativité, à la vente, à faire du renseignement... bref de les entraîner, et de ne pas se contenter de les envoyer en formation.

3.3. L'acquisition de connaissances

Elle est le troisième volet de la formation. Des méthodes modernes révolutionnent aujourd'hui la pédagogie. Grâce aux « méthodes de développement cognitif », les OS de Renault ont pu accéder à la conduite de machines automatisées, qui nécessitent un niveau de compréhension bac + 2. Les techniciens, ingénieurs et cadres de Merlin-Gérin continuent d'accroître leurs niveaux de compréhension. Ces méthodes, issues des travaux de Piaget, de Bruner, de Vigotsky, portent des noms bizarres : *ARL* (Cafoc de Nancy), *TANAGRA* (Synorg), *PEI* (Paris V, UIMM), *CUBES DE MIALLET, API* (Pierre Audy)... mais ont prouvé dans les grandes entreprises leur réelle efficacité. Ces méthodes sont fondées sur ce que la science nous a appris du fonctionnement cérébral et sur le mécanisme de l'apprentissage. Elles permettent, considérant l'utilisation du cerveau, de « huiler les tiroirs rouillés », voire d'en ouvrir de nouveaux, et surtout de créer des liens, de faire des connexions entre des situations connues – parce que vécues et enregistrées – et des situations nouvelles, en activant les neurones et les synapses. Il est en effet pertinent de s'assurer que les personnes envoyées en formation disposent de « l'organisation mentale » nécessaire pour comprendre et non seulement pour mémoriser. Alors, les cours tels qu'ils sont pratiqués dans la plupart des organismes d'enseignement prennent leur pleine utilité.

3.4. Comment « vaincre les résistances » ?

Au premier **facteur d'immobilisme** que constitue l'immobilisme mental de chacun, et l'incapacité chronique à imaginer des solutions nouvelles, donc des scénarios innovants, s'en ajoute un deuxième, déjà abordé dans le cas EQUIPEX : la culture propre des groupes et des organisations.

Pour faire sauter les verrous, un très grand nombre de moyens existent : pour favoriser la créativité du lecteur, nous donnons une liste de moyens que nous avons mis en œuvre sur le terrain et qui s'inscrivent dans le cadre de notre réflexion sur le changement :

- **Premier cas de figure : l'univers du salarié se réduit inexorablement à sa propre production et à sa zone d'activité proche.** La solution pour corriger cet amoindrissement consistera à organiser des visites systématiques de l'entreprise, secteur par secteur et à former les salariés à !a connaissance des produits et à la chaîne de fonctionnement de l'entreprise.

- **Deuxième cas de figure : le salarié ne fait pas le lien entre ce qu'il produit et le résultat de l'entreprise.** La solution consistera à donner à l'ensemble des salariés un minimum de formation économique qui permettra de positionner leur production dans la chaîne économique et de la valoriser par ses conséquences.

- **Troisième cas de figure : le salarié croit qu'il ne sait rien faire en dehors de sa tâche mécanisée** (mais nous connaissons aussi nombre de cadres qui s'estiment incapables de faire autre chose que leurs métiers passés, sans imaginer le transfert des compétences acquises). La solution consistera, à l'aide des méthodes de développement cognitif dont nous venons de parler, à lui faire retrouver la quantité d'intelligence qu'il a accumulée pour transformer une suite de gestes simples en une gamme d'opérations. L'opération consiste à partir de son expérience concrète pour lui faire redécouvrir les opérations logiques qu'il met en œuvre sans en être conscient, puis à lui faire expérimenter ces opérations logiques sur d'autres situations. Après quoi, on lui apporte les codes et les concepts de base lui permettant de mettre en forme sa pensée. De cette façon, en dix jours de temps, on obtient des résultats étonnants, comme la capacité à traiter des problèmes en graphset ou à élaborer des scénarios de tous ordres.

- **Quatrième cas de figure : le salarié se vit comme un exclu du système éducatif auquel la connaissance est inaccessible.** La solution consistera à procéder à un travail de recomposition des opérations logiques et à une médiation entre lui-même, le savoir, ses propres possibilités de progrès et les applications du savoir. Ensuite il s'agira d'introduire les connaissances théoriques par leurs applications concrètes, puis à tenter de les généraliser en lois. Enfin, on s'efforcera de valoriser l'acquis en lui faisant traiter des problèmes de complexité croissante étalonnés par rapport au « système éducatif ». On terminera en constituant des équipes de salariés élèves et en leur donnant des missions pour le compte de la collectivité.

- **Cinquième cas de figure : le salarié ne sait pas écrire, présenter un dossier.** La solution consistera à lui fixer la forme (écrite, orale, figurée, informatique...) dans laquelle on souhaite recevoir l'information. Les responsables accepteront qu'il se permette d'oser coucher par écrit ses idées avec les mots et la grammaire qui lui viennent spontanément et encourageront cette forme d'expression.

- **Sixième cas de figure : le salarié n'ose pas dire ce qu'il pense de peur d'être sanctionné.** La solution consistera à le mettre en situation d'exprimer ses idées à l'aide d'images, ou de façon rendue anonyme par l'écrit. Les méthodes Metaplan, Créaplan ou autres formes de discussion par écrit, avec regroupement d'idées sur des panneaux où coexistent toutes les idées, ont contribué à libérer la parole dans un grand nombre d'entreprises. On favorisera également l'utilisation de méthodes de créativité et de visualisation.

- **Septième cas de figure : le salarié ne sait pas exprimer ce qu'il ressent,** ni la joie, ni la peine, ni la souffrance, ni le bien-être, ni la tristesse ni la colère. Bref, il ne sait pas et n'ose pas exprimer ses émotions, comme si les émotions n'existaient pas dans l'entreprise, comme si la partie affective de lui-même restait à l'entrée de l'atelier, du bureau. Comme si l'entreprise ignorait que c'est dans l'émotion, l'affectivité et la passion que résident la stimulation, le projet, l'idée de communauté agissante ! Une solution consistera, par exemple, à lui apporter les **« Six chapeaux pour penser »** de Edward de Bono (16), « pape » de la créativité. Chapeau blanc : les faits, les chiffres ; chapeau rouge : l'émotion, la colère ; chapeau noir : le pessimisme, les craintes ; chapeau jaune : l'optimisme, la foi qui renverse les montagnes ; chapeau vert : les idées neuves, la pensée créatrice ; chapeau bleu : l'organisation, l'animation. En prenant le chapeau, le salarié se dédouane, il « annonce la couleur » de façon ludique... Nous avons vu vivre ce code dans un certain nombre d'entreprises. Avant de prendre la parole pour critiquer ce qui vient d'être dit, untel annonce : « je prends mon chapeau noir ». Un autre ajoutera un peu plus tard : « chapeau rouge ! j'en ai assez de perdre mon temps en bavardages stériles ». Dans le chapitre sur la communication, le lecteur pourra se reporter à ce qu'on appelle la métacommunication : utiliser les « chapeaux » revient à communiquer sur la communication.

La formation apporte le savoir, le savoir-faire et le savoir-être dans l'entreprise. C'est un outil à notre avis supérieur à la communication institutionnelle, qui tend plutôt à agir sur l'individu de l'extérieur, à son insu. La formation permet à l'individu de devenir plus conscient, donc de faire des choix de plus en plus adultes. Nous croyons à l'excellence de ce mode d'action parce que nous savons qu'un individu agit toujours au mieux de ce qu'il pense être ses intérêts, et que plus il est informé, plus il jouera le jeu de l'entreprise, qui est œuvre collective... ce qui ne l'empêchera pas de savoir garder ses distances par rapport à l'entreprise, et d'agir par ailleurs pour transformer les rapports sociaux qui ne lui conviennent pas.

4. Quatrième mode d'action : le style des dirigeants

4.1. Le principe de cohérence

Le style de l'entreprise et de ses relations est largement induit par les dirigeants. Selon que le ou les dirigeants croient à l'homme ou non, ils investiront ou non dans la compétence, la responsabilité, la relation. Management par le stress ou management par la confiance, il n'y a qu'une alternative...

Dans telle entreprise, le Directeur Général affirme que l'homme ne réagit correctement qu'en situation de survie : il met ses cadres sous stress et impose des objectifs ambitieux (mais réalistes !). Un des moyens qu'il utilise est le Benchmarking qui consiste à établir une comparaison systématique des différents ratios de production et de fonctionnement avec les entreprises équivalentes. Force est de constater que cette entreprise a obtenu plusieurs années des résultats très supérieurs à la moyenne de la profession. Il est sûr que cette méthode est adaptée aux périodes de fort chômage : les cadres préfèrent agir sous contrainte plutôt qu'être privés d'emploi, ce qui ne les empêche pas de quitter l'entreprise dès qu'une opportunité se présente.

Dans telle autre entreprise, en fort développement, le charisme du dirigeant entraîne une quantité de travail hors du commun, et l'implication de la quasi-totalité du personnel très au-delà des horaires légaux de travail, avec des bénéfices qui sortent de l'ordinaire.

Quels enseignements pouvons-nous tirer de ces deux exemples ? Dans le premier cas, le dirigeant agit par la pression sur tous, dans le deuxième il crée les conditions nécessaires à l'expression de chacun. Bien évidemment la répercussion de ces deux styles sur ce que vivent les salariés à l'intérieur de l'entreprise n'est pas la même : le sur-travail est dans le premier cas subi, avec le stress qu'il produit, tandis que, dans le deuxième cas, il est plutôt accepté avec enthousiasme.

En tout état de cause, il appartient à chaque dirigeant de décider de son style et d'être cohérent. Dans la réalité, les choses sont cependant plus complexes, parce que rares sont les dirigeants qui vont jusqu'au bout de leurs logiques managériales et philosophiques. Il s'agira en tous cas, au minimum, de mettre en place des « systèmes » cohérents au niveau de :

- la délégation, des missions ou des tâches,
- la préparation et la prise de décision,
- le contrôle et la sanction,
- le système qui relie la contribution et la rétribution,
- la gestion prévisionnelle des compétences.

4.2. Trois modes de gouvernement de l'entreprise

J.-C. Fauvet et X. Stéfani (17) démontrent que **le style de gouvernement est une combinaison de trois modes :**

– **l'imposition** (elle repose sur le schéma : MOI, JE... : je vous dis, je vous ordonne de faire ceci...). Nécessaire en cas d'urgence et pour maintenir la discipline, l'imposition a des inconvénients ; en particulier, son utilisation excessive tend à fabriquer des exécutants. Mais elle conforte l'individu, et beaucoup de personnes ont besoin, au moins dans un premier temps, de compenser leurs doutes et leurs angoisses par une confiance enfantine dans un « chef » qui les rassure parce qu'il leur paraît fort. Ce mode est légitimé avant tout par le statut conféré par l'autorité et par la structure.

– **la transaction** (elle repose sur le schéma : MOI et TOI... : toi et moi, nous allons tenter de trouver le meilleur moyen pour...). C'est le mode de la liberté et du contrat, celui du partenariat. Mais ce n'est pas le plus facile, loin de là ; il devrait même être réservé à des partenaires « autostimulés », qui savent ce qu'ils veulent et qui ont des idées sur la façon d'y arriver. Avec ceux-là, la discussion peut vraiment tourner à la concertation, qui est étymologiquement acte de « se battre aux côtés de » (cum certare). Ce mode est légitimé avant tout par la **compétence** des deux partenaires.

– **l'animation** (elle repose sur le schéma. NOUS, VERS... : nous allons ensemble atteindre tel objectif, nous engager dans telle aventure, promouvoir telle valeur, etc...). Elle projette dans le futur, rassemble autour d'idéaux, donne la force de l'espoir et porte l'espérance. Ce mode est légitimé par le **charisme**, qui est capacité à inspirer la confiance. Il ne faut cependant pas oublier que la perte des références morales et des repères constitue un facteur de fragilisation des individus ; ceci donne une puissance particulière au mode d'animation et en fait un instrument délicat à manier. En effet, plus un instrument est puissant, plus une mauvaise utilisation a des effets néfastes : c'est vrai de l'énergie nucléaire, c'est vrai de la génétique, on a pu constater que c'était vrai également du mode d'animation. Nous connaissons un certain nombre de « gourous », d'entreprise ou non, qui ont su susciter un enthousiasme pour des finalités douteuses, faire agir pour des buts incertains, jusqu'à dénaturer l'action et la personne elle-même qui l'accomplit. Fuhrer et Duce font partie d'une histoire très récente qui se reproduira sans doute, à d'autres échelles peut-être, y compris dans les pays d'Europe.

Dans le modèle de la société démocratique, le bien commun vient de l'équilibre final des jeux de pouvoirs. En fait, dans notre pays particulièrement, de nombreux individus ont une fâcheuse tendance à faire de leur capacité à exercer le mode d'animation un moyen de promotion personnelle au détriment de la collectivité. Le mode d'animation poussé à sa perfection ne se conçoit alors que servi par une éthique supérieure et un sens moral à toute épreuve pour discerner jusqu'à quel point la fin justifie les moyens.

L'organisation étant aussi, en partie plus ou moins grande, la copie homothétique de son ou ses dirigeants, pour transformer l'organisation, il sera nécessaire que **le dirigeant accepte et s'engage dans un processus de développement personnel...** un autre moyen étant aussi de changer de dirigeant (seule vraie solution dans certains cas !). Cette recommandation, qui peut paraître surprenante, provient de la vision d'un « systémicien » qui cherche à déterminer comment un système peut évoluer : enlever un des principaux acteurs constitue un changement important. On enseigne dans les principes de la Qualité Totale qu'un escalier se balaie par le haut et que la qualité d'une organisation est due à 80 % à la qualité de ses dirigeants : cela engage lesdits dirigeants à étudier en quoi ils sont promoteurs d'excellence ou de turbulences. Par conséquent, avant de lancer un projet de changement, posons-nous donc la question de savoir où nous en sommes et où en est l'équipe de direction (ou de direction de projet) sur les huit axes de développement de nos intelligences multiples.

4.3. Les huit axes de développement de notre intelligence

Encore une fois, il est possible de changer les choses autour de soi sans se changer soi-même, mais il est plus utile d'accompagner le changement en l'intégrant à sa démarche personnelle. C'est le moyen d'éviter ce triste constat fait par Crozier, qui a mis dos à dos la direction (direction qui lui avait demandé l'audit) et les syndicats dans les premiers facteurs d'immobilisme de la SNCF. Encore une fois, si la direction (celui ou ceux qui introduisent le changement) n'ont pas le style approprié, les salariés douteront de leurs intentions. Peter Koestenbaum (18) engage les responsables de tous niveaux à progresser sur les huit axes des intelligences multiples, tels qu'ils apparaissent dans le schéma 8.2. Pour lui, la morale est « rentable », c'est-à-dire qu'elle apporte à celui qui la cultive un surcroît de puissance – faite de clarté et de lucidité, de courage et d'abnégation, d'émerveillement et d'espérance – propre à anticiper, entraîner, structurer.

« Une action n'est jamais bonne par le simple fait qu'elle émane d'un ordre, d'une habitude ou d'un caprice. Pour savoir si une chose me convient réellement, je devrai examiner plus à fond ce que je fais en raisonnant par moi-même » (19). Le tableau des huit formes d'intelligence proposé par Peter Koestenbaum constitue une aide précieuse à l'efficacité. On y retrouve les éléments internes de la « montée en puissance ». Nous le commenterons rapidement :

L'intelligence logique est celle que l'on croit la plus répandue ; en tout cas, c'est celle que le système scolaire a tenté de développer chez les jeunes. Cependant, à la capacité d'analyse pure (cf. la méthode de la stratégie) s'ajoute la capacité de visualisation. Comme le paysan qui sème son champ voit en esprit les épis de blé en passe d'être moissonnés, comme le jardinier voit le champ de tulipes dans les oignons qu'il plante en hiver, celui qui veut obtenir quelque chose sera plus percutant s'il se fait une image mentale du résultat de son action, s'il voit, entend, ressent, sent peut-être les choses et les gens au moment où le changement a eu lieu. Des techniques, dites de visualisation (20), existent et ont fait leurs preuves.

L'intelligence somatique fournit le support d'un corps sain, qui renseigne la personne sur ce qu'elle ressent et lui fournit l'énergie pour accomplir l'action. L'être humain a gardé de l'animal ses capacités à se repérer dans l'espace et dans le temps ; encore faut-il cultiver ces qualités pour qu'elles se concrétisent.

L'intelligence esthétique permet de communiquer par la parole, la musique et l'image, d'abord en percevant soi-même ce qu'il y a de beau et de bien dans ce qui nous parvient, ensuite en transmettant du « beau » et du « bien ». L'homme est sensible au beau et au bien. D'ailleurs, pour les orientaux, les bouddhistes en particulier, le beau, l'harmonieux, est en même temps efficace et écologique.

L'intelligence transcendantale aide à garder l'esprit libre dans les pires troubles, donc à ne pas se laisser submerger lorsque les événements se précipitent. De plus l'exploration de l'espace intérieur permet de mieux connaître ses réactions, ses émotions, de les reconnaître quand elles se produisent et de les utiliser au lieu d'en être gêné.

L'intelligence marketing fournit le carburant de la vie. Elle est liée au plaisir d'être vivant, de goûter les bonnes choses, d'extraire de la masse des « bruits » la musique de l'univers, ce qui parle et a du sens.

L'intelligence motivationnelle pousse à l'action, comme nous l'avons vu dans le chapitre deux. Elle développe l'envie de se réaliser dans de grandes choses (grandes pour nous). Le changeur gagne à être auto-motivé pour prendre les devants et garder l'initiative.

L'intelligence de la sagesse intègre les données de l'expérience, la sienne et celle des autres. Elle permet de comprendre les raisons qui poussent l'homme à agir dans telle ou telle direction ; elle permet l'apparition de la réelle sympathie (étymologie grecque), ou de la compassion (étymologie latine) par une communication en profondeur avec l'autre. Elle sert à élaborer une philosophie de la vie fondée sur des valeurs sûres.

Enfin **l'intelligence d'équipe** transcende l'égoïsme primaire, indispensable à la protection de soi, pour conjuguer les efforts et partager le plaisir et les fruits de l'activité collective. Elle va de pair avec le sens du service et de la communauté.

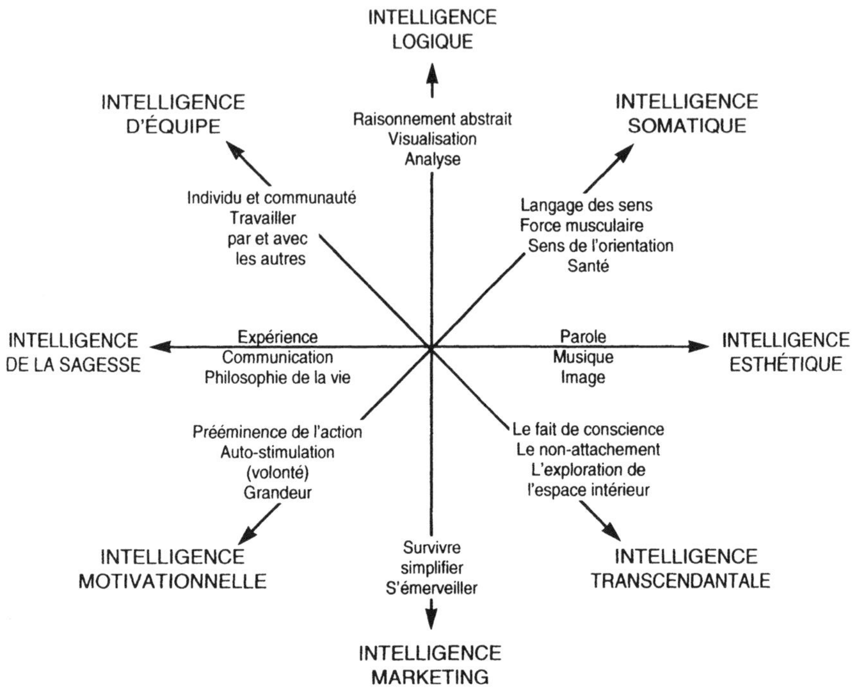

Figure 9.2 : Les huit formes d'intelligence
d'après Peter Koestenbaum : « Socrate et le Business »,
InterEdition, Paris, 1989

Nous avons exploré les quatre grands types de modes d'action qui permettent d'agir sur l'entreprise dans le cadre d'une action de changement ; l'obtention des résultats est l'aboutissement d'une démarche construite par la combinaison judicieuse des quatre modes d'action que nous venons d'aborder. Cette combinaison, pour être logique avec l'approche systémique que nous prônons, ne peut se faire que cas par cas, en fonction des éléments propres à telle entreprise dans telle situation, mais toujours dans le cadre d'un **plan d'action global organisé en projet.** Nous allons donc aborder maintenant la conduite de l'action.

La conduite de l'action : l'élaboration de scénarios

1. Prise de possession du temps

1.1. *La capacité d'action*

À la base de l'efficacité, nous retrouvons la formule de la capacité d'action, exprimée par le Général Beaufre (21) et adaptée par J.-C. Fauvet à l'efficacité sociale (22) :

$$E = S \times E \times P \times T$$

dans laquelle :

- le premier E représente l'efficacité sociale. Être efficace, c'est obtenir l'effet visé ;
- le deuxième E correspond au facteur **existence**, qui est tension vers... et qui donne l'orientation abordée plus haut dans ce développement ;
- T signifie le facteur **temps** qui regroupe des termes non pris en compte dans la plupart de nos activités :
  - le temps physiologique : notre corps a ses rythmes et ses contraintes ; à le mal utiliser, on le fatigue, on le brusque et il nous le fait payer ;
  - le temps psychologique, qui correspond au temps nécessaire à la maturation de la personne, et qui diffère de l'un à l'autre ;
  - le temps de l'opportunité : les opportunités sont comme les vagues que le surfeur guette et jauge ; mais les vagues ne se laissent pas facilement percer à jour : telle qui se présentait bien s'avachit, telle qui ne payait pas de mine s'enfle en un rouleau superbe... ;
  - le temps du destin : nous sommes de notre temps ; peut-être une autre époque aurait-elle mieux convenu à nos potentialités ? Certains croient en un temps cyclique, dans lequel la destinée de l'âme est de croître jusqu'à atteindre l'Absolu. Pour d'autres, le temps est lié à la vie du corps et il est donc compté. Pour d'autres enfin, la vie sur terre n'est que la préparation

d'une autre vie, la vraie. Nos projets s'intègrent dans le temps, avec la conception que chacun s'en fait.

- P signifie le facteur **pouvoirs**, sachant que, toujours selon Fauvet et Stefani, quelqu'un qui dispose de forts pouvoirs non soutenus par une forte existence dans le temps, au sens de tension vers un objet ou un projet, ne les conservera pas ; tel successeur ruine une dynastie pourtant solidement établie, tel fils de famille gaspille l'héritage accumulé par des générations, telle élite intellectuelle très diplômée n'est pas à la mesure des responsabilités qui lui sont confiées à la sortie de l'Ecole...
- S représente le **Savoir-combiner** E, P et T en fonction de la situation et de ses évolutions. Il introduit la notion de stratégie abordée plus haut et, parmi les options stratégiques, *l'extension* (combinaison d'Existence et de Temps) offre certainement les meilleures chances d'une « réussite à l'économie ». Rappelons que la limitation des ressources est notre lot, et qu'elle impose la parcimonie : Foch prônait déjà l'économie des forces. Imaginons que nous disposons d'un « sac de pierres » qui représentent autant d'actions possibles. Nous avons vu que le jeu de Gô est un excellent support de réflexion pour comprendre comment un projet se construit grâce à des actions qui, comme les pierres sur le jeu de Gô, n'ont chacune qu'une valeur minime. Toute dépense excessive d'un côté crée un déficit pour d'autres projets, pour d'autres « combats ». Sur quels Gô-ban est-ce que je veux exister, faire des territoires ? Quels pouvoirs sont à ma disposition, ou comment vais-je me doter de nouveaux pouvoirs ? Comment vais-je pouvoir faire jouer le temps en ma faveur ?

1.2. La planification des opérations

La réflexion sur le temps permet de prendre du recul par rapport à l'événement et d'intégrer le mieux possible les signaux fournis par l'environnement. On peut donc en déduire certains impératifs pour une saine conduite de l'action :

- l'ouverture maximale, sans restriction, sur le monde, sur l'environnement, sur les personnes et les choses. L'appel à l'intuition et à la méditation, si pratiquée par les grands dirigeants japonais, et la prise de hauteur et de recul pour élargir l'horizon de ses perceptions, constituent une aide majeure à la prise des bonnes décisions.

– l'intégration dans un planning. Si nous pouvons gagner en intelligence des choses à considérer le temps dans toutes ses dimensions, il nous faudra concrètement le découper, le structurer et l'organiser pour réaliser nos projets. Les diagrammes GANTT ou à barre sont en général suffisants pour traiter les projets de changement habituels (rappelons que le diagramme GANTT fait apparaître le temps en abscisses et les événements, ou actions à accomplir, en ordonnées et qu'il mentionne également les liens entre les différentes opérations). Parfois, lorsque le problème est complexe et que les interactions sont nombreuses, un planning PERT sera pertinent (le « programm evaluation review technic » identifie les tâches d'un programme, les liaisons entre elles et les ressources nécessaires pour les accomplir ; il ordonne et détermine un chemin critique...). Pour des projets très complexes, il faudra décomposer le projet global en fonctions, les fonctions en ensembles, les ensembles en actions, de la même façon que, dans un bureau d'étude, on découpe une étude complexe en travaux, tâches, opérations. **La plupart des actions de changement flottent parce qu'elles ne sont pas conçues et conduites comme des projets.** Le changement est avant tout d'ordre sociologique ; pourtant sa maîtrise nécessite un tempérament « d'ingénieur ».

N° d'ordre	Action	1er mois	2e	3e	4e	5e
95001A	Décision	×				
95002A	« Survol »	+------------	----+			
95003A	Sém. CODIR		++			
95004A	Const.Eqproj	+------	----------------	-----+		
95004B	Sém. Eqproj			++		
95005A	Prép com.	+----	------------	-----------+		
95005B	Com.lancem.				++	

Séminaire CODIR : séminaire du comité de direction
Const. Eqproj : constitution de l'équipe de projet
Prép com. : préparation du plan de communication
Com. lancem. : lancement des actions de communication

Figure 9.3 : Exemple de diagramme GANTT simplifié

2. Action sur les « partenaires » (les acteurs sociaux)

Toute action de changement concerne par définition, directement ou indirectement, un certain nombre de personnes de l'entreprise et d'autres extérieures à l'entreprise, que nous appelons partenaires internes et externes. Il importe de se faire une idée aussi pertinente que possible de la position réelle des partenaires au regard de notre projet. Le mouvement naturel de l'être humain est de distinguer les « bons » des « méchants » en fonction de perceptions et de sentiments parfaitement subjectifs : sont « bons » ceux qui sont d'accord et agissent avec nous, « méchants » tous les autres, des « oui-mais » aux adversaires résolus en passant par les gens non-concernés alors que nous souhaiterions les voir s'engager. Jean-Christian Fauvet et Xavier Stefani ont fourni une grille de lecture appelée **carte des partenaires** (23) en support d'une réflexion poussée sur la stratégie sociale.

Le point de démarrage de cette réflexion était en effet la compréhension et la gestion des conflits sociaux (24). L'analyse des tensions sociales qu'ils opèrent distingue la **composante synergique**, regroupant l'ensemble des raisons de chaque groupe de partenaires d'être avec et pour le projet de celui qui fait la carte, et la **composante antagoniste**, regroupant l'ensemble de leurs raisons d'être contre : Fauvet et Stefani font remarquer à juste titre que, sauf exception, chacun a simultanément des raisons d'être d'accord et d'autres raisons pour être opposé, et qu'il est judicieux de cartographier les degrés de synergie et d'antagonisme de chaque groupe de partenaires. La carte se présente sous la forme d'un repère orthonormé, avec en abscisse l'antagonisme et en ordonnée la synergie.

Le responsable de l'opération de changement devra prendre garde à différencier les actions entreprises vers les quatre grandes catégories de partenaires positionnées dans la carte des partenaires : les **adversaires** (nettement plus antagonistes que synergiques), les **partagés** (ou négociateurs, ayant une quantité égale de synergie et d'antagonisme), les **alliés inconditionnels** (très synergiques et peu antagonistes) et les **non-concernés** (partisans du statu quo, qui n'ont des raisons ni d'être pour ni d'être contre le projet). Évidemment, en fonction des actions entreprises, et des modifications de l'environnement, les positions des partenaires évoluent sur la carte, qui n'est valable qu'à un instant donné et qu'il faut donc entretenir.

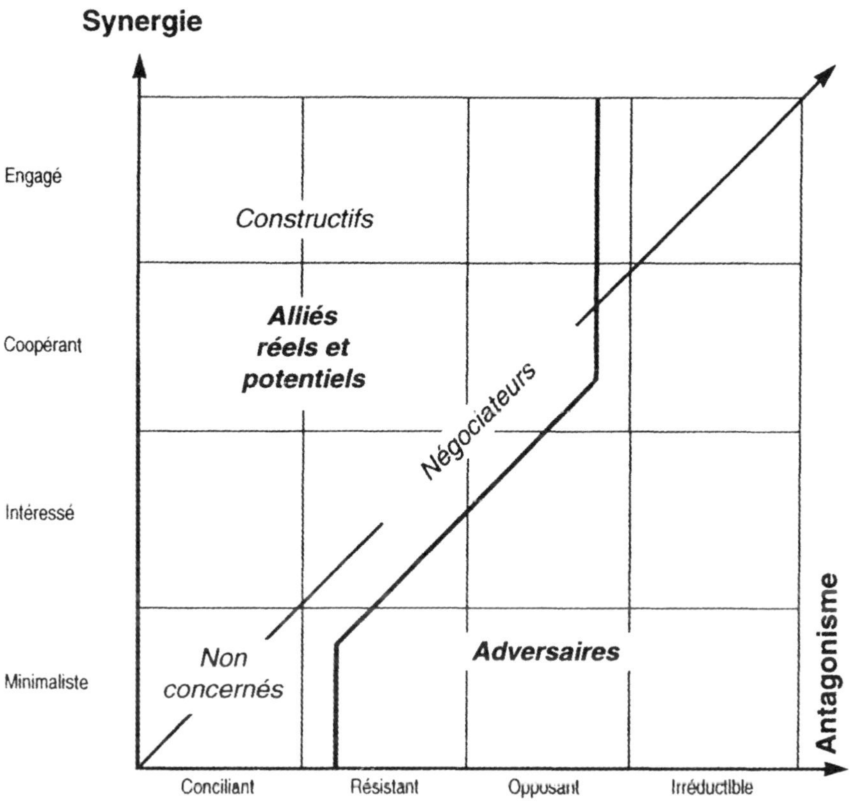

Figure 9.4 : La carte des partenaires
d'après J.-C. Fauvet et X. Stefani, *La sociodynamique un art de gouverner*,
les Éditions d'Organisation, Paris 1983

3. Scénarios et plans d'action

3.1. Les critères de choix

Toute mise en œuvre efficace de ressources et de moyens dépend en définitive de critères de choix édictés par le décideur. En matière de changement, ces critères sont le plus souvent les suivants.

- **les délais :** dans combien de temps le projet doit-il être opérationnel et l'organisation doit-elle fonctionner dans sa nouvelle configuration ?

- **les coûts :** combien l'entreprise peut-elle valablement consacrer à ce projet ? Y a-t-il une marge de manœuvre ?
- **le climat social**, à court, moyen et long terme : l'entreprise a besoin de personnels motivés, engagés ensemble dans un climat de confiance. Comment retrouver au plus tôt le climat de confiance ?
- **l'image externe** de l'entreprise, auprès de ses clients, de ses fournisseurs, des collectivités, mais aussi du grand public.

3.2. Les scénarios

Rappelons que la stratégie est l'art qui consiste à répartir ses forces et à affecter ses ressources (toujours trop rares, sinon il n'y aurait pas besoin de faire de la stratégie), pour atteindre ses objectifs en fonction de la situation et de ses évolutions prévisibles ou pas. Dans notre modèle, il s'agira de combiner les moyens des quatre modes d'action mis en évidence. Chacun de ces modes mobilise des ressources et, avant tout, du temps de la part des cadres. Tout n'est donc pas possible en même temps et il faudra faire des choix. Ainsi, par exemple, les démarches lourdes du type « démarche socio-économique » (25) sont adaptées aux entreprises qui ont le temps devant elles. La démarche est descendante et progressive ; dans les grandes entreprises (plus de dix mille salariés), avant que les effets se fassent ressentir à la base, donc dans les résultats, des mois, voire des années se seront écoulés. Si l'entreprise n'a pas les moyens d'investir simultanément dans d'autres projets, ce qui est souvent le cas, le progrès à long terme sera pénalisé par les mauvais résultats à court et moyen terme.

Un premier type de scénario consiste à éviter l'engagement massif de ses forces, en ayant anticipé les changements à réaliser et en les ayant « fait arriver » en douceur. Il y a tout intérêt à **traiter les problèmes au plus tôt**, voire à prendre des dispositions préventives et anticipatrices des évolutions externes qui obligeront un jour ou l'autre à des adaptations internes. Rien que pour des questions de coûts, il vaut en effet mieux traiter les problèmes à froid, au rythme de la capacité d'adaptation et de maturation du corps social. La façon dont les États allemands et français ont traité le retrait de la sidérurgie est un bon exemple de ce qui peut être fait à grande échelle pour conduire un changement à fort enjeu.

Un deuxième type de scénario, toute organisation ayant horreur d'être bousculée, consisterait à « frapper vite et fort » avant que les

« forces contraires » aient eu le temps de s'organiser et en profitant du flottement consécutif à l'annonce de décisions drastiques. Un changement à caractère d'urgence peut nécessiter une opération quasi chirurgicale. Mieux vaut en effet pour le Corps Social traiter un mal à chaud et ensuite panser les plaies dans les nouvelles conditions de fonctionnement que de le maintenir dans le doute et l'inquiétude de décisions non prises et d'actions qui semblent inappropriées au regard du vrai problème. Dans certains cas, la perception par le Corps Social du danger que court l'entreprise peut venir en aide au dirigeant ; ainsi, dans le cas d'Air France, Christian Blanc a annoncé en 1994 des mesures drastiques, seules capables de sauver l'entreprise. Il les a fait valider par un référendum auprès de l'ensemble du personnel, prenant ainsi les organisations syndicales en tenaille ; elles auraient pu trahir les souhaits et les volontés du Corps Social en voulant mener une action d'ordre avant tout politique. Le PDG d'Air France a bénéficié dans son action d'une perception unanime du danger que courait l'entreprise, ce qui n'est pas toujours le cas. Fréquemment, le danger est réel alors que les résultats de l'entreprise sont encore satisfaisants, ou bien les résultats sont mauvais mais le Corps Social ne le sait pas (c'était le cas de Valeo, au milieu des années 80, lorsque Noël Goutard en a pris les rênes).

Les scénarios intermédiaires sont les plus fréquents, parce que, le plus souvent, les grandes organisations ne peuvent pas se résoudre à agir vite. Combien de fois entend-on ce message en forme de « double bind » (double contrainte) : « en avant toute, mais pas de vague ! ». Ce réflexe n'est pourtant pas propre aux grandes organisations. Il est extrêmement difficile d'être cohérent quand on vit soi-même des contradictions normales, issues de nos valeurs : organiser signifie aujourd'hui diminuer les effectifs pour une production donnée ; changer signifie monter le niveau d'exigence, avec le risque de laisser un certain nombre de personnes sur la touche ; mobiliser peut signifier l'obligation de fait pour le salarié de choisir l'entreprise au détriment du reste (sa famille, ses amis, ses temps libres, sa santé). Élaborer un scénario reste une priorité absolue ; les ressources humaines, qui assurent la capacité de production, constituent le nœud du problème.

3.3. *La ressource humaine*

Samuel Pisar a fait de ce terme le titre d'un livre (26) où il montre les incroyables ressources de l'être humain. L'homme est au cœur du changement ; il en est l'objet et le sujet. En tant que sujet, il va progressivement dépasser ses propres limites et, petit à petit, franchir les différentes étapes du développement personnel. Ces étapes sont représentées sur la figure 8.5 par les dix barreaux d'une échelle qui conduit de la non-qualité à la « qualité totale ». Il faut noter que cette échelle est également reprise dans certaines démarches de la Qualité Totale menées dans les organisations.

Expliquons cette correspondance : l'homme produit de la non-qualité, individuellement et collectivement, simplement parce qu'il l'ignore. Son premier réflexe, lorsque les faits sont portés à sa connaissance, est de les nier (combien a-t-il fallu de temps et de messages pour que la majorité des gens sachent que la cigarette est dangereuse pour la santé !). Ensuite, il a naturellement tendance à accuser les autres de ses propres manquements (pourquoi fabrique-t-on des cigarettes ? pourquoi en fait-on la publicité ? pourquoi la SEITA ?...) Le mouvement suivant est de se justifier (« si j'arrête de fumer, je vais être très désagréable avec mon entourage »). Au cinquième barreau seulement, il fera son affaire du fait qu'il fume (« j'accepte ce problème qui est le mien, et que je vais devoir résoudre »). Au sixième barreau, il va trouver des palliatifs (« ne pas fumer le matin, ou seulement à l'extérieur ; mais ma consommation globale a-t-elle été réellement réduite ? ») Au septième, il va enfin analyser le problème et rechercher les causes (énervement, conditionnement, déséquilibre, simple habitude, mimétisme, besoin de s'affirmer... ?) Au huitième, il va agir sur les causes et trouver de vraies solutions pour se débarrasser définitivement de ce danger. Il lui reste encore deux barreaux pour imaginer ce qu'il peut faire de bien pour sa santé, qui dépend du fait de ne pas fumer, mais aussi de l'activité physique, de l'équilibre nutritionnel, de l'équilibre de vie. Il lui aura donc fallu gravir les dix barreaux de l'échelle qui mène de l'ignorance à la conception achevée : ignorer, nier, accuser, se justifier, assumer, pallier, analyser, corriger, imaginer, concevoir bien du premier coup.

Ce cheminement que nous avons rapidement esquissé peut être appliqué à toutes nos ignorances. En effet, si nous reconnaissons avec Socrate que « tout ce que je sais, c'est que je ne sais rien » et que toute nouvelle connaissance perturbe nos croyances et nos habitudes, chaque ignorance nous ramène donc au pied de l'échelle. Il en est de même pour une organisation, qui n'est qu'un ensemble d'individus reliés entre eux. C'est pourquoi nous insistons avec Joseph Zyss (27), sur l'utilité de la communication, voire de l'affichage de cette échelle au sein de l'entreprise, dans les salles de réunions, sur les bureaux, comme référence générale. Un groupe au travail peut ainsi se poser assez facilement la question : « à quel niveau de l'échelle fonctionnons-nous ? ».

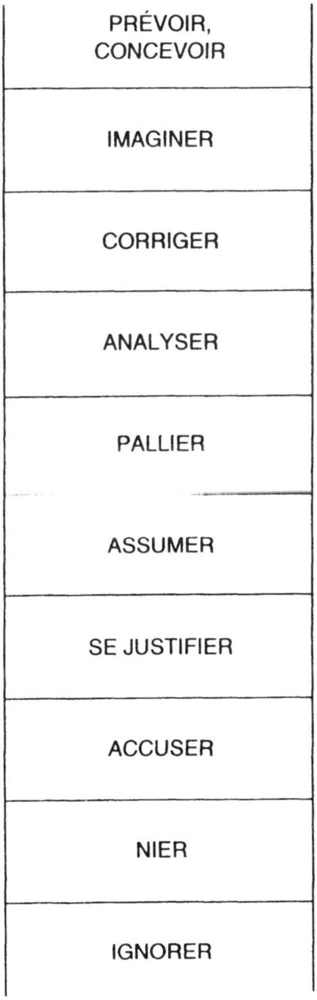

Figure 9.5 : L'échelle du développement personnel

Plus on est près du terrain, plus on est en mesure d'évaluer la réalité des problèmes et leurs causes réelles, plus on est donc poussé à franchir les premiers degrés de l'échelle. C'est la grande leçon des cercles de qualité que de mettre entre les mains des opérateurs les moyens de trouver les solutions aux problèmes qu'ils rencontrent. Malheureusement, dans cette démarche des C.Q., les responsables eux-mêmes, en tant qu'acteurs, se sont rarement appliqué la même rigueur et les mêmes méthodes. La démarche de la Qualité Totale était un progrès et avait cet objectif de concerner l'ensemble des acteurs, mais bien souvent les responsables et les dirigeants, surtout les plus diplômés, s'estiment encore « au-dessus de tout soupçon de non-qualité »... ce qui constitue un signe évident de non-qualité !

Que le lecteur s'attarde sur cette échelle, qu'il la médite, qu'il se pose la question, en maintes occasions, de savoir à quel niveau il se situe dans telle ou telle activité. À notre expérience, cette échelle a plus contribué à faire évoluer les mentalités et les fonctionnements que bien des opérations lourdes. En particulier nous avons souvent pu observer qu'inconsciemment les dirigeants et les managers « accusent » les opérateurs de ne pas faire au mieux, alors que l'exécutant, pour peu qu'on l'écoute, apporte de réelles et concrètes idées de progrès. Accuser est au niveau trois de l'échelle ; c'est dire qu'il reste bien des barreaux à franchir pour bien poser le problème.

3.4. La construction des plans d'action

Cette construction fait appel à des méthodes et outils « traditionnels », comme les diagrammes **GANTT et PERT** déjà cités. L'informatique offre aujourd'hui des logiciels de gestion de projet très faciles d'accès et d'emploi. Quant à la définition des tâches, leur phasage, l'affectation des ressources et la détermination des temps, nous espérons qu'à l'issue de ce chapitre sur la conduite maîtrisée du changement, le lecteur aura intégré la difficulté de conjuguer ces différents points, et donc l'attention qu'il faudra leur porter. Pour construire les supports adaptés à sa problématique, le lecteur trouvera ci-après deux documents utilisés en « gestion de projet », et plus particulièrement dans la conduite d'un projet de changement : la check-list de préparation (fig. 9.6) et la fiche de reporting (fig. 9.7).

I – Définition de l'objectif

I.1 – Formulation du changement à effectuer

I.2 – Éléments d'analyse générale de la situation : environnement externe, analyse systémique, champ des mœurs

I.3 – Validation et reformulation de l'objectif, avec ses conséquences internes-externes

II – Analyse de la situation

II.1 – Identification et carte des partenaires

II.2 – Analyse des pouvoirs, de promotion, d'entrave, d'influence

II.3 – Analyse des normes/modèles sociaux et des rôles/attentes de rôles

II.4 – Analyse du style des principaux dirigeants et responsables

II.5 – Mise en évidence des « facteurs déterminants » de la situation, des atouts et des contraintes

III – Recherche des modes d'action. Que faire en :

III.1 – Organisation

III.2 – Communication

III.3 – Formation

III.4 – Style de direction

IV – Élaboration des scénarios

IV.1 – Choix des modes

IV.2 – Élaboration de différents scénarios

IV.3 – Passage au crible des critères de choix : moyens, temps, coûts, conséquences

IV.4 – Évaluation budgétaire du scénario retenu

IV.5 – Étude critique : le scénario traite-t-il le problème et permet-il d'atteindre l'objectif ?

V – Établissement du plan d'action et du calendrier

VI – Procédure de suivi et de correction

Figure 9.6 : Conduite de projet de changement
Check-list de préparation

PROJET :		
Pilote :	Période :	Date :
Rappel des objectifs du projet : Date début : Date fin : Étape en cours : Coûts/Heures allouées : Coûts internes : Coûts externes :		
Réalisations de la période : Conformité avec les résultats attendus :		
Problèmes rencontrés/actions correctives :		
Planning :		
Engagements de coûts de la période : Budgets engagés :		
Réalisations prévues pour la période suivante :		
Commentaires :		Date : Visa :

Figure 9.7 : Conduite de projet de changement
Fiche de reporting de projet

3.5. La structuration de l'action

Sans entrer trop dans le détail de ce qui constitue la base de la gestion de projet, il y a intérêt à bien distinguer les différents niveaux de décision, et en particulier ce qui est du ressort de la décision et ce qui est du ressort du projet, puis, à l'intérieur du projet, ce qui est de l'action et ce qui est du pilotage. La figure 9.8 met en évidence la séparation des fonctions de direction d'avec les fonctions de pilotage des projets et des actions-projets.

Dans un environnement en évolution rapide, il y a tout intérêt à promouvoir la « culture de projets » et mettre en place un vrai « management par projets » (28). Mais il est tout aussi essentiel de stabiliser le fonctionnement au quotidien, dont l'encadrement est responsable.

La ligne hiérarchique a pour fonction d'assurer la marche de l'entreprise au jour le jour et de vérifier que les actions et les résultats sont conformes aux décisions, aux plans et aux prévisions. C'est toujours elle, en « direction par objectifs », qui porte la responsabilité des résultats ; c'est donc elle qui décide en dernier ressort. Au plus haut niveau de l'entité, les dirigeants se constituent en équipe ou en comité de direction.

Le changement est assuré par le système-projets. Ce sont bien évidemment les mêmes personnes qui ont la charge du quotidien et celle du changement ; pourtant ils mènent les deux avec deux casquettes différentes. Dans le système-projets, ils se voient attribuer des rôles supplémentaires, de pilotage ou de conduite d'actions de changement. Deux structures sont à mettre en place : les groupes de pilotage (il peut y en avoir un dans chaque unité qui conduit un changement) et les équipes-projets.

Le **Groupe de pilotage du changement** (le changement en question sera identifié et désigné) est, d'après nous, constitué de personnes représentant les différents secteurs et les différents niveaux de l'entreprise (on pourrait dire les différents sous-systèmes). Ses rôles sont :

- évaluer la capacité de transformation et/ou de résistance du corps social,
- tester les projets de changements émis au sein de l'entreprise,
- promouvoir l'adaptation de l'organisation, voire sa reconfiguration (son « reengineering »),
- organiser et faire vivre la « salle des projets » (comme on dit « salle

des cartes » ou « poste central opérations »). Il faut en effet une unité de lieu qui ne soit pas le bureau de l'un des dirigeants,
- rassembler la documentation externe et repérer les entreprises phares pour se comparer à elles,
- collecter tous les documents et comptes-rendus périodiques des projets, en faire la synthèse à l'usage du comité de direction pour information et décision,
- coordonner les équipes-projets.

Les **Equipes-projets** sont constituées des personnes « ad'hoc » pour traiter des différentes actions de changements. Parmi les différentes équipes-projets, on trouve :

- des équipes-clients, chargées ponctuellement de sonder les clients et les prospects sur leurs besoins et leurs demandes à l'entreprise,
- les équipes de processus, qui traitent une fonction transversale aux services de l'entreprise,
- les groupes d'amélioration de la qualité (GAQ), qui traitent les améliorations internes au service.

Nous empruntons à Christian Michon et Patrice Stern (29) la définition de plusieurs autres types de groupes pour traiter les besoins de l'entreprise en changement :

- les « groupes Scanner », qui identifient et mesurent l'impact des « points sensibles », avec utilisation de l'abaque de Régnier, du nom de son inventeur François Régnier (30),
- les « groupes autonomes d'expression », qui permettent de recueillir les avis de groupes allant jusqu'à 400 personnes,
- les « groupes de dynamisation », qui sont centrés sur la résolution des problèmes et sur le passage à l'action,
- les « focus group » qui rassemblent des experts et les font s'exprimer librement,
- les « nominal group » de génération et de classement d'idées.

La constitution des groupes et équipes est la meilleure façon de permettre à l'ensemble des salariés de participer aux efforts d'adaptation de l'organisation. L'action étant réductrice d'angoisse, le fait de répartir les tâches, d'attribuer des missions et de fixer des objectifs est l'un des moyens les plus adéquats de donner au corps social le sentiment de sécurité que tout être humain sensé cherche à obtenir.

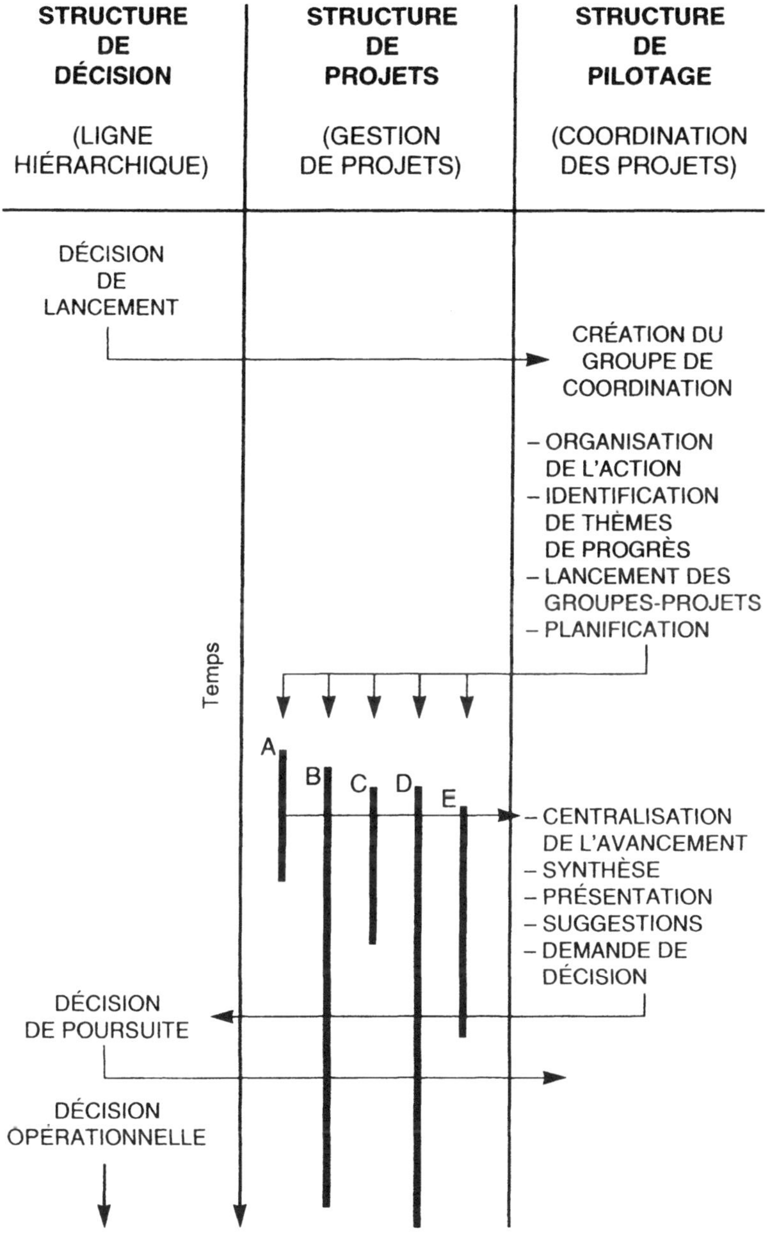

Figure 9.8 : Schéma général de la structuration en management de projets de changements

Il est certain que l'on ne peut pas attendre la même production d'idées de partenaires inconditionnels ou de partenaires opposants (cf. la carte des partenaires). C'est la raison pour laquelle on recherchera les sites les plus favorables par la taille, le climat social et la capacité à obtenir des résultats concrets relativement rapides. Par ailleurs, l'action de communication facilitant la maturation du corps social, elle sera le plus souvent entreprise en amont du lancement du projet.

Exemple de conduite opérationnelle du changement : le cas EQUIPEX (suite)

Reprenons ici le cas de l'entreprise EQUIPEX, dont nous avons rappelé le contexte (cf. p. 294) et pour laquelle nous avons détaillé, au chapitre précédent, les différentes étapes préparatoires à la conduite du changement.

Après cette phase d'analyse, dix heures de réflexion avec le consultant, réparties sur une semaine, permettent au DG de se persuader qu'il s'agit avant tout d'un problème culturel, social et humain (il s'agit de « convertir » mille cent personnes à une nouvelle méthode de travail, en moins de six mois !) et de visualiser le fonctionnement-cible de la société.

1. La prise des décisions

1.1. Visualisation du fonctionnement à mettre en place

- Passage au juste-à-temps : l'atelier « conditionnement » tire les commandes et passe les ordres de fabrication en amont. Lui-même est en relation étroite et directe avec le service commercial. Les hommes et les pièces se déplacent dans les ateliers en fonction des commandes.
- Partenariats avec les grands constructeurs mondiaux, FORD et TOYOTA en particulier, en plus des constructeurs traditionnels français.
- Occupation du secteur de marché du remplacement : compte tenu de l'expérience accumulée dans l'entreprise, la stratégie commerciale consiste à disposer d'un réseau de distributeurs auprès des

concessionnaires et garagistes. Cela permet d'optimiser le fonctionnement des machines et de « tirer les prix », grâce à un flux de production quasiment constant.

- Prises de décision le plus près possible du lieu de l'action « valablement informé » (la capacité de prendre des décisions est liée à l'information nécessaire pour analyser un problème, rechercher toutes les solutions possibles, choisir la meilleure ; l'informatique ouvre aujourd'hui l'accès aux informations stockées hier dans les différentes strates hiérarchiques), avec quatre mesures d'accompagnement :
  - mise à disposition des indicateurs adéquats sur le poste de travail,
  - mise à disposition des instruments de mesure,
  - enrichissement des tâches des ouvriers, qui récupèrent la maintenance de premier niveau et une partie des travaux du bureau des méthodes,
  - création d'un organigramme en râteau, avec quatre niveaux hiérarchiques et des équipes d'experts en appui.
- Informatisation complète ; chacun ayant ses outils d'accès aux informations et ses moyens de traitement, que ce soit le programme de la machine ou la comptabilité analytique de l'atelier.
- Mise en place d'une ingénierie simultanée, intégrant les commerciaux (des personnes du marketing et des vendeurs), les concepteurs du bureau d'études, des responsables des méthodes et de la maintenance, des techniciens de production et des acheteurs ; mise à la disposition des grands constructeurs, en amont, d'ingénieurs et de techniciens apportant leur expertise dès la conception des véhicules.
- En revanche, pour le plan à trois ans, on ne procède à aucune remise en cause profonde de la chaîne de production ; l'optimisation des achats se fera grâce au choix, sur les 1200 fournisseurs référencés, des 300 meilleurs.

1.2. *Planification d'un plan d'action global*

Le DG décide alors du programme suivant, lié aux quatre modes d'action sur l'organisation : organisation (gestion des flux), communication (symboles, langage, valeurs), formation et style de direction (processus de décision, de contrôle et de sanction) :

1 – Choix de la nouvelle équipe de direction autour de lui *(semaine 0 : **le style des dirigeants**).*

2 – Constitution de cette équipe autour d'un projet commun ; lancement de la réflexion sur le nouveau contexte, les objectifs à atteindre, la stratégie commerciale, le plan industriel, la nouvelle organisation, le système d'information, les structures à mettre en place, les postes à définir, l'équivalence des classifications et l'adéquation des profils des hommes en place *(semaines 1 à 3 : **le style des dirigeants**).*

3 – Information du Comité d'Entreprise *(semaine 4 : **communication**).*

4 – Le lendemain, réunion de l'encadrement actuel et annonce du projet de réorganisation (le mot de restructuration a été évité) et de son déroulement, avec une insistance particulière apportée à la circulation de l'information et à l'interdépendance des différentes unités, qui nécessite une mise en communication de leurs savoirs *(semaine 4 : **communication**).*

5 – Action intensive de sensibilisation auprès de l'ensemble de l'encadrement sur les demandes nouvelles des clients, l'état de la concurrence, les résultats économiques, les nouvelles formes d'organisation du travail dans les entreprises équivalentes et les décisions prises *(semaine 5 à 8 : **formation/acquisition de connaissances – communication**).*

6 – Création d'un groupe de travail spécifique sur les liens entre la structure organisationnelle et le système d'information : il s'agit, dans chaque strate et sous-système simultanément, de redéfinir les missions et les fonctions, en identifiant précisément :

- les missions, les valeurs et les buts ;
- qui fait quoi : quelle est la contribution de chacun à l'obtention des résultats ?
- de quoi chacun a-t-il besoin pour assurer ses missions (quelles informations, quelles ressources) ?

– comment se fait le contrôle ?

– comment sont gérés les imprévus ? *(semaine 6 à 11 :* ***organisation****).*

7 – Création d'un groupe de travail indépendant chargé d'étudier le système d'information global de l'entreprise, avec appel à un cabinet extérieur.

8 – Entretiens individualisés avec les quarante-cinq agents de maîtrise pour les préparer à un bouleversement de leurs habitudes et de leurs fonctions et les engager à réfléchir sur la place qu'ils pourraient prendre dans une nouvelle organisation, où la décision est ramenée au plus bas niveau d'exécution valablement informé, et où, par conséquent, le rôle qu'ils occupaient jusqu'à présent est réparti entre les cadres et les ouvriers et techniciens *(semaine 9 :* ***organisation – communication****).*

9 – Réunions de discussion par unité de production, pour trouver des solutions d'organisation à l'intérieur de l'unité, dont la création de fonctions d'appui technique *(semaine 10 à 12 :* ***organisation****).*

10 – Réunion de direction afin de faire la synthèse des réflexions et de décider d'une organisation cible *(semaine 13 :* ***organisation****).*

11 – Réunions des unités de production (UP) pour validation de l'organisation cible et recueil des attentes des Agents de Maîtrise *(semaine 14 :* ***organisation****).*

12 – Création des nouveaux postes de Techniciens de Production et de Techniciens d'Ateliers, à forte composante technique et non plus hiérarchique *(semaine 15 :* ***organisation****).*

13 – Décision d'affectation des agents de maîtrise dans les nouveaux postes et annonce individuelle *(semaine 16 :* ***organisation*** et ***style des dirigeants*** *: choix du mode d'imposition).*

14 – Information de l'ensemble du personnel au cours de réunions de services d'une durée de trois heures, menées par le Directeur d'Usine et par le Directeur Technique *(semaine 17 :* ***communication****).*

15 – Formation de l'ensemble de l'encadrement dans leurs nouveaux postes *(semaines 18 à 22 :* ***formation/acquisition de savoir-faire****).*

16 – Basculement de l'organisation au jour J *(semaine 23 :* ***organisation****).*

17 – Accompagnement par un consultant-formateur extérieur des nouveaux Techniciens d'Atelier et Techniciens de Production *(semaines 24 à 35 : **formation/entraînement**).*

18 – Accompagnement par le consultant de la nouvelle équipe de Direction *(semaine 24 à 35 : **formation/entraînement**).* Choix par l'équipe de direction d'un style de direction précis et cohérent, d'une charte de travail en équipe et d'un corps de méthodes.

2. Lancement et mise en œuvre du plan d'action

2.1. Constitution de l'équipe de direction et lancement de la démarche

À l'étape 2 (projet de l'équipe de direction), les renseignements disponibles apprenant aux dirigeants que les Coréens ne conçoivent pas leurs produits plus rapidement qu'EQUIPEX, un complément d'information est nécessaire et se traduit par la mise en place d'un projet mené par une petite équipe discrète. Le résultat fait apparaître au bout de cinq semaines que les Coréens ont eux-mêmes un service de renseignements très performant et qu'ils savent au fur et à mesure des études des constructeurs à quels types de systèmes ils feront appel lors de la consultation des équipementiers et quels seront les principaux paramètres techniques des produits. Ils lancent donc leur « ingénierie simultanée » sur ces bases préalables et en déduisent les spécifications des produits avant même la réception des appels d'offres. De là vient l'écart monumental dans la rapidité de réponse aux appels d'offres, de six à deux mois ! D'où la confirmation des deux projets du Directeur Général : d'une part mise en place d'un partenariat, à l'intérieur du bureau d'études et de l'usine, avec de grands constructeurs mondiaux, et d'autre part diminution du risque et de la contrainte par la vente en direct pour les produits de remplacement.

De plus, les options stratégiques ayant été définies et validées par les américains, il reste à faire coller l'organisation aux buts poursuivis ; il est décidé par l'équipe de direction d'associer le personnel à son propre devenir en le faisant s'exprimer sur la nouvelle organisation. Pour ce faire, est créé un comité de pilotage de douze membres représentant la totalité des unités et des niveaux de responsabilité et chargé de :

- faire circuler l'information verticale et horizontale ;
- suivre l'évolution de l'état d'esprit du personnel ;
- mener des réflexions en parallèle pour alimenter l'équipe de direction ;
- tester les pré-décisions des dirigeants tant sur la faisabilité que sur la forme des messages.

2.2. *Déroulement du plan d'action*

Ensuite le programme prévu suit son cours, conformément aux prévisions. Dans la semaine qui précède le Jour J, une répétition générale est faite : à la prise de poste du matin chacun rejoint son nouveau poste et annonce à ses nouveaux collègues sa fonction et la façon dont il souhaite assurer ses responsabilités. L'ensemble du personnel se prête de bonne grâce, souvent avec humour, à cette « cérémonie ». Cette répétition montrant quelques faiblesses dans la compréhension de la nouvelle organisation, il est décidé de refaire une communication directe service par service, avec échange de points de vue, remarques et questions. Quand le service s'estime prêt, son responsable le fait savoir au comité de pilotage. Cette dernière opération a pris une semaine et le basculement prend donc une semaine de retard. À la demande qui leur est faite d'accepter un retard de quelques jours, les Américains répondent qu'ils ne sont pas là pour prendre les décisions à la place des dirigeants mais pour inciter, promouvoir, encourager et ne décider qu'en cas d'incapacité de la Direction Générale, et qu'en dehors de la mise en place du système de reporting, qui ne souffre aucun retard, le reste sera constaté aux résultats. La « Générale » a lieu la semaine qui suit la première répétition et s'avère être un réel succès.

Le basculement s'effectue le jour J à 6 heures du matin. Côté usine, le Directeur d'Usine, les Responsables d'UP et les membres du comité de pilotage sont évidemment présents, accueillent et encouragent le personnel tout le long de la journée. De la même façon, côté siège social, le DG et les Directeurs montrent l'exemple et s'assurent que la nouvelle organisation est immédiatement opérationnelle.

Le Comité de Pilotage reste constitué jusqu'à cinq semaines après le jour J ; chacun de ses membres se voit affecter la mission de suivre un certain nombre de sections, de répondre aux questions éventuelles et d'informer la direction des problèmes non résolus. Il est officiellement dissous un vendredi soir, à l'occasion d'un pot amical au Centre Sportif et Social de l'unité.

2.3. Conséquences économiques et sociales

Au cours de cette opération, les salariés de l'entreprise ont exprimé leurs souhaits de voir enfin traiter les vrais problèmes industriels et humains qui constituent une cause majeure de démotivation. La formation économique donnée aux ex-agents de maîtrise leur a permis de comprendre leur place et leur contribution dans l'ensemble de l'entreprise. Ils se sont présentés les ateliers les uns aux autres, ce qui ne leur était jamais arrivé pour la plupart. Les commerciaux sont venus leur expliquer la façon dont ils travaillaient et les difficultés qu'ils rencontraient. Réciproquement, les agents d'encadrement ont demandé aux commerciaux s'ils connaissaient leurs propres difficultés ou impossibilités de répondre à leurs demandes, surtout sur les délais. Il a ensuite été demandé aux responsables d'ateliers et aux chefs de services d'informer leurs personnels. Les salariés, consultés par questionnaires, se sont déclarés prêts à participer à l'amélioration de la qualité et à l'augmentation de la productivité si ces dernières ne se traduisaient pas par une baisse des effectifs mais par une augmentation des ventes. Ils ont à une très large majorité apprécié la façon dont la réorganisation avait été conduite et se sont dit prêts à suivre une « Equipe de Direction Nouvelle Génération ». Un Comité d'Entreprise exceptionnel a été consacré à une présentation aux élus de l'opération et de ses résultats. La direction de l'usine a proposé aux organisations syndicales de participer étroitement à la démarche de Qualité Totale décidée par les Américains pour l'ensemble du Groupe.

L'Usine s'est lancée dans cette démarche avec un enthousiasme et une rigueur inconnus jusque-là. Les élus ont reçu une formation spécifique préalable au cours de laquelle ils ont exprimé leurs suggestions et apporté leur pierre pour l'adaptation à la culture propre de l'usine de la méthode retenue. En particulier, les travaux menés lors de la réorganisation ont été récupérés de façon spontanée dans la démarche de Qualité Totale. Le programme de formation incluait l'enseignement, de façon simple, de l'approche systémique. L'ensemble de l'encadrement a mené une réflexion sur les sous-systèmes de l'entreprise et leurs intentionnalités sur les autres sous-systèmes. Il avait défini, en même temps que les missions des différentes unités de production ou des différents services, les attentes vis-à-vis des autres services et unités ainsi que du sous-système de direction. À cette occasion, certaines missions ont été réparties différemment, dans le cadre de l'enrichissement des tâches : par exemple, les fonctions méthodes et maintenance ont été en partie réintégrées dans les missions des opérateurs (ce qui avait été « visualisé » par le Directeur Général s'est produit spontanément). De là vient que la mise en place de la RCF (Relation-Clients-Fournisseurs) s'est faite en moins de trois mois. Le manuel de procédures a été repensé et réécrit en deux mois et le Manuel Qualité a été finalisé en douze semaines, après discussion et agrément de tous les salariés.

Des problèmes demeurent, qui sont liés aux contraintes inhérentes à l'entreprise ; la coupure géographique entre le bureau d'études et l'usine de production, un bassin d'emploi de plus en plus désert et de moins en moins attractif pour de jeunes techniciens, les luttes d'influence dans la direction européenne, dont le patron est un Allemand alors que la compétence est manifestement française...

Il reste qu'à la fin de cette opération, la société EQUIPEX faisait partie d'un grand groupe industriel international et obtenait des résultats remarquables en dépit de la mauvaise conjoncture dans le secteur automobile. Depuis, voulant améliorer encore la réponse aux besoins des clients, cette entreprise s'est intéressée à l'amélioration des processus dans une démarche de type reengineering.

3. L'homme et l'entreprise en transformation

Et Bernard, notre agent de maîtrise ; a-t-il été broyé dans cette réorganisation qui semble totalement lui échapper ?

Dans une première phase, il a subi un choc terrible. Il a réellement eu peur d'être « viré » et de se retrouver au chômage, comme bon nombre de ses relations. Pendant les premières semaines, il a été proprement atterré ; il était dans l'incapacité de comprendre même ce qu'on lui disait, comme si son monde s'écroulait. L'esprit absent, il a continué à agir comme avant, sur son lieu de travail comme chez lui. Petit à petit, il a intégré la nouvelle situation et a senti la colère monter en lui. Colère rentrée certes : tout son système de vie est fondé sur l'obéissance, voire la soumission, la révolte lui est interdite. Et la peur demeure, de perdre son job et de se retrouver sans rien. Il exprime sa colère dans sa vie privée, auprès de ses enfants et de sa femme, qui ne comprennent pas ce qui se passe. Auprès des consultants-formateurs aussi, quoique avec retenue ; ils sont chargés de faire passer le message de la direction et cherchent à les endormir avec de bonnes paroles ! Il en veut à la direction, inconséquente, qui l'a poussé à acheter une maison qu'il a maintenant sur les bras, qui lui a caché la vérité jusqu'au dernier moment, qui lui a fait perdre sa compétence technique en lui demandant de plus en plus de tâches administratives, qui ne l'a en réalité jamais écouté, et qui ne l'a même pas consulté !

Parmi ses camarades, les réactions sont diverses. Tous sont en colère (tous les non-promus), mais certains cherchent à s'adapter. D'autres, les plus nombreux, paraissent anéantis et travaillent mécaniquement. Il y a ceux qui sont soutenus par leur milieu familial et ceux qui s'estiment diminués. Heureusement pour Bernard, sa femme cherche à comprendre et l'aide à se poser les bonnes questions, qui sont les mêmes que celles de ses consultants !

- La décision et la nouvelle organisation sont-elles irrévocables ? Réponse : oui.
- Peut-il obtenir un poste de responsable d'atelier ? Réponse : non, pas avant quatre ou cinq ans, au mieux.
- Va-t-il conserver sa rémunération ? Réponse : oui, la direction s'est fermement engagée sur ce point.
- Son statut va-t-il rétrograder ? Réponse : oui et non. Non parce qu'il gardera le statut d'agent de maîtrise sur sa fiche de paye, ainsi que son coefficient. Oui, il abandonnera la blouse blanche... mais il n'y aura plus de blouses blanches : tout le monde dans l'atelier portera une nouvelle tenue aux couleurs de l'entreprise (à la japonaise !). Oui aussi parce qu'il n'est plus « chef », ou tout au moins ne peut plus donner des ordres.
- Son travail sera-t-il moins intéressant ? Réponse : oui et non. Oui, il aura moins de temps pour discuter avec les uns et les autres de la vie de l'entreprise et pour lire. Non, parce qu'il va recevoir un complément de formation technique poussé et deviendra le spécialiste d'un process. En moins, la paperasserie administrative !

Là est la clef de son avenir : la formation. Il faut qu'il reçoive une formation pour être au moins au niveau des jeunes BTS. Sa femme l'encourage (« tu peux y arriver aussi bien qu'un autre »), le service de formation l'aide à construire un plan de formation à trois ans. Son RUP (responsable d'unité de production) a su l'écouter (bonne application de sa propre formation managériale), reconnaître sa valeur et lui montrer la place et le rôle important « d'encadrement technique » qu'il tiendrait auprès des jeunes, ainsi que son rôle d'expert auprès des clients de son process.

Trois semaines sous le choc, un mois de colère, deux mois de résignation ont constitué son parcours de remise en cause. Huit mois après le début de sa formation technique, il a commencé à retrouver la maîtrise de l'équipement qui lui a été confié, et à être consulté pour les réglages, la maintenance. Comme l'encadrement est beaucoup moins nombreux qu'avant, il s'est rendu compte qu'il disposait de beaucoup plus de liberté. Au fond, avec du recul, il n'était pas à l'aise dans la peau « d'agent-de-maîtrise-transmetteur-d'ordre-et-gardien-de-la-discipline ».

Tout est bien qui finit bien pour lui ? Oui, pourquoi ne pas le reconnaître ? Méthodes, maintenance, qualité, évolution des process, il y a tant de choses intéressantes à faire concrètement. Bernard estime avoir eu de la chance, et il est fier d'avoir su et pu s'adapter. Malheureusement un certain nombre de ses anciens collègues, nettement plus âgés pour la plupart, n'ont pas pu franchir le pas. Ceux-là sont aigris, ils font un travail sans plaisir, se voûtent et attendent une retraite sans projet. Faut-il en blâmer l'entreprise, les patrons et la direction ? Bernard et ses camarades qui ont réussi l'adaptation – deux bons tiers – ont pris du recul. Ce qui s'est passé chez eux se passe dans toutes les entreprises, et pas dans d'aussi bonnes conditions. Ils estiment que l'ensemble des salariés a serré les rangs et constatent que l'entreprise prospère et que tous en bénéficient : le travail est assuré, l'ambiance est bonne, l'intéressement aux résultats de l'entreprise est très substantiel. Et quand les choses vont bien, elles vont bien partout : jusqu'à ses garçons, étudiants étonnés, avec lesquels Bernard peut parler technique !

L'ÉDUCATION AU CHANGEMENT

Nous ne pouvons conclure ce chapitre sur le changement sans faire le lien avec le changement qu'il exige de la part de ceux qui sont chargés de l'organiser et de le conduire. Cultiver valablement son organisation est un art qui nécessite en définitive de se cultiver d'abord soi-même. Ceux qui veulent assurer le succès de leurs équipes en réussissant de nombreuses opérations de changement, devront d'abord « se dresser eux-mêmes » (se mettre debout et apprendre à prendre de la hauteur et du recul pour varier leurs points de vue et garder la maîtrise de la situation). C'était la méthode proposée par le professeur du « Cercle des poètes disparus », dont on pourrait, en le rapportant à l'entreprise, synthétiser les recommandations de la manière suivante : « plus vous aurez une vision claire de ce que vous voulez réaliser dans la vie (la réalisation globale n'étant que la somme de petites réalisations, le plus souvent toutes petites), plus vous pourrez communiquer cette vision à vos proches, à votre entourage, à vos collaborateurs. Plus vous aurez confiance en vous, plus vous aurez aussi confiance dans les autres et, ainsi, plus vous serez en mesure de constituer une équipe, un équipage qui aura plaisir à affronter les éléments à vos côtés. »

Procédant de cette manière, faisant de leur propre action une occasion permanente de progresser, ils transformeront leurs organisations en « organisations apprenantes ». Une organisation apprenante (« learning organization » selon les termes de Dorothy Leonard-Barton), est consacrée à la création, au rassemblement et au contrôle de la connaissance. Cette connaissance pragmatique s'acquiert dans l'action elle-même, par auto-apprentissage. Pour répondre aux trois critères d'excellence que sont la vigilance, la réactivité et l'anticipation, il convient d'activer tous les acteurs de notre organisation, qui, par analogie aux cellules du corps humain, sont les cellules actives qui composent le corps social. Le rôle du « centre » est de créer les conditions de l'activation de tous les « exécutants », de ceux qui sont en prise directe avec les choses, les clients, la matière, les automates, les fournisseurs...

Nous provoquons le lecteur à **agir d'abord... et à réfléchir simultanément** sur ce qui se passe : c'est ainsi que nous avons appris à marcher, à aimer, à vivre, à penser. Au-delà de cette boutade, nous convions effectivement le lecteur à agir et, simultanément à penser son action (comme le sauteur en hauteur ne peut visualiser sa course, son appel, son élan et son saut que par référence aux innombrables sauts qu'il a déjà effectués). La vie est équilibre dynamique ; rappelons-nous la phrase de Turelure dans notre introduction : « et quoi de plus permanent que le changement même ! ». Dans un univers incertain et en évolution rapide, l'action prime quand elle sert l'adaptation. Cette action devient efficace quand elle est enrichie par son évaluation au fur et à mesure et par les mini-corrections effectuées en cours de route.

Parce que la vie est changement, **introduire et piloter le changement devient un acte passionnant**, profondément humain et nécessairement inscrit dans l'action personnelle et professionnelle du dirigeant et de tout responsable.

Jean TAILLARDAT

Remerciements : Nous voulons signaler que notre réflexion et nos pratiques doivent beaucoup à René Péricaud d'une part, qui a enseigné et appliqué au monde des affaires « la Méthode » de la stratégie générale mise au point par l'Amiral Castex, et à Jean-Christian Fauvet et Xavier Stefani d'autre part, de qui l'auteur de ces chapitres a beaucoup appris lors de son activité au sein de BOSSARD Consultants, et qui ont mis au point la « Sociodynamique » à laquelle nous avons fait référence au cours des pages qui précèdent.

Bibliographie et références

(1) Davies S., *Diriger au futur*, Paris, InterEditions, 1988.

(2) Stalk G., Hout T., *Vaincre le temps*, Paris, Dunod, 1992.

(3) Roberts L., *Process reengineering*, Milwaukee, Wisconsin, ASQC Quality Press, 1994.

(4) Belanger P., *Les nouvelles règles de la production*, Paris, Dunod, 1989.

(5) Drucker P., *Les entrepreneurs*, Paris, Hachette Pluriel, 1987.

(6) Maslow A.-H., *A theory of human motivation*, Psychological review, vol. 50, 1943.

(7) Fauvet J.-C., Fourtou J.-R., *La passion d'entreprendre*, Paris, Les Éditions d'Organisation, 1985.

(8) Watzlawick P., Beavain J.-H., Don Jackson D., *Une logique de la communication*, Paris, Éditions du Seuil, 1972.

(9) Cardon A., Lenhardt V., Nicolas P., *L'analyse transactionnelle*, Paris, Les Éditions d'Organisation, 1983.

(10) Laborde G., *Influencer avec intégrité*, Paris, InterÉditions, 1987.

(11) Kahler T., *Manager en personne*, Paris, InterÉditions, 1989.

(12) Voisin B., article publié dans la Revue de l'AEN, 2e trimestre 1994.

(13) Le jeu des événements est supporté au sein du cabinet BOSSARD par deux documents ; le premier est la matrice résultant des travaux menés sur les valeurs, les thèmes, les partenaires, les sup-

ports d'une part, et les événements retenus dans le cadre du plan de communication. Le deuxième est la fiche de communication de l'événement, construite par le pilote désigné à partir de la matrice élaborée en commun.

(14) LASFARGUES Y., *Techno jolies, Techno-folies,* Paris, les Éditions d'Organisation, 1988.

(15) BLANCHARD K., ZIGAMI P. et D., *Le leader et la minute du succès,* Paris, InterÉditions, 1986.

(16) DE BONO E., *6 chapeaux pour penser,* Paris, InterEditions, 1991.

(17) FAUVET J.-C., STEFANI X., *op. cité.*

(18) KOESTENBAUM P., *Socrate et le business,* Paris, InterÉditions, 1989.

(19) SAVATER F., *L'éthique à l'usage de mon fils,* Paris, Seuil, 1994.

(20) GAWAÏN S., *Techniques de visualisation créatrice,* Paris, Éditions Vivez Soleil, 1993, 11e édition.

(21) GL BEAUFRE A., *op. cité.*

(22) FAUVET J.-C., STEFANI X., *op. cité.*

(23) FAUVET J.-C., STEFANI X., *op. cité.*

(24) FAUVET J.-C., *Traiter les tensions et les conflits sociaux,* Paris, les Éditions d'Organisation, 1975.

(25) SAVALL H., ZARDET V., *Maîtriser les coûts et les performances cachés,* Paris, Economica, 1989, 2e édition.

(26) PISAR S., *La ressource humaine,* Paris, Le livre de poche, 1983.

(27) Enseignée par ZISS Joseph du cabinet PROQUALIS.

(28) MAPP ; management par projets. Pour coller aux besoins d'adaptation, un moyen de mettre toutes les équipes en mouvement est de les impliquer dans des projets de changement, même de faible impact. À la différence d'une activité continue, un projet a un début et une fin.

(29) MICHON C., STERN P., *La dynamisation sociale,* Paris, les Éditions d'Organisation, 1985.

(30) L'abaque de Régnier a été inventée en 1972 comme système

d'expression de groupe, particulièrement dans le domaine des études de marché et tests de produits. La symbolique des couleurs est la suivante :

Vert foncé = plein accord, très bien.

Vert clair = d'accord avec des nuances de réserve.

Orange = position de doute, autant de points d'accord que de désaccord.

Rose = désaccord assez large.

Rouge = désaccord total, ou une opinion très défavorable.

Composé par
PCA - 44 400 Rezé
Achevé d'imprimer en septembre 2002
sur les presses de la **N**ouvelle **I**mprimerie **L**aballery
58500 Clamecy

N° d'éditeur : 2567
N° d'imprimeur : 208032
Dépôt légal : septembre 2002
Imprimé en France